Wilhelm Eggerer / Alex Winter · die Bildbeschreibung

MANZ AUFSATZ-BIBLIOTHEK

Herausgeber: Wilhelm Eggerer

Band 8

Wilhelm Eggerer · Alex Winter

die Bildbeschreibung

Sekundarstufe

MANZ VERLAG MÜNCHEN

Bearbeiter:
Wilhelm Eggerer, Studiendirektor a. D. – Erding
Dr. Alex Winter, Studiendirektor – München
Leiter des Museumspädagogischen Zentrums in München von 1974 bis 1983

Manzbuch 607

8 7 6 5 4 3 2 1 1988 87 86 85 84
(Die jeweils letzte Zahl bezeichnet die Auflage bzw. das Erscheinungsjahr)

Umschlagentwurf: Ingeburg Rothemund, München
Gesamtherstellung: Verlag und Druckerei G. J. Manz AG, München/Dillingen
Printed in Germany

ISBN 3-7863-0607-9

Vorwort

Der achte Band der MANZ AUFSATZ-BIBLIOTHEK gibt mit grundsätzlichen Überlegungen und zahlreichen Interpretationsbeispielen eine Einführung in die Aufsatzform der „Bildbeschreibung". Bei der Auswahl der Bilder und der Bildbeschreibungen wurde darauf geachtet, daß unterschiedliche Ansätze der Interpretation ebenso zu Wort kommen wie Deutungen von Beispielen der wichtigsten kunstgeschichtlichen Epochen und verschiedener Bildgattungen.
Mit diesem Buch sollen nicht nur Anregungen und Hilfen für die Bildbetrachtung im Unterricht gegeben werden. Es will darüber hinaus anleiten, gute und schlechte Bilder, die uns im Alltag, auf der Straße, in Museen und Ausstellungen, in Zeitschriften und Büchern begegnen, bewußter und kritischer zu sehen und die Faszination, die sie auf uns ausüben, besser verstehen und erklären zu können.
Die angebotenen Beschreibungen und Interpretationen berücksichtigen Normen, die der Deutschunterricht und das Fach Kunsterziehung für die Bildbeschreibung setzen; gleichzeitig sollen sie aber den jungen Menschen ermutigen, selbständig Informationen zu sammeln, sich mit Vorbildern auseinanderzusetzen und bei der Bildbeschreibung individuelle Lösungen anzustreben.
Das Buch will auch dafür werben, der Bildbeschreibung nicht nur in den Fächern Deutsch und Kunsterziehung, sondern auch in den Fächern Religion und Geschichte mehr Raum zu geben. Es möchte auch zeigen, daß Bildbetrachtung und -beschreibung nicht nur ein ergiebiges Thema für den Unterricht der Sekundarstufe I sind, sondern durch die Neuartigkeit des jeweiligen Bildes und die Vielfalt der möglichen Methoden und Bezüge zum gesamten Unterricht Schüler der Sekundarstufe II und der Kollegstufe motivieren und herausfordern können.

Den jungen Menschen, die heute unsere Schulen besuchen, ist die Bildsprache des Fernsehens und der Illustriertenpresse ein selbstverständliches Informationsmittel. Um so wichtiger ist es, gemeinsam mit ihnen zu üben, Bilder bewußter zu sehen und zu beurteilen.
Bei der Arbeit mit diesem Buch wünschen wir Freude beim Lesen, Nachdenklichkeit beim Verarbeiten des Gelesenen und Geschauten und den Drang, über einzelne Bilder selbst etwas zu schreiben.
Wenn dazu bei einzelnen Interesse und Freude an der Beschäftigung mit Kunst entstünde, hätte dieses Buch sein Ziel erreicht.

Wilhelm Eggerer Neujahr 1984 Alexander Winter

Inhaltsverzeichnis

III. Das Bild als Kunstwerk

Porträt

WIR LEBEN MIT BILDERN

↑

Wort und Bild auf riesigen **Plakatwänden** wirken auf den Beschauer und wecken in ihm Wünsche und Bedürfnisse.

Zeitungen, Illustrierte und **Zeitschriften** sprechen mit auffällig gestalteten Bildern den Käufer an.

↓

→

Unsere **Wohnräume** erhalten durch ansprechende Poster, eigene Arbeiten und Bilder von Freunden und Bekannten eine persönliche Note.

Der suggestiven Bildsprache des **Fernsehens** kann sich heute kaum jemand entziehen.

↓

↑

In **Bildbänden** und Prospekten suchen Schüler Anschauungsmaterial für den Unterricht.

Schulen informieren mit **Ausstellungen** über ihre Arbeit und die moderne Welt.

↓

↑

Bilder in den **Kirchen,** Symbole des Glaubens, geben vielen Menschen Kraft und Hoffnung, ihr Leben zu meistern.

→

In den **Schlössern** zeugen Bilder vom politischen Rang und Lebensstil des Adels.

↑
In **Schaufenstern** werden Bilder als Mittel der Werbung und Dekoration eingesetzt.

In den **Bildersammlungen** der großen Galerien begegnet der Besucher den Ideen, Erfahrungen und der Fähigkeit zur künstlerischen Gestaltung in Vergangenheit und Gegenwart.
↓

DAS BESCHREIBEN UND ERKLÄREN VON BILDERN

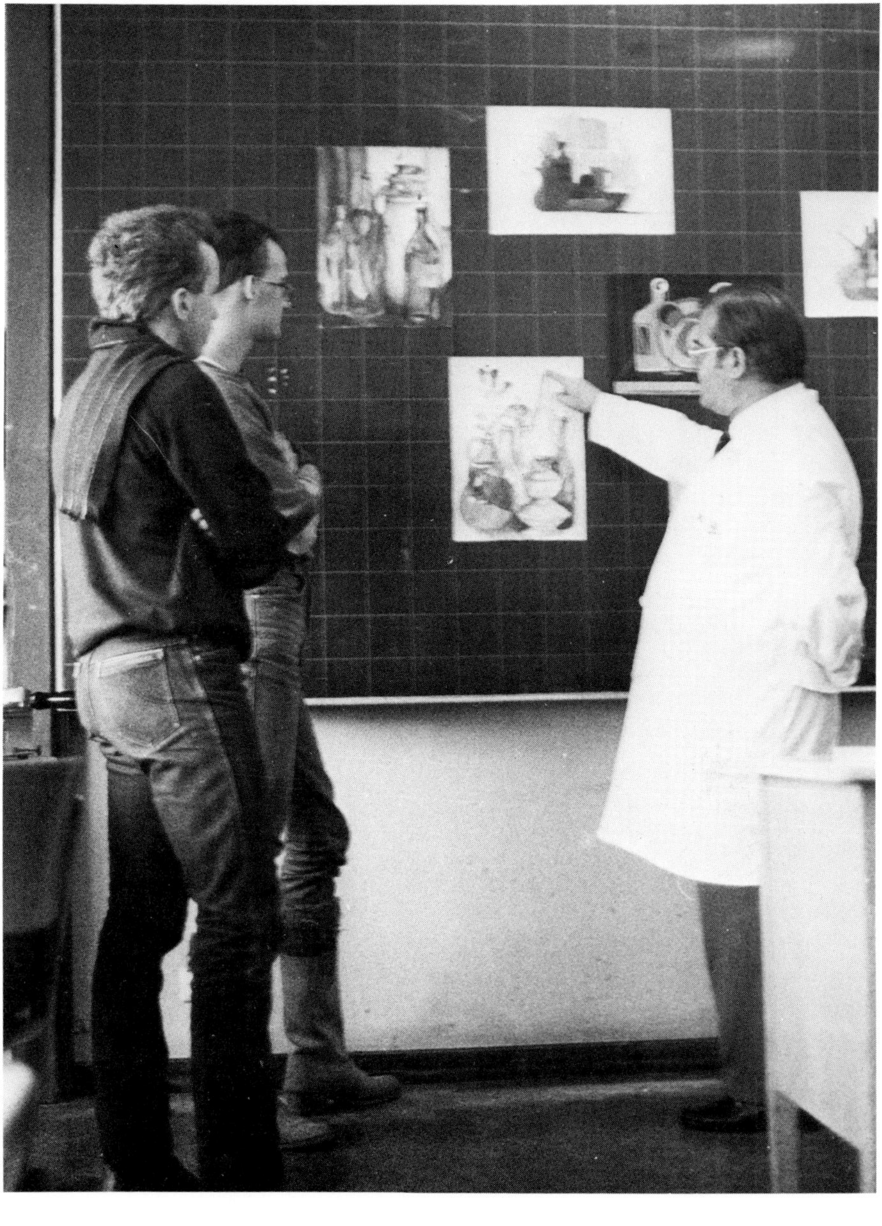

Das Erklären von Kunstwerken

Müssen denn Kunstwerke erklärt werden? Ist es nicht das Besondere der anschaulichen Kunst, daß sie sich von selbst erklärt, daß jeder sie ohne weiteres lesen kann? Sofern es sich freilich um den sachlichen Inhalt handelt, ist die Forderung ja selbstverständlich. Ein Bild stellt etwas vor, ein Bau dient einem Zweck, ein Mal hat einen Sinn; das muß erklärt werden. Aber die Form (von der hier allein die Rede sein soll), spricht sie nicht für sich selbst? Um eine japanische Zeichnung zu verstehen, muß ich nicht japanisch gelernt haben. Eine Figur des Mittelalters sagt jedem ganz unmittelbar etwas, trotz der Jahrhunderte, die uns von ihr trennen. [. . .] Zugegeben, daß dem so sei, so ist das Sehen doch etwas, was gelernt werden muß. Es ist durchaus nicht natürlich, daß jeder sieht, was da ist. Ein Bildwerk erklären in dem Sinne, daß das Auge geführt wird, ist daher an sich schon ein notwendiger Teil kunstgeschichtlicher Unterweisung. Das Wort hat aber noch andere Bedeutungen. Erklären heißt auch: die vereinzelte Erscheinung in ihren geschichtlichen Zusammenhang hineinstellen, wodurch sie erst eigentlich deutlich werden kann. Und ist das geschehen, so fragt man, warum an dieser Stelle gerade diese Kunstform sich gebildet hat, und dieses „Warum?“ verlangt noch einmal eine besondere Erklärung, die in der bloßen Beschreibung der Situation nicht gegeben ist. Und endlich steht noch das Wertproblem im Hintergrund, die Beantwortung der Frage, die jeder naive Mensch zu stellen pflegt: Warum denn dies Kunst sei oder warum das eine Werk besser sei als das andere? [. . .]

Denkt man an ein altes Bild, das dem modernen Betrachter gar keine fühlbaren Schwierigkeiten macht, [. . .] so wird man schon da die Erfahrung machen, daß eine gewisse Erziehung dazu gehört, um die Form so aufzufassen, wie sie aufgefaßt sein will. Das Einzelne sieht jeder, die Schwierigkeit liegt im Zusammensehen des Ganzen; daß man nicht den einzelnen Lichtfleck sieht, sondern den Rhythmus des Lichtgangs im großen; nicht den einzelnen Baum, Teich oder Hügel, sondern das gesamte Formgefüge, was für eine Figur Himmel und Erde zusammen machen und wie diese Figur im Rahmen drin steht. Auch in bezug auf Farbe versagt zunächst das Auge vor der Forderung, die Farbengesamtheit aufzufassen, das System der gegenseitig sich stützenden und steigernden Töne, die farbigen Entsprechungen und Widersprechungen, wie sie durch das Bild im ganzen durchgehen. Und nun liegt ja Farbe, Licht und zeichnerische Form nicht als etwas Gesondertes nebeneinander, sondern alles entspringt aus einem und demselben Quell, [. . .] der Raumempfindung, und erst wenn wir die Einheit fühlen, wie diese Elemente sich gegenseitig bedingen, [. . .]

im einzelnen Teil das Ganze vorgebildet erkennen, kurzum in der Fülle verschiedener Erscheinung den einen gestaltgebenden Kern allmählich freilegen: Das wäre dann die vollkommene Formanalyse.
In ganz allgemeiner Fassung und so kurz und übersichtlich wie möglich haben wir versucht, über die Aufgaben des Erklärens uns auszusprechen, wobei die Formerklärung in den Vordergrund geschoben wurde. [. . .] Aber auch zum Verstehen der geistigen Inhalte, mit denen der Laie allein fertig werden zu können glaubt, gehört eine bestimmte Einstellung [. . .] und [. . .] der feste Eindruck einer künstlerischen Persönlichkeit.
In dieser Weise müssen die einzelnen Motive der Gestaltung zusammengesucht werden, um zum Eindruck des besonderen Gehaltes zu gelangen. [. . .] Es sind nicht Operationen, die nacheinander vorgenommen werden können, sondern eine setzt die andere voraus. Zeigen, was da ist, umschließt eigentlich schon alles. Man kann die Form nicht beschreiben, ohne schon Qualitätsurteile mit einfließen zu lassen. Jedes Sehen aber ist auch schon Deuten, und das vollkommene Deuten kann nur aus dem geschichtlichen Gesamtzusammenhang heraus geschehen, dessen Komponenten [. . .] verstanden sein wollen [. . .]
Und das Letzte und Entscheidende für unser Verhältnis zur Kunst liegt auch hier nicht, sondern im ästhetischen Werturteil. Wie denn überhaupt Kunst nicht in irgendeinem Allgemeinen – nenne man es Stil oder wie immer – in Erscheinung tritt, sondern nur im einzelnen Werk. Dieses qualitativ zu bestimmen bleibt für den Erklärer das Problem der Probleme.

H. Wölfflin, 1940

Warum wird ein Bild beschrieben?

Ein Bild kann beschrieben werden:

1. um es zu identifizieren,

„Welches Bild meinst Du? Beschreibe es?" –
„Aus der Kirche in . . . wurde eine Votivtafel gestohlen. Sie . . . (Beschreibung). Vor Ankauf wird gewarnt."
„Mir wurde ein Bild zum Kauf angeboten, und ich will anfragen, ob es als gestohlen gemeldet wurde. Es . . . (Beschreibung des Bildes)."

2. um sich oder andere zu informieren,	„Hier werden zwei Gemälde von Max Pechstein aufgerufen: einmal ein Aquarell, das eine Baumlandschaft zeigt . . ." (Versteigerung) „In seinem Arbeitszimmer hängt ein Aquarell von Sepp Hilz, das mich sehr beeindruckt hat. Vorn sitzt eine Frau mit bläulichem Gewand. Das Kind auf ihrem Schoß streckt die Arme nach ihr aus. Von dieser Gruppe zieht der Mann erdbraun seine Furchen mit dem Pflug, den Kopf kurz zur Familie gewandt. Sein Pferd glänzt bläulich am Abendhimmel. Sinnbild der Arbeit für die Familie."
3. um sich den Zugang zu einem Kunstwerk zu erleichtern,	Ob wir nun mündlich oder schriftlich beschreiben, erst aus der Beschreibung eines Kunstwerks werden wir den Bildinhalt voll erfassen, die Komposition erkennen und uns dem Sinn des Kunstwerks nähern können.
4. um anderen ein Kunstwerk zu erschließen.	Nicht jeder Betrachter hat die Voraussetzungen, ein Kunstwerk zu interpretieren. Die „Bildbeschreibung" öffnet ihm die Augen für die künstlerische Leistung. Die Erkenntnis kommt aus dem Gefühl **und** dem Wissen. Was man nicht weiß, sieht man nicht.

Ein Vergleich mit Sehenswürdigkeiten, die man auf einer Reise erlebt, mag den letzten Satz noch veranschaulichen. Wenn ich in einem herrlichen Dom stehe, sehe ich ihn doch, warum greife ich zu einer Beschreibung? Damit ich nicht an den größten Sehenswürdigkeiten ahnungslos vorbeigehe! Die Beschreibung macht mich aufmerksam, jetzt erst sehe ich die Wunder. Erst das Wissen macht mich sehend.

Der Begriff „Bildbeschreibung"

Wenn wir von einer Bildbeschreibung sprechen, können wir verschiedene Möglichkeiten, über ein Bild zu schreiben, unterscheiden:

Bildbeschreibung	Bildbetrachtung	Bilddeutung
Wenn ein Bild wie irgendein Gegenstand sachlich beschrieben wird, kann man von einer zweckgebundenen Bildbeschreibung sprechen. Wie beim Steckbrief über eine Person wird das „Äußere" eines Bildes registriert: Art und Größe, Bildinhalt, Material, Rahmen usw. Diese Art der Beschreibung dient der Identifizierung eines Bildes. Sie hat heute nur eine dienende Funktion gegenüber der vervielfältigten Abbildung.	Die Betrachtung ist ein Zwiegespräch zwischen dem Bild und dem Betrachter. Das Bild wirkt auf den Beschauer ein, und er schildert diesen Eindruck als Erlebnis. Diese Art der Bildbeschreibung läßt sich mit der Personenschilderung vergleichen. Sie ist von der persönlichen Einstellung des Betrachters abhängig, spricht die Gefühlswelt an.	Der Schreiber versucht, das Bild als Kunstwerk zu erfassen und zu deuten, zu interpretieren. Aus Bildinhalt und Bildkomposition ergibt sich der Sinn des Bildes, das „Sinnbild". Die Begegnung mit dem Bild wird dem Beschauer zu einer Begegnung mit dem Maler; er versucht, den Maler und seine Botschaft, die er dem Bild mitgegeben hat, zu verstehen. Ein solcher Deutungsversuch kann wissenschaftlich oder erlebnismäßig durchgeführt werden.
Diese Art der Bildbeschreibung wird im **Präsens** und in der **Sachsprache** geschrieben.	Wie jede Art der Beschreibung wird auch die Bildbetrachtung im **Präsens** geschrieben. **Erlebnissprache!**	Nach der Art der Deutung kann die Interpretation **in der Erlebnissprache oder in der Sachsprache** geschrieben werden. **Präsens!**

Frans Snyders, Zwei Hunde, um 1650
Rötelzeichnung,
Akademie Venedig

Frans Snyders, ein Holländer, der von 1579 bis 1657 lebte, hielt um 1650 zwei Hunde in einer Rötelzeichnung fest, die heute in der Akademie Venedig aufbewahrt wird.

Am auffälligsten von beiden Tieren ist wohl der große, kräftige Hund mit den langen Haaren und dem glänzenden Fell, der nach links zu einem Sprung ansetzt. Mit erhobener Rute und angezogenen Vorderbeinen springt er hoch und fletscht wütend die Zähne. Kräftig stößt er sich mit seinen starken tatzenartigen Hinterfüßen ab. Die gestreckten Hinterläufe zeigen seine starke Muskulatur. Die Ohren sind angelegt, das Nackenfell ist gesträubt. Er ist ganz auf einen Kampf eingestellt. Nach dem kräftigen Fang und den ausgeprägten Beinmuskeln zu urteilen, eignet er sich wohl besonders gut für eine Wildschweinjagd.

Den schlanken und flinken Hund, der in der linken unteren Bildhälfte skizziert ist, kann man sich dagegen besser als Bracke bei einer Fuchsjagd vorstellen. Auch er hat eine lange Rute, aber kürzeres Fell. Brustkorb und Rücken des schlanken Tieres zeichnen sich deutlich ab. Mit einem weit ausgreifenden Satz und flatternden Ohren bewegt er sich voran.

Der Zeichner läßt das Licht von links einfallen. Dadurch entstehen unter den Körpern und an den Hinterläufen der Hunde kräftige Schatten. Der Künstler betont so die Kraft, mit der sich die Hunde vom Boden abstemmen, um zu springen oder zu laufen.
Vermutlich bereitete Frans Snyders mit dieser Zeichnung ein Jagdbild vor. Wahrscheinlich wollte er den Unterschied zwischen einem kräftigen Jagdhund und einem schlanken Laufhund festhalten. Vielleicht skizzierte er die Hunde, um sie in die Darstellung einer Wildschweinjagd oder einer Fuchsjagd einzufügen.

Tankred Winter (12)

Wie ich ein Bild erfassen kann

1. Ich betrachte das Bild aus einiger Entfernung, denn ein Bild ist ein Ganzes, und dies kann man nur in einigem Abstand überblicken. Ich erfasse die Gesamtwirkung des Bildes.
2. Ich nähere mich dem Bild, um den Bildinhalt genauer erfassen zu können. Unwillkürlich bleibt mein Blick am „Blickpunkt" haften. Das ist der Punkt, auf den sich alle Linien und Farben des Bildes beziehen.
3. Vom Blickpunkt ausgehend, erkenne ich nicht nur die Einzelheiten des Bildinhalts, sondern auch den Aufbau des Bildes. Der Maler führt mich nämlich vom Blickpunkt aus über das ganze Bild.
4. Ich betrachte die Einzelheiten des Bildes und stelle immer die Beziehung zum Blickpunkt her. Ich finde die Kompositionslinien.
5. Ich frage mich, warum der Maler bestimmte Farben bestimmten Gegenständen oder Figuren zugeordnet hat. Was bedeuten diese Farben?
6. Ist der Bildinhalt vordergründig aussprechbar oder ist er symbolhaft zu verstehen?
7. Welchen Bildsinn finde ich aus dem Bildinhalt und der Bildkomposition?
8. Meine Deutung des Bildes.
9. Ich überprüfe, ob die Deutung mit dem Gesamteindruck und den Einzelheiten übereinstimmt.
10. Meine persönliche Stellungnahme zu dem Bild.

Vincent van Gogh, Gauguins Sessel, Dezember 1888
Öl auf Leinwand, 90,5 × 72 cm
Sammlung V. W. van Gogh, Laren

In unserem Sprachbuch ist ein Bild von Vincent van Gogh, dem Maler der Helligkeit und des Lichtes. Er malte es auf Leinen, ein schlankes Hochformat. Der Name: „Gauguins Stuhl“.

Gauguin ist einer der berühmtesten Maler. Einmal traf er mit van Gogh in Arles zusammen und hinterließ ihm wahrscheinlich diesen Stuhl. Gauguin besaß im Gegensatz zu van Gogh: viel Geld, großen Einfluß und schöne Frauen! Ich erwähne dies nur, um den Sinn des Bildes besser verständlich zu machen.

Im Vordergrund des Gemäldes ein rot-brauner Stuhl. Er ist so groß, daß er die obere, untere und rechte Seite des Bildes überschreitet. Sein Sitz ist hellgrün gepolstert und wird von zitronengelben Streifen durchzogen. Auf ihm liegen zwei Bücher sowie ein dunkelblauer Kerzenhalter mit brennender Kerze. Weiter weg, links oben an der Wand strahlt ein Leuchter. Boden und Wand trennt eine schwarze Linie. Sonst stört nicht der geringste Gegenstand die Ebenen.

Man muß das Bild länger betrachten, um dahinter zu kommen, warum es so hell und leuchtend ist. Der Boden setzt sich zusammen aus kleinen, wilden Strichen. Die Farben variieren zwischen hellem Gelb, Rot, Sonnenblumengelb und Grün. In ihrem Durcheinander, nicht nach Plan geordnet, bringt van Gogh sein Innenleben und sein Temperament zum Ausdruck. Der Stuhl ist perspektivisch und geometrisch ungenau gezeichnet. Die Beine sind übertrieben gebogen und seine Ausmaße haben beim Zeichnen zu schnell Oberhand bekommen. Und doch hat er etwas Anziehendes, Gemütliches und Besonderes an sich. Seine rechte Lehne ist nach unten, seine linke nach obengehend geschwungen. Sie schmiegen sich dem Körperbau an. Wer in dem Stuhl sitzt, fühlt sich behaglich, geschützt und durch die Größe geborgen. Die Bücher, in hellem, reinem Gelb gehalten, sind so hell, weil sie das Symbol des Wissens für van Gogh bedeuteten. Die Kerze ist nur zum Lesen da. Der Leuchter aber, an der Wand, ist umgeben von einem Strahlenkranz. Durch die grüne Wand scheint er weit entfernt. Vielleicht soll er das Licht der Erlösung sein, welche van Gogh gewünscht hatte. Trotz dieser zwei Lichter fehlt jeglicher Schatten.

Die Frage, warum sich der Stuhl so stark von seiner Umgebung abhebt, kann man sich leicht beantworten. Van Gogh war einer der ersten Maler, die Komplementärfarben benutzten und alles so malten, wie sie es sahen. Das Rot des Stuhls ist die Gegenfarbe zu dem Grün der Wand. Die rechte Lehne sowie die rechten Beine sind lila umrandet, die Komplementärfarbe zum Gelb des Bodens. Außerdem sind die drei uns zugewandten Seiten der Beine weiß überstrichen und schwarz umrandet, ein starker Kontrast. So wollen sich die Farben gegenseitig übertrumpfen und heben den Stuhl mit solcher Kraft hervor, daß man meinen könnte, das Bild würde gesprengt.

Vielleicht malte van Gogh in diesem Bild gar keinen Stuhl, sondern Gauguin, einen Mann, der das besaß, was van Gogh fehlte.

Fritz Brinckmann (14)

Abschied des Kriegers, um 440 v. Chr.
attische Amphore
Staatliche Antikensammlungen München

Die reichen Etrusker sammelten leidenschaftlich die formvollendeten griechischen Vasen. Sie stellten die Gefäße, die sie aus Athen importierten, in ihren Häusern auf und gaben sie ihren Toten mit ins Grab. Ein solches Gefäß, das den Abschied eines Kriegers darstellt, wurde auf einem der Friedhöfe der etruskischen Stadt Vulci in Mittelitalien gefunden.
Bei dem Gefäß handelt es sich um eine sogenannte Amphora. Im allgemeinen wurden in den Amphoren Wein, Öl und Getreide aufbewahrt. Die kunstvoll bemalten Amphoren dagegen dienten nur als Sammelstücke und wurden nicht für den alltäglichen Gebrauch verwendet.
Auf dem dunklen Grund des Vasenkörpers sind vier Personen dargestellt. Der junge Mann trägt die Kriegsausrüstung des Hopliten. Die Wangenklappen des federgeschmückten Helms sind hochgeschlagen. Über dem kurzen Chiton hängt in Hüfthöhe ein Schuppenpanzer, der bis zu den Oberschenkeln reicht. Mit der Linken hält er die Lanze und den Schild, der eine Körperhälfte deckt. Der junge Krieger erhebt mit der Rechten eine Trinkschale zum Abschiedstrunk oder zum Spendenopfer an die Götter. Sein Blick liegt ruhig und ernst auf seiner jungen Frau, die ihren Kopf gesenkt hat. Ein Band hält ihr hochgestecktes Haar. Sie trägt einen Chiton und darüber ein Obergewand. Mit ihrer Linken zieht sie in der Höhe der Schultern an ihrem Kleid, eine Bewegung, die ihre innere Unruhe verrät. In ihrer Rechten hält sie eine Kanne, aus der sie den Abschiedstrunk in die Schale gefüllt hat.
Hinter der Frau steht, gefaßt auf einen Stab gestützt, der grauhaarige, bärtige Vater des Kriegers. Er trägt ebenfalls einen langen Chiton und blickt ernst auf das Paar. Der Mutter auf der rechten Seite gelingt es nicht, ihre Gefühle der Angst und Sorge zu beherrschen: Verzweifelt streckt sie die Hände nach ihrem Sohn aus. Die Eltern scheinen den Tod des Sohnes zu ahnen.
Die Amphora ist im sogenannten rotfigurigen Stil bemalt. Dabei wird das ganze Gefäß mit feinem Ton überzogen, der beim Brand schwarz wird. Die Figuren bleiben ausgespart und behalten die rote Farbe des Tons, aus dem das Gefäß getöpfert ist. Mit feinen Linien, die mit einem Haar aufgesetzt werden, skizziert der Künstler die Personen und gibt ihnen dadurch Lebendigkeit und plastische Körperformen. Dabei wird ebenfalls feiner Ton verwendet, der beim Brennen schwarz wird.
Das Gefäß ist um 440 v. Chr. in Athen entstanden. In dieser Zeit stand Athen in einem Zweifrontenkrieg gegen Sparta und Persien. So ist es verständlich, daß der Künstler als Thema eine Szene wählte, die für viele Familien schmerzliche Realität war.

Roger Winter (15)

Beschreibung zur Identifizierung von Bildern	
Zur Identifizierung von Bildern benötigt man Angaben über:	
1. den Bildträger	textile Gewebe wie Leinwand, Baumwollgewebe usw. Holz wie Tischlerplatten, Sperrholz, Holzspan usw. Metalle wie Kupfer, Zinn usw. mineralische Bildträger wie Kalkputz, Gipsgrund usw.
2. das Grundiermaterial	wie Kreide, Tempera, Öl usw.
3. die Maltechnik	wie Ölmalerei Temperamalerei Pastellmalerei Aquarellmalerei Acrylmalerei Wandmalerei Sgraffito usw.
4. die Bildgröße	z. B. 53 × 43 cm
5. den Bildinhalt	z. B. Stilleben mit blauem Krug und Früchten
6. Signatur	z. B. linke untere Bildecke signiert mit F.G.

Wie die Gemäldegalerie Berlin ein Bild kennzeichnet (Katalog):

Dürer, Albrecht: Bildnis des Hieronymus Holzschuher, 1526, Lindenholz, 51 × 37 cm (im originalen Rahmen, auf dessen Schiebedeckel die Wappen der Familien Holzschuher und Müntzer und das Datum 1526) – Bez. links oben: HIERONIM(VS) HOLZSCHVER ANNO DONI. 1526. ETATIS SVE. 57; monogrammiert rechts oben: AD (verbunden). – . . . Der Dargestellte trägt ein schwarzes Gewand mit weißem Hemd unter einer pelzverbrämten Schaube aus schwarzem Damast. Der eindringliche Blick ist auf den Beschauer gerichtet. – . . .

Beim Betrachten eines Bildes interessiert uns:

1. **der Maler** und seine künstlerische Entwicklung,
2. **das Bildthema,** das sich der Maler gestellt hat,
3. **der Bildinhalt,** zu dem der Maler seine Thema gestaltet hat,
4. **die Deutung des Bildes,** die Sinnfindung,
5. **die kunsthistorische Einordnung,**
6. **die Wirkung des Bildes.**

Aufbau einer Bildbeschreibung
(Vorschlag)

A) Einleitung: Der Maler wird kurz vorgestellt. (Einleitungsgedanke)
Das Werk des Malers wird gewürdigt. (Überleitungsgedanke)
Das Bild, das beschrieben werden soll, wird genannt. (Thema)

B) Hauptteil: Im Hauptteil können die drei Fragen beantwortet werden:

1. Was ist dargestellt? (Bildinhalt)

2. Wie ist es dargestellt? (Bildkomposition)

3. Was bedeutet das Dargestellte? (Bilddeutung)
   (Weshalb ist es so dargestellt?)

C) Schluß: Persönliche Stellungnahme zu dem Bild

Die Bildbeschreibung in der Schule

Aus einem Lehrplan für Realschulen (8. Jahrgangsstufe)

Lerninhalte	Unterrichtsverfahren
Bildbeschreibung Inhaltliche Merkmale: – Bildinhalt und Art der künstlerischen Darstellung – Bildelemente in sinnvoller Abfolge, Bildaufbau – Funktion von Farbe, Form, Licht und Schatten – persönliche Eindrücke Stilistische Merkmale: – aussagekräftige Adjektive – Zuordnung von Funktionen zu den einzelnen Bildelementen – Gegenwart als angemessene Zeitstufe Aufsatztechnik (analog zur situativen Personenbeschreibung)	Sammeln von Reproduktionen künstlerischer Bilder und Zusammenstellen einer kleinen Ausstellung (auch Farbfotos von künstlerischer Qualität bieten Möglichkeiten, Beschreibungen anfertigen zu lassen) Ordnen des Bildmaterials nach Inhalten und Darstellungstechniken Unterrichtsgespräch: Unterschiedliche künstlerische Darstellungsweisen und ihre Aussagekraft Einzelarbeit: Suchen von Überschriften zu verschiedenen Bildern als Übung zur Erfassung des Bildinhalts Unterrichtsgespräch: Wirkung von Farben und Formen auf den Betrachter Partnerarbeit: Wortschatzübungen zu Farbwerten, Ausdrucksübungen zur Funktion der einzelnen Bildelemente

Die Bildbeschreibung in drei Arbeitsschritten

Die Bildanalyse	Die Bildsynthese	Die Bildinterpretation
In Teiluntersuchungen werden Inhalt, Form, Farbe, Aufbau usw. untersucht. Informationen über das Werk werden eingeholt.	Die Teilergebnisse werden aufeinander abgestimmt, miteinander verknüpft, zusammengefaßt und anschaulich dargestellt.	Deutung des Bildes aufgrund der Synthese und des persönlichen Erlebens. Wertung in persönlicher Stellungnahme.

Die Bildanalyse

Subjektive Aussagen	Objektive Aussagen
Das Bild erleben: Gefühle werden ausgelöst, das Bild gefällt mir, oder es gefällt mir nicht, das Bild übt auf mich eine Anziehungskraft aus, es stößt mich ab.	Was ist auf dem Bild? *(Bildinhalt)* Wie ist es dargestellt? *(Bildform)* Warum ist es so dargestellt? *(Bilddeutung)* In welcher Zeit entstand es? *(Historischer Bezug)*
Bilder erleben Das Bild spricht mich an, es weckt in mir eine Stimmung, es verzaubert mich, das Bild drückt genau die Gefühle aus . . . Dieses Bild möchte ich in meinem Zimmer aufhängen. Über dieses Bild möchte ich mehr erfahren: Wer hat es gemalt? Was für ein Mensch war dieser Maler? Welches Schicksal hatte er? Warum hat er dieses Bild gemalt?	**Bilder verstehen** Beziehung zwischen Bildinhalt und Bildform *Form:* Punkt, Linie, Fläche, Volumen *Farbe:* Qualität, Sättigung, Helligkeit, Hell-Dunkel *Körper und Raum* *Komposition*

1. Technische Dimension
Wie ist das Bild gemacht?
Welche Materialien wurden verwendet?
Welche Technik verwendet der Künstler?

2. Semantische Dimension
Was ist dargestellt?
Inwiefern weisen die gewählten Formen und Farben auf die Wirklichkeit hin?

3. Formale Dimension
Wie ist das Bild gestaltet?
Welche Form- und Farbkomposition wurde gewählt?
Wie sind Licht, Raum und Bewegung gestaltet?
Auf welcher Kategorie (Licht, Raum, Bewegung) liegt der Schwerpunkt?

4. Symbolische Dimension
Welche Symbole erscheinen, welches ist ihre Bedeutung?
Können die Symbole in verschiedene Gruppen eingeteilt werden?
Kommt auch Formen und Farben symbolische Bedeutung zu?

5. Personale Dimension
Inwiefern spiegelt das Bild die persönliche Situation des Malers wider?
Handelt es sich um ein Bild, das in der Jugendzeit, im mittleren Lebensabschnitt oder im Alter entstand?
Welche Bildelemente sind besonders typisch für den Maler?
Welchen Rang besitzt das Bild im Lebenswerk des Künstlers?

6. Historische Dimension
Inwiefern spiegelt sich die historische Situation, in der der Künstler arbeitet, in dem Bild?
Welche Strömungen und Tendenzen der Vergangenheit oder Gegenwart werden in dem Bild erfahrbar?
Welche Stellung bezieht der Maler zu seiner Zeit?

7. Soziale Dimension
Welches Bild vom Menschen wird dargestellt?
Welche Grundeinstellung zum Menschen wird sichtbar?
Welches Bild vom Zusammenleben des Menschen wird entworfen?

8. Pragmatische Dimension
In welcher Weise beeinflußt das Bild den Betrachter?
Fordert das Bild den Betrachter zu Anpassung oder zu Eigenverantwortung auf?
Fordert das Bild zu Meditation, Reflexion oder Aktion auf?
Wie schult das Bild die Wahrnehmungsfähigkeit des Betrachters?
Trägt das Bild dazu bei, Umwelt besser zu gestalten und an der Gestaltung der Gesellschaft mitzuarbeiten?

Die Funktionsanalyse	Darstellung des Bildwertes

Die Beschreibung der verschiedenen Dimensionen des Kunstwerks berücksichtigt die individuellen und historischen Voraussetzungen für die Entstehung sowie die Bedeutung des Kunstwerks in seiner Zeit. Die Funktionsanalyse untersucht die Reaktion des Betrachters –. Hier sollen auch die persönlichen Gefühle und Stimmungen, die eine Begegnung auslöst, beschrieben werden.

1. Ästhetische Funktion
Warum wird das Bild als schön empfunden?
Welche Stimmung erfüllt mich beim Betrachten des Bildes?
Warum erfährt der Betrachter des Bildes Genuß, Zufriedenheit und Glück bzw. Aufregung, Unruhe, Qual?

2. Erkenntnisfunktion
Welchen Bezug hat das Bild zur Wirklichkeit?
Welche Zielvorstellung will der Maler mit dem Bild aussprechen?
Welche Einsichten fördert die Betrachtung des Bildes?
Welche Anregungen gibt das Bild, die Wirklichkeit zu sehen und zu verändern?
Welche Bedeutung hat für den Maler die Kunst im Leben der Menschen?

3. Lebensfunktion
Welche Bedürfnisse befriedigt die Betrachtung des Bildes?
Hilft die Betrachtung des Bildes, sich von Konventionen, Hemmungen und Zwängen freizumachen?
Wofür setzt sich der Maler mit dem Bild ein?
Trägt das Bild dazu bei, eigene Aufgaben besser zu erkennen und zu lösen?
Für welche Werte tritt der Maler mit dem Bild ein?
Gibt das Bild Hilfen, das eigene Leben zu bewältigen?

Aus dem Curricularen Lehrplan für die Kollegstufe (Grundkurs) Lernziele und Lerninhalte im 1. Lernbereich „Farbe/Malerei“

1.1 Kenntnis werktechnischer Mittel und Verfahren der farbigen Gestaltung.

□ Anschauungsbeispiele: Farbige Gestaltungen in verschiedener Technik. Maltechnische Literatur, Werkmittel:

1) Malmaterialien
Pigmente, Füllstoffe, Binde- und Lösungsmittel, Firnisse, Malgründe usw.

2) Werkzeuge
Pinsel, Spachtel, Messer, Spritzgeräte, Wischer, Palette, Staffelei usw.

3) Techniken
Aquarelltechniken, Leimfarben, Öl-, Temperamalerei, Malerei mit Dispersions- und Acrylfarben, Pastellmalerei, Frescotechnik, Mischtechniken usw.

▸ Arten der technischen Verarbeitung der Werkmittel, z. B. durch Malen, Spachteln, Spritzen, Tupfen, Verreiben, Kratzen, Vergolden, Prima- und Schichtenmalerei.

1.2 Kenntnis bildnerischer Mittel, Kompositions- und Darstellungsprinzipien farbiger Gestaltung.

□ Anschauungsbeispiele:
Eigene und fremde bildnerische Gestaltungen mit Farbe, Texte zur Bildbetrachtung. Bildnerische Begriffe.
Konstituierende Elemente der Gestaltung:
Form: Punkt, Linie, Fläche, Volumen.
Farbe: Qualität, Sättigung, Helligkeit.

▸ Ordnungsmöglichkeiten der Elemente im Gestaltzusammenhang:

1) Ordnungs-Beziehungen und Prinzipien
z. B. Verteilung, Grup-

2) Darstellungsform
z. B. Räumlichkeit (perspektivische Darstellungsprinzipien), Körperhaftigkeit (Hell-Dunkel-Modellierung, Strukturgradient, Formlinien), Stofflichkeit (Wiedergabe materialer Oberflächenstrukturen), Farbigkeit (Lokal- und Erscheinungsfarbe), Licht (Beleuchtungslicht, Eigenlicht, Transparenz), Bewegung (betonte Richtungsverläufe).

3) Darstellungsaussage
Gebrauch von Form und Farbe zur Vermittlung nicht-anschaulich gegebe-

pierung, Größe, Lage, Richtung. Wiederholung, Ähnlichkeit, Gegensätzlichkeit (Kontrast). Auffälligkeit, Grenzen, Übergänge, Stufungen. Umgebungsrelationen usw. Reihung, Streuung, Verdichtung, Schichtung, Staffelung, Progression, Symmetrie, Asymmetrie. Proportionierende Ordnungen. Statische und dynamische, additive und subordinierende Prinzipien.

▸ Beziehungen der bildnerischen Mittel zu Form, Aussage und inhaltlicher Bedeutung des Dargestellten:

ner Inhalte durch symbolische und allegorische Darstellung von Sachverhalten, Eigenschaften, Funktionen, Beziehungen, Vorstellungen, Überzeugungen, Begriffen usw.

4) Emotionaler Ausdruck
Bildnerische Mittel als Träger und Erreger von Gefühlen (empfindungsbedingt: Schmerz, Lust; triebbedingt: Angst, Neid; persönlichkeitsbedingt: religiöse und ethische Gefühle usw.), Stimmungen (Fröhlichkeit, Wehmut) und Affekten (Erregung, Zorn usw.).

1.3 Fähigkeit zu selbständiger bildnerischer Gestaltung mit Farbe

□ Vereinbarte und selbst gesetzte Aufgabenstellungen im Bereich farbiger Gestaltung, wahlweise bezogen auf die Schwerpunkte:
1) Form (Elemente, Strukturzusammenhang, Bildkomposition)
2) Inhalt (Thema, Motiv, Darstellungsobjekte usw.)
3) Intention (Einwirkungsabsicht der Gestaltung auf das Verhalten des Betrachters, seine Gefühle, Einstellungen und Handlungen):

▸ Aufgabengerechter Einsatz werktechnischer und bildnerischer Mittel im Sinne einer bestimmten Aussageabsicht.

▸ Erweiterung individueller Gestaltungsmöglichkeiten durch freies und selbständiges Experiment mit werktechnischen und bildnerischen Mitteln.

Dem Curricularen Lehrplan für Kunsterziehung in der Kollegstufe (Leistungskurs) entnehmen wir (stark gekürzt) folgende Gesichtspunkte zur
Analyse und Interpretation eines Kunstwerks

1. Fähigkeit, ein Kunstwerk zu betrachten und erste Eindrücke zu beschreiben.

   Erster Eindruck

   Das gewählte Kunstwerk, erste zusätzliche Angaben (Titel des Werks, Künstler, Entstehungsdatum, Standort, Maße usw.). Erste subjektive Eindrücke über Beschaffenheit, Erscheinungsform und Wirkung. Deutungs- und Bewertungsansätze. Einsatz vorhandenen kunstgeschichtlichen Wissens.

2. Fähigkeit, Gesichtspunkte für die Werkuntersuchung zu sammeln.

   Problementfaltung

   Das Werk, die Beschreibungsversuche, allgemeine Gesichtspunkte zur Werkuntersuchung.
   Die in den Beschreibungsversuchen enthaltenen Probleme und Fragen (Übereinstimmungen, Widersprüche in Auffassung und Einschätzung des Beobachteten).
   Ordnungsmöglichkeiten der Fragen.

3. Fähigkeit, die Zielrichtung der Untersuchung festzulegen und einen Vorentwurf zu erstellen.

   Zielbeschreibung

   Das Werk, die Untersuchungsgesichtspunkte, Vermutungen, Behauptungen, Vor-Urteile zum Werk usw.
   Funktion der Zielbeschreibung für den Gang der Untersuchung (Formulierung gegebener und selbstgesetzter Bedingungen, unter denen die Untersuchung erfolgen soll. Begrenzung des Untersuchungsfeldes. Formulierung von Annahmen als Zielvorstellungen und als Motor der Untersuchung).

4. Fähigkeit, einen Arbeitsplan für die Untersuchung aufzustellen.

   Arbeitsplan

   Der Untersuchungsgegenstand, die Zielbeschreibung, die Untersu-

chungsgesichtspunkte. Möglichkeiten der Informationsbeschaffung.
Sachlogische und ökonomische Planung des Vorhabens. Einteilung der Arbeitsgruppen und Arbeitsaufträge.

5. Fähigkeit, ein Kunstwerk nach verschiedenen Gesichtspunkten zu untersuchen.

Analyse
(Teiluntersuchungen)
Das Kunstwerk, Informationen zu den einzelnen Gesichtspunkten und Fragen: Abbildungen, Veröffentlichungen und mündliche Auskünfte durch Fachleute. Materialien für die Dokumentation.
Untersuchung des Werkes nach dem gewählten Gesichtspunkt unter Einbeziehung gesammelter Informationen.

6. Fähigkeit, die Ergebnisse der Teiluntersuchungen zu überprüfen und zusammenzufassen.

Synthese
Die abgeschlossenen Teiluntersuchungen, die formulierten Ausgangshypothesen (Zielvorstellungen) und einschränkenden Bedingungen.
Herstellung des Gesamtzusammenhanges; Abstimmung und Verknüpfung der Teilergebnisse. Abstimmung mit den Ausgangshypothesen. Korrekturen. Herausarbeitung nicht aufgelöster Widersprüche und ungeklärter Fragen (Begründungen). Zusammenfassung und anschauliche Darstellung des Gesamtergebnisses.

7. Fähigkeit, Wahrnehmung, Wissen und Erlebnis in der Interpretation in Einklang zu bringen.

Interpretation
Das Kunstwerk, die erarbeitete Synthese, die subjektiven Erst-Eindrücke, evt. andere Interpretationstexte zum Vergleich.
Einfühlende Deutung des Kunstwerkes in angemessener sprachlicher Form unter Einbeziehung der gemeinsam erarbeiteten Ergebnisse und des persönlichen Erlebnisses.
Wertendes Urteil als persönliche Stellungnahme. Hervorhebung des eigenen Standpunkts und seiner Prämissen. Berücksichtigung ungeklärter Fragen. Hinweis auf weiterführende Probleme.

C. D. Friedrich, Riesengebirgslandschaft mit aufsteigendem Nebel,
um 1820/21 – Öl auf Leinwand, 54,9 × 70,3 cm
Neue Pinakothek München

René Magritte, Der Schlüssel der Felder, 1933
Öl auf Leinwand, 80 × 60 cm
Sammlung Claude Spaak, Choisel (Frankreich)

120 Jahre trennen die „Riesengebirgslandschaft“ C. D. Friedrichs und René Magrittes „Der Schlüssel der Felder“. Trotzdem bestehen Verbindungen zwischen den Bildern: beide Arbeiten stehen in der Tradition der Ölmalerei und einer genauen Beobachtung und Darstellung der Gegenstände, Farben und Schatten.
Das Bild „Riesengebirgslandschaft“ stellt die Hänge und Kuppen einer urtümlichen Bergwelt dar. Der helle Himmel und der Nebel, der aus den Tälern aufsteigt, bilden ein Gegengewicht zu den wärmeren Farben der Berghänge im Vordergrund. Fallende Linien werden durch steigende Linien und runde Kuppen aufgefangen. Farben und Komposition geben so dem Bild eine ruhige Harmonie. Im Vordergrund fügte der Künstler dunkle Gesteinsbrocken und verkrüppelte Baumskelette ein. Dadurch verliert die Landschaft den Charakter des Lieblichen und Angenehmen. Sie wird fremdartig und rätselhaft. Ihre mystische Stimmung überträgt sich auf den Betrachter und löst in ihm Nachdenklichkeit und Besinnlichkeit aus. C. D. Friedrichs romantische Landschaft weist so über sich hinaus und vermittelt philosophische und religiöse Gedanken.
Auch Magritte greift in seinem Bild ein romantisches Motiv auf: den Blick aus einem Fenster auf eine Landschaft, Symbol der Begegnung von Endlichkeit und Unendlichkeit. Die Landschaft besteht aus einer Wiese, von Gras überwachsenen Feldern, Bäumen und Büschen, über die sich der blaue Himmel wölbt. Links ist der Horizont des Meeres zu erkennen. Der Querbalken des Fensterrahmens zerlegt die Landschaft in zwei Teile: Himmel und Erde. Die braunroten Vorhänge rahmen und begrenzen die Landschaft und weisen auf das zentrale Thema hin. Das Rot des Vorhangs und das Grün der Landschaft stehen sich zwar komplementär gegenüber. Trotzdem sind die Farben miteinander verwandt: die Schattenzonen in den Falten des Vorhangs sind grün getönt. Das Braun des Feldes, das im Sockel des Zimmers wiederkehrt, nähert Außen- und Innenwelt einander an. In diese vertraute Welt bricht das Unerwartete ein: das Fensterglas

ist zerbrochen, die Glasscherben auf dem Fensterbrett und auf dem Boden bestehen nicht aus durchsichtigem Glas, sondern bilden Bruchstücke der Landschaft, die durch das Fenster zu sehen ist. Die größeren Scherben liegen auch nicht einfach auf dem Boden. Um ihre Bedeutung zu unterstreichen, lehnen sie sorgfältig am Sockel des Fußbodens. Die zerbrochene Landschaft aus Glas versetzt den Betrachter in Unruhe. Die Kombination von Vertrautem und Fremdem macht ihn betroffen und nachdenklich.

Beide Bilder wenden sich offenbar mit einer verschlüsselten Botschaft an den Betrachter und zwingen ihn, sich neuen Erfahrungen zu öffnen. Beide Maler verzichten darauf, den Kunstfreund in eine Welt des schönen Scheins zu entführen. Die verkrüppelten Bäume sind Symbole der Zeit und der Vergänglichkeit, die den Beschauer daran hindern, sich der Ästhetik einer „romantischen" Landschaft einfach hinzugeben, sondern ihn bewegen, die Botschaft des Bildes verstehen zu wollen. Die kantigen Steine und die starren Bäume wirken ähnlich beunruhigend wie die zerbrochene Landschaft unterhalb des Fensters. Die Verwandtschaft der beiden Arbeiten geht also weit über die gleiche Technik und über den ähnlichen Ansatz einer genauen Naturbeobachtung hinaus. Beide Bilder sollen den Betrachter fesseln und in ihm Gedanken und Gefühle provozieren.

C. D. Friedrich will den Betrachter dahin führen, die Möglichkeit anzuerkennen, durch die Natur zu religiösen Erfahrungen zu gelangen. Diesseits und Jenseits, die traditionell als Gegensätze gesehen und erfahren werden, werden in den Bildern C. D. Friedrichs wieder aneinander herangeführt. Ähnliches gilt auch für Magritte. Der Wunsch André Bretons, des Wortführers der Surrealisten, Traum und Wirklichkeit zu überbrücken, ist auch ein Ziel Magrittes. Das „Traumbild" der zerbrochenen Landschaft kann als Symbol gesehen werden, vertraute Denkkategorien zu durchbrechen, um so ein wahres unmittelbares Bild der Wirklichkeit zu gewinnen. Der Zustand der zerbrochenen Natur, wie er so nur in einem Traum vorkommen kann, hat einen höheren Wahrheitsgrad als die Landschaft im Fensterausschnitt. Magritte bezeichnete seine Bilder als Fallen, die die Menschen festhalten und sie dazu bewegen sollten, sich Gedanken zu machen. Im Fall des Bildes „Schlüssel der Felder" könnten solche Fragen lauten: Was bedeutet wohl die zerbrochene Landschaft? Ist Natur so wie Glas zerbrechlich und vergänglich? Ist Natur dem Glas ähnlich, durch das wir einfach hindurchsehen, ohne uns zu bemühen, sie zu verstehen. Riskieren wir deshalb ihr Zerbrechen? Es ist bezeichnend, daß Magritte sein Bild „Der Schlüssel der Felder" nennt. Wahrscheinlich will er darauf hinweisen, daß dieses Bild eine Hilfe zum Verständnis der Natur sein soll.

Beide Künstler vertreten so Tendenzen, die für die jeweilige Epoche kennzeichnend sind. Mit der Sensibilität des Romantikers verstand es C. D. Friedrich, die Natur als Zeichen für das Transzendente zu lesen und darzustellen. Der Surrealist Magritte weiß, daß im Menschen Kräfte schlummern, die der Natur und damit dem Menschen selbst gefährlich werden können.

Leistungskurs Kunsterziehung

René Magritte – Fragebogen einer Schülerin

1. Zu welcher Schule gehören Sie?
   „Für einen einer Schule zugehörigen Maler ist es das Wesentliche, auf die Art zu malen, die diese Schule charakterisiert. Für mich ist es das Wesentliche, *zu wissen, was ich malen muß*. Das *Wie* besteht nur darin, korrekt zu malen, was ich malen muß."
2. Zu welcher historischen Umgebung und Epoche gehören Sie?
   „Ich habe keinerlei Begriff vom historischen Wert der Welt. Die Worte *Epoche* und *Umgebung* sagen mir nichts, was meine Aufmerksamkeit fesseln könnte."
3. Welches allgemeine Aussehen haben Ihre Werke?
   „Das allgemeine Aussehen ähnelt dem Aussehen der Welt, wo man Bäume, Personen, Himmel, Steine und die Dinge, die uns vertraut sind, sieht."
4. Haben Sie schon einmal Kinder gemalt?
   „Ja, zum Beispiel eine Mutter mit dem Kopf eines Babys, die ihr Baby mit dem Kopf der Mutter im Arm hält." (*L'Esprit de la Géometrie* – Der Geist der Geometrie.)
5. Wird das Bild „Le premier jour" (Der erste Tag) von einem Kind dargestellt?
   „In dem Bild ‚Der erste Tag' kann man das Bild eines geigespielenden jungen Mannes und das einer kleinen Tänzerin sehen."
6. Würden Sie mir sagen, welche Farbskala Sie in diesem Bild verwenden?
   „In diesem Bild gibt es die Farben eines sonnigen Nachmittags."
7. Was sind die Konstruktionslinien in diesem Bild? (und)
8. Welches sind die Hauptlinien?
   „Die Konstruktion dieses Bildes legt durch die Größe und die Plazierung des jungen Geigers und der Tänzerin eine Beziehung zwischen ihr und ihm fest, die wahrnehmbar ist. Es gibt keine Hauptlinien, sie sind alle notwendig, damit das Bild genau das ist, was es ist."

9. Ich wüßte auch gern, wer für dieses Bild Modell stand, jedenfalls, wenn Ihnen das nicht zu indiskret erscheint.
„Niemand stand Modell. Ich habe dieses Bild nach meiner Idee gemalt, einen jungen Geiger und eine Tänzerin so zu malen, wie sie in ‚Der erste Tag' sind."
. . .
10. Malen Sie immer?
„Fast täglich – eine – zwei – oder 3 oder 4 Stunden." . . .
11. Könnten Sie mir sagen, wie Sie plötzlich das Bedürfnis zu malen verspürt haben?
„Ich habe das Bedürfnis zu malen nicht *plötzlich* verspürt. Ich begann damit, Bilder zu kolorieren, als ich sehr jung war, und ich fuhr fort, an die Malerei zu denken und sie in der Folge auf zunehmend schwierigere Weise auszuüben. (Denn fest steht, daß nur wenige Bilder mir der Mühe wert scheinen, betrachtet und gemalt zu werden.)"
12. Was versuchen Sie den Leuten durch Ihre Malerei verständlich zu machen?
„Ich will nichts verständlich machen – ich bin der Ansicht, daß es genügend Gemälde gibt, die man mit viel oder wenig Verspätung versteht, mit wenigen oder vielen Erklärungen, daß nun eine unverständliche Malerei willkommen ist. Ich sorge dafür, eine solche Malerei so weit wie möglich zu bringen."
. . .
13. Glauben Sie, erreicht zu haben, was Sie wollten?
„Sicherlich nicht, da ich ja weitermale und im übrigen, wenn meine Malerei ein Ziel hat, ich nicht glaube, es sei auf eine Idee oder ein Gefühl beschränkt."
(gekürzt)

Aus einem Interview mit Magritte:

Mein Leben hat nichts besonders Pittoreskes. Ich bin aus bürgerlicher Familie. Ich habe studiert. Ich habe an einer Brüsseler Akademie malen gelernt. Ich habe ein bißchen herumprobiert. Ich habe vor allem reiflich überlegt. Das brachte mich dazu, nicht die Form, sondern den Grund der Malerei neu zu durchdenken. Die Malweise ist letztlich nur von geringem Interesse. Es gibt übrigens mehr als genug davon. Anstatt nach einer mehr oder weniger originellen Malweise zu suchen, zog ich es vor, den Dingen auf den Grund zu gehen, aus der Malerei ein Instrument zur Vertiefung der Kenntnis von der Welt zu machen, aber einer Kenntnis, die von ihrem Mysterium nicht zu trennen sei. Meine Art zu malen ist ganz und gar banal, akademisch. Wichtig in meiner Malerei ist das, was sie zeigt. Ich halte es für wesentlich, zu entdecken, wie die Welt uns zutiefst interessieren kann. Nun, die Welt interessiert uns zutiefst durch ihr Mysterium. Unter Mysterium verstehe ich das Unerkennbare, das, was die Wissenschaft nicht auf eine Kenntnis zurückführen kann, die ausdrückbar wäre.

René Magritte, 1898–1967. Der in Lessine, Belgien, geborene Magritte besuchte als 12jähriger Malkurse und nach dem Gymnasium die Akademie der Schönen Künste in Brüssel. 1922 lernte er Bilder von Chirico kennen und schloß sich mit Freunden in Brüssel zu einer surrealistischen Gruppe zusammen. 1927–1930 in Paris, in der Nähe des Wortführers der französischen Surrealisten André Breton.

Caspar David Friedrich, geb. 1774 in Greifswald, gest. 1840 in Dresden. Deutscher Maler und Grafiker. – Abkehr von der Italiensehnsucht seiner Zeitgenossen, sieht die Kunst als Mittlerin zwischen der Natur und dem Menschen. Stimmungen in der Natur, romantisches Erleben, individuelle Gefühlswelt sind die Vorstellungen seiner Kunst.
Werke. Mönch am Meer – Das Kreuz im Gebirge – Abtei im Eichenwald – Vor Sonnenaufgang – Hafen von Greifswald – Kreidefelsen auf Rügen u. a.

Vorschlag: Versuchen Sie eine Interpretation eines der Bilder. Verwenden Sie dabei die Informationen, die hier geboten werden.
Bildanalyse – Bildsynthese – Bildinterpretation

DAS BILD ALS KUNSTWERK

Marc Chagall

Von allen in Frankreich lebenden Künstlern war Chagall der gutmütigste. Zum erstenmal traf ich ihn in den späten vierziger Jahren in Orgeval in der Nähe von Paris, nachdem er im Jahr zuvor aus Amerika zurückgekehrt war. Wie seine Bilder, die einen ureigenen Charakter haben und völlig verschieden von denen anderer Künstler sind – Gedichte in leuchtenden Farben, in einem unverkennbaren Stil –, so gleicht Chagall selber einer traumhaften Figur von großer Sensibilität und Charme – ein Maler-Poet von ganzem Herzen. „Ein Bild kommt in die Welt wie ein Kind, sein Ursprung ist einem Augenblick der Liebe vergleichbar. Ein Kind ist in einer Sekunde empfangen, ebenso ein Bild, im Geiste des Künstlers. Aber vorher müssen Jahre vergehen, Jahre der Schwangerschaft, Jahre der Vervollkommnung, wenn alle Gedanken Form annehmen und aus Theorie Wirklichkeit wird."

„Seul est mien
Le pays qui se trouve dans mon âme
J'y entre sans passeport
Comme chez moi
Il voit ma tristesse et ma solitude
Il m'endort et me couvre d'une pierre parfumée."

Von Orgeval zog er bald nach Vence, dem Bergstädtchen oberhalb der Côte d'Azur, wo ich ihn häufig besuchte, und nicht bloß, um meine Photoserie fertigzustellen. Die Stadt Frankfurt hatte mit Hilfe der deutschen Botschaft in Paris vergeblich versucht, Chagall zu bewegen, ein großes Wandbild für die neue Städtische Oper zu malen. Man bat mich, als Vermittler aufzutreten, und schließlich gelang es mir, Chagall zur Einwilligung zu bewegen. Er malte nicht nur eines seiner größten Bilder – es erhielt den Titel *Commedia dell'arte* in leuchtenden Farben; er war auch einverstanden, daß die fünfzehn Gouache-Skizzen zusammen mit dem Bild im Foyer der Frankfurter Oper aufgehängt wurden.

Chagall sprach Deutsch, wobei er viele jiddische Worte einfließen ließ und seine Sätze wie im Jiddischen bildete. Zum letzten Mal besuchte ich ihn, als ich zu seinem neunzigsten Geburtstag eine Würdigung für *Die Welt* schrieb. Weil er sich durch seine Nachbarn gestört fühlte, hatte er Vence verlassen und auf einem großen Grundstück in St. Paul ein Haus gebaut, wo er sich vor der Außenwelt geschützt fühlte.

Felix H. Man

Die Bildkomposition

Die Komposition eines Bildes ist die Anordnung der Linien, Flächen, Formen und Farben, die der Künstler zur Verwirklichung seiner Absichten für notwendig hält.

Größe des Bildformats:
Die Größe des Bildformats beeinflußt den Dialog zwischen Bild und Betrachter.
Kleine Formate begünstigen eine individuelle Auseinandersetzung.
Mittlere Formate zwingen den Betrachter häufig zu intensiver Wahrnehmung.
Übergroße Formate finden sich hauptsächlich in Kirchen und Schlössern. Sie sollen den Betrachter beeindrucken, beeinflussen und lenken.

Bildformat:

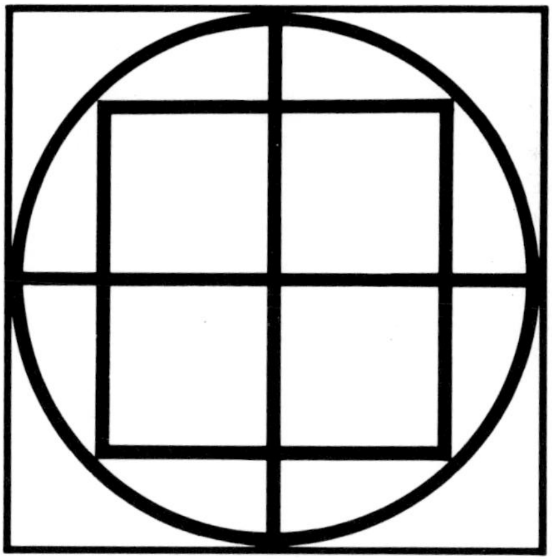

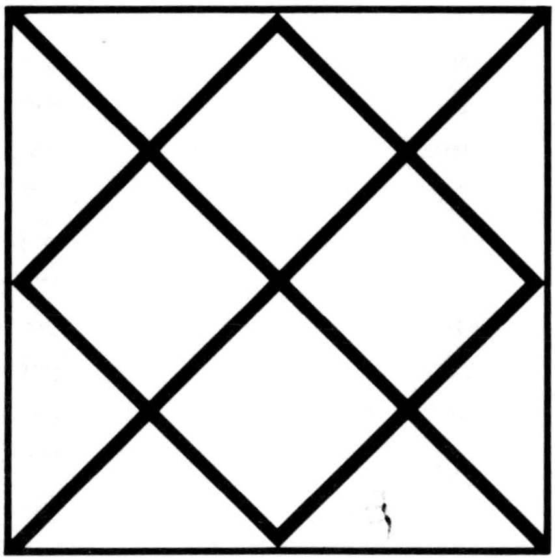

Das Quadrat: Die Gestaltung eines quadratischen Formats ist schwierig. Es kann durch das Einfügen eines Kreises, eines Kreuzes oder eines neuen Quadrats mehr statisch gegliedert werden (Renaissance).
Diagonalen bzw. ein auf der Spitze stehendes Quadrat führen zu einer dynamischen Gliederung der Bildfläche (Barock).

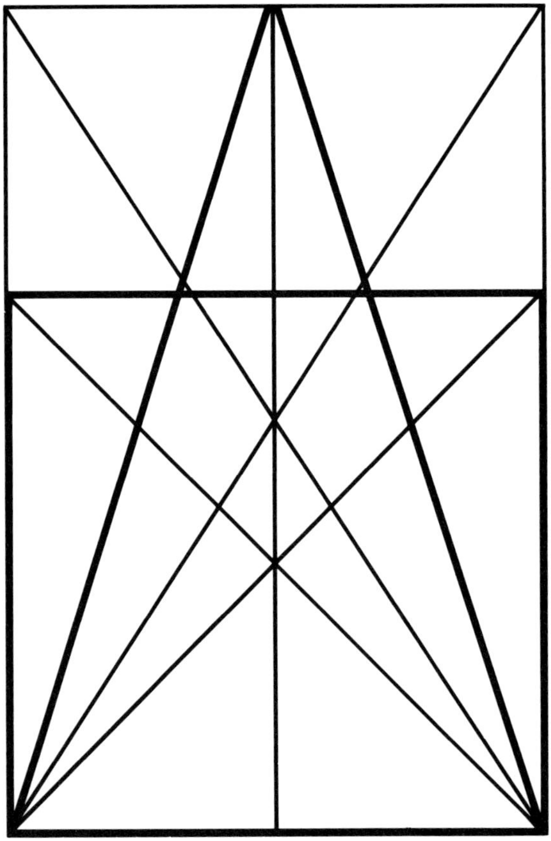

Das Rechteck: Maler ziehen das Rechteck als Bildfläche vor, da es besonders vielseitig gegliedert werden kann. Quadrat, Symmetrie, Diagonale und Dreieck ermöglichen vielfältige Kompositionsmöglichkeiten.
Eine einfache Form des **Bildaufbaus** ist das Dreieck, gleichschenklig, mit der Spitze nach oben. Diese in sich ruhende Bildstruktur paßt besonders gut zu Madonnenbildern.
Die Spitze des Dreiecks kann aber auch aus der Mitte verschoben werden, nach rechts oder nach links, von der Bildmitte aus. Dann ist das Dreieck nicht mehr gleichschenkelig, so daß Bilder mit solcher Bildstruktur nicht so schematisch, nicht so streng wirken wie die mit gleichschenkeligem Dreiecksaufbau.
Auf einem Bild mit mehreren Figuren können auch mehrere Dreiecke, gleich groß oder verschieden groß, dem Bildaufbau dienen.

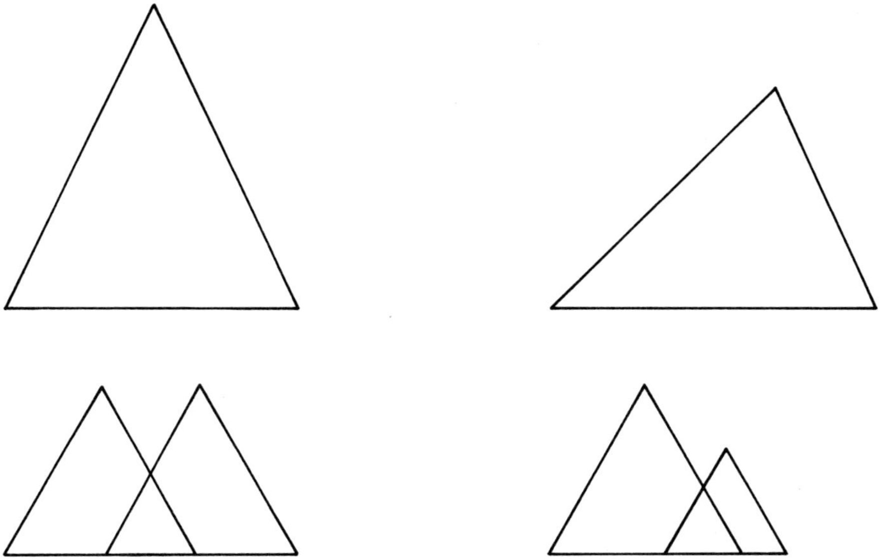

Hoch- oder Querformat:
Das Querformat erweckt den Eindruck der Ruhe, Tiefe und Kälte.
Das Hochformat bedeutet dagegen Bewegung, Nähe, Wärme.

Flächen
Dreieck, Kreis und Quadrat sind Grundformen der Gliederung der Fläche.
Das Dreieck schafft eine vertikale Bewegung. (Siehe Picasso, Akrobatenfamilie, S. 108.)
Der Kreis ist das Symbol der Vollkommenheit und Geschlossenheit.
Das Quadrat schafft Ruhe und Harmonie.
Das Rechteck innerhalb eines rechteckigen Bildformats bewirkt Spannung und Intensität.
Durch die Gegenüberstellung verschiedener Formen (Dreieck, Kreis, Quadrat, unregelmäßige Formen) werden Kontraste und Steigerungen erzielt.

Struktur
Flächen sind häufig durch kleinere Binnenflächen (Punkte, Striche, Linien, unregelmäßige Formen) strukturiert (siehe van Gogh, La Berceuse, S. 80) und erhalten dadurch Bewegungsrichtungen und Eigenleben. (Siehe Bruegel, Winter, S. 88.)

Der Punkt

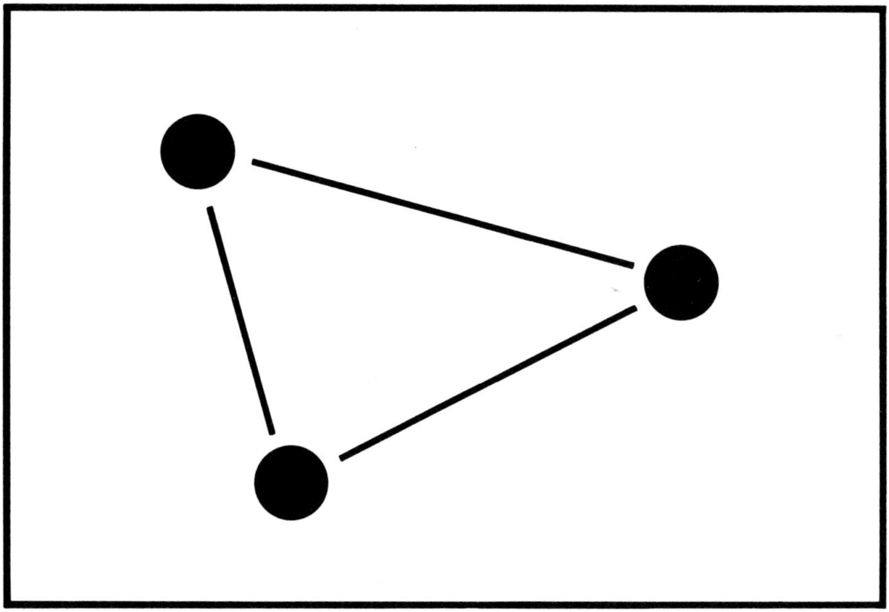

Ein einzelner Punkt beherrscht eine neutrale Fläche. Je nach seiner Lage kann er das Gleichgewicht einer Fläche stören oder sie in Drehung versetzen.
Wenn zwei Punkte auf einer Fläche erscheinen, springt das Auge unruhig hin und her. Mehrere Punkte in einer Reihe nimmt das Auge als Linie wahr. (Siehe Nain, Bauernfamilie, S. 132.) Das Auge folgt dem Verlauf dieser Linie, auch wenn sie ihre Richtung ändert.
Drei unregelmäßig auf einer Fläche angeordnete Punkte ergeben ein optisches Dreieck. Es wirkt ruhig und ausgeglichen, wenn keine der optischen Seiten des Dreiecks parallel zur Bildkante verläuft.

Bei Parallelität von optischer Linie und Bildkante entstehen starke Bewegungsrichtungen.
Bei einer Verteilung vieler Punkte auf einer Fläche entstehen optische Kreise, Ovale, Ellipsen und Quadrate.

Die Gerade
Horizontale und *Vertikale* schaffen Ruhe. (Siehe Tizian, Karl V., S. 119, LeNain, Bauernfamilie, S. 132.)
Mit einer *Waagrechten* assoziiert man gern Horizont; mehrere Waagrechte bewirken Raumtiefe.
In einem Hochformat schaffen Waagrechte kleine Querformate. (Siehe Léger, Bauarbeiter, S. 112.) Das Hochformat wird dadurch optisch breiter. Vertikale Linien bilden ein Hindernis für das Auge. (Siehe Holbein, Kaufmann Gisze, S. 70.)

Die *Diagonale* bringt Unruhe in den Bildraum. Diagonale Linien müssen durch Waagrechte oder Senkrechte gebunden werden, damit das Auge nicht aus dem Bildraum hinausgeführt wird.

Die *fallende Diagonale* von links oben nach rechts unten hat besonders starke Bewegung; sie erfordert eine waagrecht-senkrechte Bindung oder eine *Gegendiagonale*, die die fallende Bewegung aufhält. (Siehe Bruegel, Die Blinden, S. 220.)

Wellenlinien, Zickzacklinien etc.

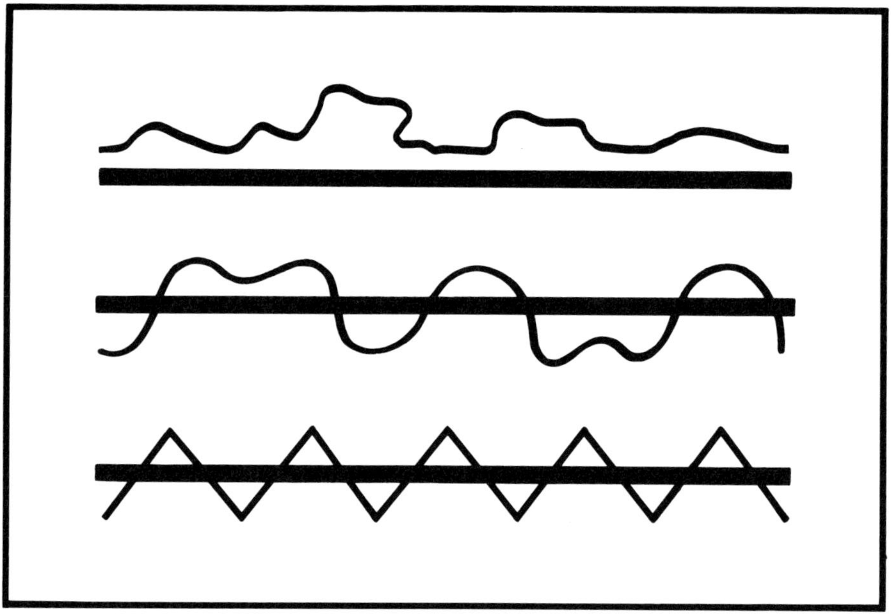

Linien, deren Richtung sich in einer bestimmten Ordnung ändert, rhythmisieren und gliedern die Bildfläche. Dabei bestimmt die Form der Linie den Charakter des Bildes.

Linien mit freiem Verlauf besitzen einen starken Gefühlswert.

Bewegte Linien, die neben geraden Linien verlaufen oder sie kreuzen, tragen zu einer dynamischen Bildwirkung bei.

Goldener Schnitt = stetige Teilung

Eine Strecke wird so geteilt, daß die ganze Strecke sich zur größeren Teilstrecke verhält wie die größere Teilstrecke zur kleineren Teilstrecke.

Aus einem Geometriebuch:
Anmerkung: Die stetige Teilung galt lange Zeit als Ausdruck eines die ganze Natur durchwaltenden göttlichen Ordnungsprinzips, demzufolge sich zwei Teile zu einem harmonischen Ganzen zusammenfügen. Insbesondere glaubte man, daß der menschliche Körper als die edelste aller erschaffenen Formen so gestaltet sei, daß die Gürtellinie die ganze Körperlänge stetig teile. Entsprechende Proportionen wurden für einzelne Körperpartien angenommen. Liegt auch die Fragwürdigkeit derartiger Mutmaßungen auf der Hand, so kann doch andererseits nicht bestritten werden, daß die Gliederung eines Bauwerks, einer Plastik oder eines Gemäldes als besonders geglückt empfunden wird, wenn sie auf der stetigen Teilung beruht. Aus diesem Grunde wird noch heute die Proportion der stetigen Teilung als „*Goldener Schnitt*" bezeichnet.

Wie finde ich auf einem Bild den Goldenen Schnitt der Grundlinie AB?

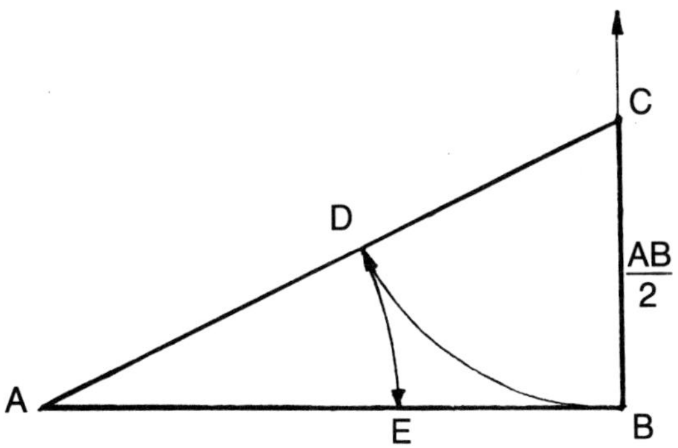

Ich ziehe bei B eine Senkrechte zu C, wobei die Strecke BC die Hälfte von AB ist. Ich verbinde Punkt A mit Punkt C. Mit dem Zirkel teile ich $\frac{AB}{2}$ von A aus ab, erhalte dadurch die Strecke CD. Diese Strecke messe ich mit dem Zirkel von A auf AB ab und erhalte den Punkt E, der den Goldenen Schnitt der Grundlinie AB bildet.

Einfache Methode

Ein Papierstreifen von der Länge des Bildes und ein Papierstreifen von der Breite des Bildes werden dreimal gefaltet. Es entstehen acht Einteilungen, die das Verhältnis 3 : 5 ergeben.

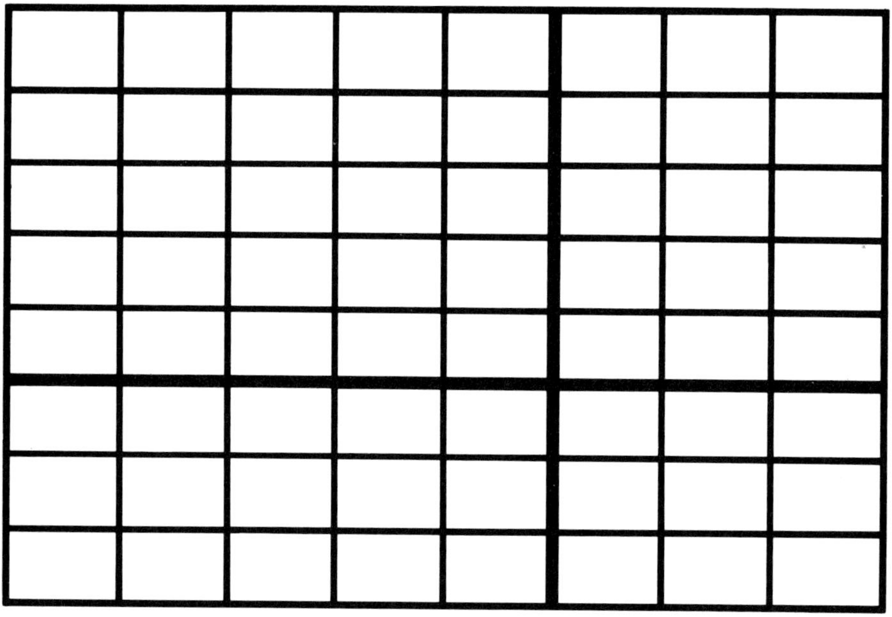

Die Komposition mit dem Goldenen Schnitt ergibt ausgeglichene Maßverhältnisse in der Bildgestaltung.

Farben

Von den auf einem Bild erscheinenden Farben gehen Lichtreize und Signale aus, die das Auge, das etwa 10 000 Farbnuancen erfassen kann, wahrnimmt. Über die Augen wirken die Farben auf das menschliche Nervensystem. Sie können Energien freisetzen, den Menschen erregen oder beruhigen. Die Wirkung der Farben auf das Allgemeinbefinden des Menschen ist weitgehend von seiner individuellen Prägung abhängig. Trotzdem läßt sich für die Wirkung der Farben eine Reihe allgemeingültiger Aussagen machen.

Die Wirkung der Farben

Die Farben in der Natur wirken auf unsere Stimmung ein:
der graue, wolkenverhangene Himmel bedrückt uns,
das strahlende Blau des Himmels beglückt uns, das satte Grün der Wiesen beruhigt uns.

Aus der Wirkung der Farben auf die Stimmung der Menschen hat man Folgerungen gezogen für den Anstrich der Häuser, die Farben der Tapeten und die Farben der Vorhänge.
Mit der Farbe Rot verbinden wir die Vorstellung von Feuer und Liebe: Der Maler, der ein Bild voll Leben und Freude malt, wählt die warmen Farben Rot, Gelb, Braun. (Denken Sie an das Gelb der Bilder von van Gogh!)
Stille, Verhaltenheit, Distanz, diese Gefühle gehen von den kalten Farben aus: Blau und Blaugrün.
Von Orange gehen Wärme und Kraft aus.
Die Erdfarbe Braun vermittelt das Gefühl der Festigkeit, Bindung und Sicherheit.

Kalte und warme Farben

Die Temperatur in einem rot/orange/gelb ausgemalten Zimmer wird als wärmer empfunden als die in einem blau gehaltenen Zimmer. Gelbe und rote Farben werden als warme Farben bezeichnet, Blau gilt als kühle Farbe. Grün liegt zwischen Gelb und Blau. Ein gelbliches Grün wird noch als warm, ein bläuliches Grün als kalt empfunden. Warme Farben lösen die Konturen auf, kalte Farben ziehen sich zusammen und verhärten die Konturen. Warme Farben bewegen sich scheinbar auf den Betrachter zu, kalte Farben ziehen sich vor ihm zurück. Die Bewegung der Farbe ist aber auch abhängig von ihrer Lage auf der Bildfläche, ihrer Quantität und von den benachbarten Farben. Häufig werden warme und kalte Farben im Bild so eingesetzt, daß sie sich im Gleichgewicht halten. Wenige warme Akzente in einem kühlen Gesamtton kommen besonders stark zur Geltung und geben so dem Bild eine besondere Bedeutung.

Komplementäre Farben

Die sich im Farbkreis gegenüberstehenden Farben heißen komplementäre Farben. Zwischen ihnen besteht die stärkste Farbspannung. Wenn sie ausgemischt werden, bildet sich die Farbe Grau. Komplementäre Farben im Bild steigern sich gegenseitig in ihrer Wirkung.

Der Farbkreis zeigt:

1. die drei Primärfarben:	**Gelb, Rot, Blau,**
2. die drei Sekundärfarben:	**Grün** entsteht aus der Mischung von Blau und Gelb, **Orange** aus Gelb und Rot, **Violett** aus Rot und Blau,
3. die Tertiärfarben:	**Blauviolett** aus Violett und Blau, **Blaugrün** aus Blau und Grün, **Gelbgrün** aus Grün und Gelb, **Gelborange** aus Gelb und Orange, **Rotorange** aus Orange und Rot, **Rotviolett** aus Rot und Violett.

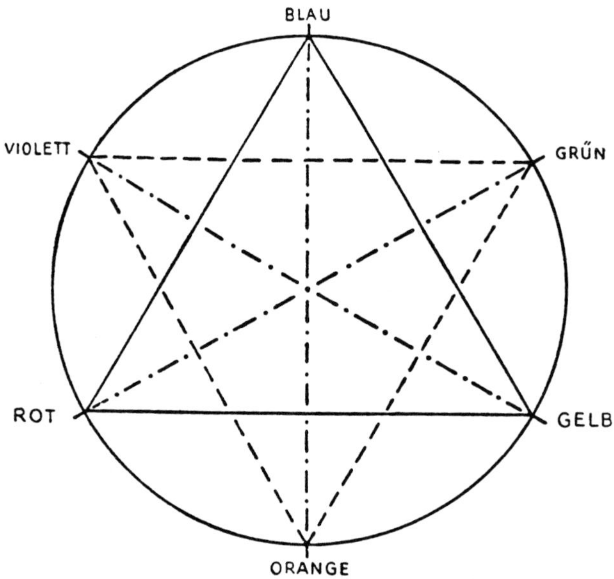

——————— die drei primären Grundfarben
– – – – – – – die drei sekundären Grundfarben
–·–·–·–·–·– die drei Komplementär-Farbpaare

Die Zerlegung des weißen Lichtes im Prisma ergibt die Reihenfolge des Farbkreises.

Farbklänge

Ein einheitlicher Gesamtton entsteht, wenn der Maler sich auf eine einzige Farbe beschränkt, die er lediglich durch Ausmischen mit einer kälteren bzw. wärmeren Farbe variiert (Le Nain). Das Bild erhält so einen einheitlichen Charakter.
Bilder können auch durch die Kombination von zwei nebeneinander liegenden Farben zum Klingen gebracht werden.

Das Licht

Das Licht, das die Gegenstände erst sichtbar macht, ist eines der zentralen Gestaltungselemente der Malerei. Aus der Art, wie der Maler das Licht darstellt, können wir entscheidende Rückschlüsse auf seinen Charakter, seine künstlerischen Ziele und die Botschaft des Bildes ziehen.
Das Licht kann selbst zum Gegenstand der Darstellung werden (z. B. das Feuer auf dem Bild „Jäger im Winter" von Bruegel). In der Helldunkelmalerei gibt der Künstler die Gegenstände und den Raum durch Aufhellung oder Verdunklung weniger benachbarter Farben (Grau, Olivgrün, Braun) wieder. Der Hell-Dunkel-Kontrast schafft starke Gefühlsspannungen (Daumier, Das Drama, S. 209), unterstreicht das Wesentliche (Rembrandt, Die Nachtwache, S. 136) und gibt der Darstellung Eindringlichkeit und Intensität (Le Nain, Bauernfamilie, S. 132). Schließlich kann Licht auch so dargestellt werden, daß es symbolische Bedeutung erhält (van Gogh, Das Nachtcafé, S. 104). Ähnlich wie in der mittelalterlichen Malerei, die die Leuchtkraft der Farbe durch lasierenden Malauftrag, Goldgrund und Glasmalerei steigerte, geht das Licht in der modernen abstrakten Malerei von der Farbe selbst aus.

Ruhe und Bewegung im Bild

Der Gesamteindruck, den ein Bild auf den Betrachter ausübt, ist weitgehend davon abhängig, ob auf dem Bild Gestaltungsmittel vorherrschen, die Ruhe bewirken, oder solche, von denen Bewegung ausgeht. Es ist auch möglich, daß auf einem Bild Elemente der Ruhe und der Bewegung als Kontrast gegeneinanderwirken. Der Eindruck der Ruhe entsteht hauptsächlich durch Schwerpunktbildungen im Zentrum des Bildes, Verwendung regelmäßiger Kompositionselemente wie Dreieck (Dürer, Selbstbildnis, S. 76), Kreis, Quadrat, symmetrischen Bildaufbau, Gegenüberstellung von Horizontalen und Vertikalen, längeren parallelen Linien und einer harmonischen Farbkomposition.
Der Eindruck der Bewegung entsteht durch asymmetrischen Bildaufbau, starke Raumtiefe, Überschneidungen und Kurven.
Die Entscheidung des Künstlers, stabilisierende oder dynamisierende Bildmittel einzusetzen, ist von dem gewählten Bildthema, den Stiltendenzen der jeweiligen Epoche und dem Charakter des Malers abhängig.

Raum

Ein wesentliches Ziel der Malerei seit der beginnenden Neuzeit ist die Darstellung des Raums. So wie die Naturwissenschaftler den Zusammenhang von Gegenstand, Ort und Zeit erfassen (Galilei), schildern die Künstler seit der Renaissance Lage und Ausdehnung der Dinge im Raum und ihr Verhältnis zueinander. Die exakte Darstellung des Raums gelingt mit Hilfe der Zentralperspektive, die durch Festlegung der Horizontlinie, des Fluchtpunkts, in dem sich alle Linien treffen, und des Augenpunkts konstruiert wird. Besonders leicht kann die Tiefendistanz erfaßt werden, wenn der Maler gleichartige und gleich große Gegenstände darstellt, die in die Tiefe führen (z. B. Säulen, Bäume, Häuser). Der Anwendung der Zentralperspektive liegt der Wunsch des Künstlers zugrunde, die Natur mit wissenschaftlicher Genauigkeit zu erfassen. Auch die genaue Beobachtung von Licht und Schatten ist ein Mittel, die Lage der Dinge im Raum genauer zu erfassen. Ein weiteres Mittel zur Darstellung des Raums ist die Luftperspektive, die der Künstler durch Aufhellung der weiter hinten liegenden Landschaftsteile erreicht. Raum kann aber auch symbolisch dargestellt werden: so weist der mittelalterliche Maler durch die Verwendung des Goldgrunds auf die Existenz einer jenseitigen Welt.

Die Darstellung des Raums gibt Aufschluß über das Welt- und Menschenbild des Künstlers. So ist der Bildraum Bruegels geöffnet, überschaubar und klar gegliedert: Darstellung des menschlichen Handelns in einer abweisenden Natur. Der eng begrenzte Bildraum Le Nains weist auf die beengte Lebenssituation der dargestellten Menschen. Die Weite des Bildraums in Valasquez' „Übergabe von Breda" spielt auf die weltgeschichtliche Dimension des Ringens zwischen Spanien und Holland an.

Das sprechende Bild

Allegorie Weibliche Figur mit verbundenen Augen, mit Schwert und Waage der Sensenmann	Allegorie der Gerechtigkeit = Justitia Allegorie des Todes	**Allegorie =** das Anderssagen. Bezeichnung für die Darstellung eines abstrakten Begriffs z. B. durch Personifikation.
Attribut Mann mit Dreizack Frau mit Eule Mann mit Reichsapfel und Zepter Mann mit Mitra und Krummstab Mann mit Schlüssel	Attribut Neptuns Attribut Athenes Attribute des Kaisers Attribute des Bischofs Attribut des hl. Petrus	**Attribut =** das Zugeteilte, Beigefügte. Gegenstände sind einer Figur fest zugeteilt, so daß sie daran erkannt wird.
Symbol das Kreuz Buchstaben Schwarz Rotes Ampellicht	Symbol des Christentums Symbole für Laute Farbsymbol für Trauer Symbol für Halt	**Symbol =** Zeichen, Kennzeichen für einen Bedeutungsbereich, ein Abbild ohne äußerliche Ähnlichkeit mit dem Urbild.

Das abstrakte Bild

Die Entstehung der abstrakten Malerei ist ein Ergebnis der Isolierung des Künstlers im 19. Jahrhundert. Der von den bisherigen Aufgaben (Kirchenmalerei, Porträt) ausgeschlossene Künstler beginnt Inhalt, Technik und Gestaltung seiner Bilder selbst zu bestimmen. Er erforscht die ihm zur Verfügung stehenden bildnerischen Mittel und ihre Beziehungen und versucht, auf der Grundlage dieser Überlegungen eine neue Form der Bildgestaltung. So untersuchen die Impressionisten, besonders Seurat, die Farben und ihre elementaren Zusammenhänge und beginnen die Wirklichkeit im Hinblick auf farbtheoretische Erkenntnisse zu gestalten. Cézannes Malerei liegt eine neue Vorstellung des Raums zugrunde: Raum wird nicht mehr als Kontinuum, sondern als schwingende Fläche dargestellt. Mondrian entwickelt in schrittweiser Abstraktion aus den traditionellen Gegenständen Baum, Haus und Meer die bildnerischen Grundelemente Waagrechte, Senkrechte und Rechteck. 1921 ordnete er die Bildfläche nur noch in den Grundrichtungen horizontal und vertikal. Die Grundstrukturen der Malerei und der Wahrnehmung werden so bewußtgemacht und für die bildnerische Gestaltung erschlossen.
Bei der Beschreibung eines abstrakten Bildes wird deshalb vor allem auf die Untersuchung der Gestaltungsmittel Gewicht gelegt. Die Beschreibung von Lage, Verlauf, Umfang, Intensität, Bewegung, Raumwirkung, Lichtwirkung von Linien und Farben und ihr Verhältnis zueinander stehen im Mittelpunkt des Aufsatzes. Außerdem behandelt die Darstellung die psychologische Wirkung des Bildmittels auf den Betrachter und untersucht die Zusammenhänge des Kunstwerks mit dem Stand der Naturwissenschaften, der Technik und der Gesellschaft.

Vier Stilrichtungen

Wie wir vier Persönlichkeitstypen erkennen können, die den vier nach ihren psychischen Funktionen eingeteilten Typen entsprechen und sich durch vier verschiedene Arten der Wahrnehmung unterscheiden, so lassen sich ebenso vier verschiedene Typen auf Grund ästhetischer Funktionen erkennen, die sich in Kunstwerken ausdrücken. Zum selben Ergebnis gelangt man durch eine empirische Einteilung der historischen Kunststile: die unsystematische kunsthistorische Terminologie unterscheidet zwischen vier verschiedenen Stilen oder Typen.

1. **Der erste dieser Stile** wird abwechselnd als **Realismus und Naturalismus** bezeichnet und besteht in einer möglichst **genauen Nachahmung** der durch die Sinne wahrgenommenen objektiven Fakten.
2. Der **zweite Stil ist als Idealismus, Romantik, Surrealismus, phantastische oder imaginative Kunst** bekannt; er geht zwar von visuellen Bildern aus, schafft aber durch sie eine **von ihnen unabhängige Wirklichkeit.**
3. Der **dritte dieser Stile,** als **Expressionismus** bezeichnet, wird durch das Verlangen des Künstlers bestimmt, eine bildliche Entsprechung für seine unmittelbaren Empfindungen zu finden, demnach also durch seine temperamentsbedingten Reaktionen auf eine erlebte Wahrnehmung.
4. Schließlich gibt es **jenen Stil,** der bestrebt ist, alle persönlichen Elemente auszuschalten, ein Stil, der eine ästhetische Antwort auf die **rein formalen Beziehungen** von Raum, Masse, Farbe, Klang usw. herbeiführen will. Dieser Stil wird manchmal als **abstrakt** bezeichnet, aber die Bezeichnungen „konstruktiv“, „absolut“ oder „intuitiv“ wären den Gegebenheiten nach weit zutreffender.

Vgl. Kunststile S. 244 ff. *Herbert Read*

Künstlerische Techniken

Aquarell

nennt man ein Bild, das mit Wasserfarben auf saugfähiges Papier gemalt wurde (lat. aqua = Wasser). Die Wasserfarben können pflanzlicher oder mineralischer Art sein.

Aquarellfarben sind sehr fein gemahlene Mineralpigmente wie Chromgelb, Cadmiumgelb, Ocker, Zinnober, Zinkweiß, Berliner Blau, die mit einem Bindemittel versetzt werden: Gummiarabicum, Leim, Gelatine, Dextrin.

Freskomalerei

Wandmalerei, die auf den frischen, noch feuchten Kalk aufgetragen wird (ital. fresco = frisch). In jedem Tagewerk muß ein Teilstück vor dem Trocknen des Putzes fertiggestellt werden.

Gouache

eine Malerei mit Wasserfarben, denen Bindemittel zugesetzt sind, die dick aufgetragen werden, so daß die Farben decken. Dem Bindemittel wird noch Deckweiß zugegeben.

Holzschnitt

Eine Holztafel (meist aus Birnen-, Kirschen- oder Erlenholz) wird geglättet und mit Kreide grundiert. Der Künstler zeichnet darauf seine Darstellung – spiegelverkehrt. Mit scharfen Messern werden alle Teile des Holzes herausgeschnitten, die von der Zeichnung nicht berührt sind. Die Linien und Flächen der Darstellung bleiben erhaben stehen und werden mit Druckfarbe eingefärbt. Auf dem mit einer Presse aufgedrückten Papier entsteht der „Holzschnitt". (Hochdruckverfahren)

Kupferstich

Der Kupferstecher gräbt die Linien seiner Zeichnung mit dem Grabstichel in die polierte Kupferplatte. Diese Furchen nehmen die Druckfarbe auf, die anderen Teile der Platte werden blank gewischt. Mit feuchtem Papier bedeckt, wird die Kupferplatte durch die Kupferdruckpresse gezogen. Die frühen Drucke sind die besten, denn nach häufigem Drucken verflachen die Furchen. (Tiefdruck)

Lithographie

(oder Steindruck) ist ein Vervielfältigungsverfahren, bei dem druckende und farbfreie Stellen auf einer Ebene liegen, deshalb ein Flachdruckverfahren. Auf einem feinkörnigen, geglätteten Sandstein wird die Zeichnung mit Fettkreide oder Tusche aufgetragen. Anschließend wird der Stein in eine Lösung von Gummiarabicum gelegt. Durch chemische Veränderungen nimmt der Stein an den bemalten bzw. gezeichneten Stellen Farbe an, an den freien Stellen stößt er Farbe ab. Der Stein wird eingefärbt, und in einer Presse werden dann die Papierabzüge hergestellt. Heute werden statt der Sandsteine meist präparierte Metallplatten verwendet. Für die Farblithos nimmt man mehrere Platten hintereinander, das Prinzip des heutigen Vierfarbendruckes.

Mosaik

Verschiedenes Material in kleinen Stücken wird in einem Mörtelbett zu Bildern und Ornamenten zusammengesetzt. Die Mosaiksteine können aus farbigem Stein, eingefärbtem Ton, Glasflüssen oder Glas bestehen. Die Würfel haben im allgemeinen 1–2 cm Seitenlänge.

Radierung
Eine Kupfer- oder Zinkplatte wird mit einer säurebeständigen Schicht bedeckt. In diese wird die Zeichnung mit der Radiernadel eingeritzt. Dann wird die Platte in ein Säurebad getaucht, die Linien der Zeichnung werden dadurch in die Platte eingeätzt. Der Ätzgrund wird entfernt, und die Platte kann eingefärbt werden. Die Farbe bleibt in den geätzten Furchen hängen. Die Platte wird gelegentlich noch mit der Kaltnadel bearbeitet.

Tafelmalerei
Die Bilder werden auf flachen, festen Malgrund, auf Holz, Ton, Metall, oder auf versteifte Leinwand, d. h. auf Rahmen gespannte Leinwand, gemalt.

Temperamalerei
Diese Art der Malerei verwendet Temperafarben. Das sind anorganische Pigmente und Emulsionen, die aus trocknenden Ölen und wäßrigen Bindemitteln bestehen. Sie trocknen matt und deckend. Ähnliche Farben mit wasserlöslichen Bindemitteln werden als Plakatfarben bezeichnet.

Wandmalerei
Die älteste Art der Malerei steht in einem architektonischen Rahmen. Die Technik wird drei Faktoren angepaßt:
dem Malgrund: Putz, Gips, Leinwand –
dem großen Format –
der Betrachtung aus einiger Entfernung.
Außer dem wichtigsten Verfahren der Freskotechnik gibt es noch das Kalk-Secco-Verfahren, bei dem auf trockenen Putz gemalt wird, mit Kalkkasein als Bindemittel.
Aber auch Öl- und Temperafarben sind möglich.

Zeichnung
Zeichenfläche: Papier, Pergament, Holz, Leinwand . . .
Zeichenmittel: Bleistift-, Silberstift-, Kohle-, Feder-, Pinsel-, Kreidezeichnung.
Die Zeichnung ist an die Linie gebunden. Sie ist Vorstufe der Malerei, aber auch selbständige künstlerische Technik.

Portrait

Friedrich Georg Kersting, Caspar David Friedrich im Atelier, 1819
Öl auf Leinwand, 51 × 40 cm
Berlin-West, Nationalgalerie

Fragen an das Bild | **und mögliche Antworten**

1. **Mein** erster Eindruck?

1. Strenge Arbeitsatmosphäre – ein Künstleratelier stellt man sich anders vor – der Maler wirkt fast wie ein Asket.
Haben Sie einen anderen Eindruck? Bitte formulieren Sie!

2. **Was** ist dargestellt? (Bildinhalt)

Ein hoher Raum mit kahlen Wänden, eine Staffelei, die vom Beschauer nicht einsehbar ist, dem geradlinigen Fenster zugewendet. Davor steht der Maler mit Palette und Malstab, über einen einfachen Stuhl gelehnt, das Bild kritisch betrachtend.
Schreiben Sie Ihren eigenen Text zum Bildinhalt!

3. **Wie** ist es dargestellt? (Bildform)

Das streng einfallende Licht beleuchtet das Gesicht des Malers, seine Palette und das Bild, die Leinwand. Der Kontrast zwischen Maler und Bild auf der einen Seite und dem übrigen Atelier andererseits fällt besonders auf.
Wie beantworten Sie diese 3. Frage?

4. **Warum** ist dieser Bildinhalt in dieser Form dargestellt?

Der Maler Kersting wollte den Maler Caspar David Friedrich charakterisieren: einen einfachen Menschen in einer einfachen Umgebung. In dieser Geradlinigkeit kommt die Menschlichkeit des Dargestellten zur Geltung.
Schreiben Sie Ihren Deutungsversuch!

Caspar David Friedrich im Atelier

Friedrich Georg Kersting wurde 1785 als Sohn eines Glasermeisters in Güstrow geboren. Verwandte in Rostock ermöglichten ihm das Studium an der Akademie in Kopenhagen, an der vor ihm Philipp Otto Runge und Caspar David Friedrich studiert hatten. Nach drei Jahren kehrte er 1808 zurück, um sein Studium an der Dresdner Akademie fortzusetzen. Unter den Freunden, die er dort fand, war Friedrich die überragende Persönlichkeit. 1813 folgte er in vaterländischer Begeisterung Theodor Körners Aufruf, um als Freiwilliger des Lützowschen Korps an dem Befreiungsfeldzug gegen Napoleon teilzunehmen, wovon zwei Bilder der Nationalgalerie rührendes Zeugnis ablegen. Als er 1818 die Stelle eines Malervorstehers an der Porzellanmanufaktur in Meißen antrat, die er fast dreißig Jahre bis zu seinem Tode innehatte, mündete für ihn das Leben wieder in das Handwerkliche, aus dem es hervorgegangen war.
In den Grenzen, die sich Kersting setzt, liegt die Bedeutung seines unverwechselbaren Werks. „Kersting machte sich durch zierliche Art seiner Gemälde ehrenvollst bekannt; allgemein gefiel die von ihm oft wiederholte Ausführung des glücklichen Gedankens, die Personen, welche er zu porträtieren hatte, in ganzer Figur auf mäßig großen Holztafeln zugleich mit dem Innern ihrer Behausung abzubilden. In der Tat ist es interessant, geliebte oder hervorragende Menschen in der ihrem Berufe angemessenen, folglich auch für ihre ganze Wesenheit charakteristischen Umgebung zu sehen“, so hatte schon die Malerin Louise Seidler in ihren Erinnerungen geschrieben.
Eins dieser kleinen Meisterwerke, allerdings auf Leinwand gemalt, stellt Caspar David Friedrich in seinem Dresdner Atelier dar. Der Maler hat für einen Augenblick seine Arbeit unterbrochen. Er steht hinter dem Stuhl, auf dem er bis jetzt malend gesessen hat, indem er sich auf die Lehne stützt und nachdenklich sein Bild betrachtet, das wir nur von hinten schräg verkürzt auf der Staffelei sehen. Er hat die Staffelei dicht ans Fenster gerückt, das – im unteren Teil abgedunkelt – mit seinem hohen Seitenlicht das für uns unsichtbare Bild und den nüchternen, bis auf ein Tischchen mit Malutensilien leeren Arbeitsraum erhellt. Indem Kersting uns des Malers rotblonden Charakterkopf mit seinem sinnenden Blick sehen läßt, mitten in einer kahlen Werkstatt, in der er mit seinen Gedanken und seiner Bilderwelt allein ist, hat er vieles von Friedrichs Wesen erfaßt. Und er tut es in seiner bezaubernden Art, ebenso klar im Zeichnerischen wie schwebend im Atmosphärischen.
Das für Friedrich Charakteristische dieses Bildes hat man um so stärker empfunden, als Kersting gleichzeitig Gerhard von Kügelgen in seinem Atelier

malte, der es liebte, sich mit tausend Dingen zu umgeben. „Gerhard von Kügelgens Werkstatt dagegen ist ein buntes Durcheinander, chaotisch verworren, überfüllt mit Staffeleien, Gewändern, Waffen, angefangenen Bildern und dergl.; der Künstler, im gelben Nankingmorgenrocke, blickt selbstzufrieden lächelnd von der Staffelei dem Beschauer entgegen“ (Louise Seidler).
Zwei weitere Bilder Kerstings in Hamburg und Mannheim zeigen Friedrich im Atelier, malend vor der Staffelei sitzend; sie schildern mehr vom Raum, geben die Details ausführlicher und wirken dadurch genrehafter, während unser Bild mehr vom Wesen Friedrichs aussagt.
Was diesen kleinen Bildern noch heute ihren Zauber gibt, ist der biedermeierliche Realismus, der ebenso klar wie zart in der Gesinnung wie in der Ausführung ist, der eine begrenzte, aber heile Welt schildert. „Einfache Menschen, anständige Bilder. Je mehr dann der Bürger reich wird und sich bläht, um so mehr spreizen sich die Künstler“, wie Ludwig Justi die Kunst dieser Zeit charakterisiert.

Leopold Reidemeister

Der vorliegende Text hat sechs Abschnitte:
1. Das Leben des Malers Friedrich Georg Kersting
2. Das Werk von Friedrich Georg Kersting
3. Das Bild „Caspar David Friedrich im Atelier“
4. Ein anderes Atelierbild von Kersting
5. Über zwei weitere Atelierbilder Kerstings
6. Persönlicher Eindruck von den Bildern Kerstings

Nur der dritte Abschnitt ist für die Bildbeschreibung wesentlich. Aus den anderen Abschnitten können wir jedoch Informationen über den Maler und sein Werk gewinnen, Kenntnisse, die wir, stark gekürzt, für Einleitung und Schluß unseres Schulaufsatzes verwenden können.

Vorschlag
Verfassen Sie eine Bildbeschreibung mit Einleitung, Hauptteil, Schluß nach folgendem Muster:

A) Maler – Werk – Bildtitel und Bildthema
B) 1. Bildinhalt
   2. Bildform
   3. Bilddeutung
C) Eigene Stellungnahme

Hans Holbein d. J. (1497–1543), Kaufmann Gisze

Eichenholz, 96,3 × 85,7 cm. – Bez. auf dem Zettel oben: Distichon (griech.) in Imaginem Georgii Gysenii/Ista refert vultus, quam cernis, Imago Georgi / sic oculos vivos, sic habet ille genas / Anno aetatis suae xxxiiii / anno domini 1532. (Distichon auf das Bildnis Georg Giszes. Was Du hier siehst, zeigt Georgs Züge und Bild, so lebendig ist sein Auge, so seine Wangen geformt. In seinem vierunddreißigsten Jahr im Jahre des Herrn 1532.) Links an der Wand in weißer Schrift: G. Gisze – und der Wahlspruch: Nulla sine merore voluptas (Keine Freude ohne Preis). Adresse auf dem Brief: Dem erszamen Jergen Gisze to lunden in engelant mynem broder to handen. Andere Briefe nennen Absender mit Namen Basler Kaufleute: Hans Stolten, T(h)omas Bands und Jergen oder Jurgen. – Slg. Duc d'Orléans. Paris. Erworben mit der Slg. Solly, 1821.

Bildnis Georg Giszes hinter dem Arbeitstisch in seinem Kontor. Das Distichon nennt ihn 34jährig, als er 1532 gemalt wurde. Nach den Briefen wohnte er in London. Georg war Angehöriger der Danziger Kaufmannsfamilie Gisze und wurde 1497 als Sohn des Ratsherrn Albert Gisze geboren. Sein Name wird auch in Akten des Stahlhofs in London genannt. 1535 vermählte er sich in Danzig mit Christine Krüger. Raum und Arbeitsgerät dienen zur Kennzeichnung des Dargestellten. Auf dem mit einem orientalischen Teppich bedeckten Tisch liegen neben einem Rechnungsbuch eine Schere und vorne ein Schreibzeug aus Zinn mit Federn, rotem Siegellack und gelben Wachsplättchen sowie eine Streusanddose; daneben ein Wappenring und ein Petschaft zum Siegeln. Ein älteres Petschaft an einer Kette mit einer Bernsteinkugel hängt links oben am Brett neben einer Goldwaage. Am Bord rechts eine Kugel für eine Garnrolle und ein Bund mit Schlüsseln. Außer dem Gebrauchsgerät zieren den Tisch eine goldene Dosenuhr und, betont in den Vordergrund gerückt, eine venezianische Glasvase mit einem Sträußchen aus Nelken, Rosmarin, Ysop und einem gelben Kreuzblütler. Die Pflanzen weisen symbolisch auf Eigenschaften und Tugenden des Dargestellten hin: Liebe, Treue, Reinheit und Bescheidenheit. In einem zweiten Sinn spielen die Zerbrechlichkeit des Glases, die Blüten, die bald welken, und die Uhr, die das Verstreichen der Zeit anzeigt, auf die Vergänglichkeit an. Die Klarheit der kristallenen Vase kann auch als Hinweis auf die Lauterkeit des Charakters, die Uhr, die die Zeit mißt, als Sinnbild der Mäßigkeit verstanden werden. Die Nelken als symbolische Anspielung auf Liebe und Treue lassen vermuten, daß das Porträt anläßlich der Verlobung mit Christine Krüger in Auftrag gegeben wurde. Aufgrund des großen Formats, das so später kaum mehr vorkommt, und des Reichtums der Darstellung, ist das Bild wahrscheinlich zu Beginn des zweiten Aufenthalts 1532 in England gemalt.

Katalogtext

Hans Holbein d. J. Kaufmann Gisze
Berlin, Staatliche Museen, Preußischer Kulturbesitz – Gemäldegalerie

Das Porträt des Danziger Kaufmanns gilt als eines der berühmtesten Werke der deutschen Bildniskunst überhaupt. Holbein hat in London neben der Hofgesellschaft und dem königlichen Hause Heinrichs VIII., deutsche Kaufleute, Mitglieder des Stahlhofs gemalt. Diese Bildnisse, Wunderwerke in der Malerei des Stofflichen, zeugen zugleich durch die dargestellten Personen für die damalige Weltgeltung des Deutschen. Dies also ist Georg Gisze, im Alter von 34 Jahren; man kann den Namen des Mannes von dem Brief ablesen, den er in seinen festen Händen hält; sein Wahlspruch *„nulla sine merore voluptas"* (Ohne Leid kein Genuß) ist in feinster gotischer Schrift auf die grünlackierte Holzwand geschrieben. Hier gibt es nichts Unbestimmtes, ob man die Ringe oben am Bord, die Münzkassette, Petschaft, Bandmaß oder die Nelken betrachtet, die über vier Jahrhunderte hinweg in diesem Glas ihren strengen Duft behalten haben. Die Leistung Holbeins besteht darin, daß trotz der Sorgfalt im einzelnen – solch eine Tafel ersetzt mit ihren Details ganze Bände von Kulturgeschichte – das Bild in der Ruhe gehalten ist. Der Mann in seinem dunkellachsroten Seidenkleid, dem schwarzen Überwurf (von Glasknöpfen gehalten) mit dem blauschwarzen Barett auf sandfarbenem Haar ist die Entschlossenheit und Zielsicherheit in Person. Fest und beherrscht schauen diese braunen Augen auf den Maler, der mit der gleichen Kraft des Beobachters und des Prüfers sein Werk tut wie jener sein Geschäft. Als ein Gleichnis für beide hängen zur Seite an roten Schnüren die Metallplättchen der Feinwaage: unbestechlich, mathematisch, exakt.

Benno Reifenberg

Hans Holbein d. J., geb. 1497/98 in Augsburg, gest. 1543 in London. Seit 1532 in London, Hofmaler Heinrichs VIII.
Werke: Bildnisse – Madonna des Baseler Bürgermeisters Meyer (Andachtsbild und Familienbild) – Bildnisse der englischen Königsfamilie: Heinrich VIII. – Jane Seymour – Anna von Cleve – Anna Boleyn u. a.

Hans Holbein d. J., Kaufmann Gisze

Der Bildinhalt. Der Kaufmann steht in seinem Kontor breitschultrig hinter dem Arbeitstisch und blickt kühl auf den Betrachter. Die Lippen sind geschlossen. Auf dem modisch geschnittenen Haar sitzt, seitlich schiefgedrückt, eine weiche schwarze Samtkappe.

Schwarz ist auch die Farbe des Überrockes, den der Kaufmann trägt. Ärmellos und vorn offen, läßt er das Unterkleid aus hellroter Seide hervortreten. Die Ärmel reichen bis über das Handgelenk und bilden am Oberarm abgebundene Puffen. Im eckigen Kleiderausschnitt schließt das feingefältelte Hemd am Hals mit einem Bund ab. Im Gürtel trägt Gisze einen Dolch, an dessen kristallenem Knauf er ein Schlüsselbund gehängt hat. In den Händen hält der Kaufmann einen Brief, auf dem die Adresse zu lesen ist: „Dem erszamen Jergen Gisze to lunden in engelant mynem broder to handen."

Der Tisch ist mit einem Orientteppich bedeckt. Es stehen darauf das zinnerne Schreibzeug mit Behältern für Federn, Siegellack, Tinte, Streusand und Geld, eine runde Tischuhr, die Mittagszeit anzeigend, und eine Vase aus venezianischem Glas mit Nelken und Wiesenblumen. Griffbereit liegen auf dem Tisch ein Petschaft mit der Hausmarke des Kaufmannes, ein goldener Siegelring mit dem Familienwappen, eine Gänselkiel-Schreibfeder und eine Schere. Neben dem Tisch ist die mit roten Riemen verschlossene Posttasche an die Wand gelehnt. Darüber stecken in zwei Leisten, die waagerecht auf die Holzwände genagelt sind, Schriftstücke und Siegelbänder. Auf dem rechten, mit Zahnschnitt und Rankenornamenten verzierten Wandbord befinden sich ein hölzerner Kasten und ein Notizbuch. An zwei Haken der Abschlußleiste hängen ein kunstvoll gearbeiteter, kugelförmiger Bindfadenbehälter und zwei Siegelringe, unter dem Bord eiserne Schlüssel mit kompliziert geformten Bärten.

Auf dem linken Wandbord sehen wir ein dickes ledergebundenes Buch und eine Runddose. An Haken in der profilierten Randleiste sind eine Goldwaage zur Gewichtbestimmung von Geldstücken und ein metallenes Petschaft mit einer Bernsteinkugel befestigt.

In der hölzernen Leiste unter dem Bord steckt wiederum ein gefaltetes Briefpapier mit Siegelband. Darüber ist mit weißer Schrift ein lateinischer Spruch auf der grün getönten Wandtäfelung angebracht: „Nulla sine merore voluptas": keine Freude ohne Leid. Die Unterschrift G. Gisze läßt ihn als den Wahlspruch des jungen Mannes erkennen.

Ein Zettel über dem Bord, mit Siegellack an die Wand geheftet, gibt mit einem lateinischen Distichon Auskunft über den Dargestellten: „Das du hier siehst, dies Bild, zeigt Georgs Züge und Aussehn. So lebendig sein Aug, so sind die Wangen geformt. In seinem 34. Jahr, Anno Dom. 1532.„

Die künstlerische Gestaltung. Für das Bild wählte der Maler ein Hochformat, ein dem Quadrat angenähertes Rechteck. Der Aufbau der Figur wird durch ein Kompositionsdreieck bestimmt. Alle Gegenstände des Bildes sind durch ein enges Netz von waagrecht und senkrecht verlaufenden Kompositionslinien aufeinander bezogen. Keine Gegenstandslage wird dem Zufall überlassen; jedes Ding ist in bestimmte Achsen eingeordnet und trägt dazu bei, das Bildgerüst aufzubauen.
Die bestimmenden Farben des Bildes sind Rot und Grün. Der komplementäre Kontrast ist durch die unbunten Farben Schwarz und Weiß neutralisiert.
Die Farbe hat hier die Funktion der genauen Gegenstandsbezeichnung, der Wiedergabe des Stofflichen, von Inkarnat, Textilem, Holz, Glas, Metall, Leder, Papier und Pflanzen. Die speziellen Ausdrucksmittel des Farbigen sind Licht und Schatten; sie schaffen Plastizität und räumliche Werte. Diese werden intensiviert durch Schrägstellen der Gegenstände in den Raum hinein.
Ein weiteres Mittel, Raumempfinden zu erzeugen, sind die zahlreichen Überschneidungen.

Deutung. Gisze war ein Kaufmann aus Danzig, der sich auf einer Geschäftsreise in London befand, als Holbein dort ansässig wurde. Es muß einer der ersten Aufträge gewesen sein, den der Meister in Englang erhielt. Um die äußere Erscheinung des Kaufmannes und zugleich seinen Stand wiedergeben zu können, wählte Holbein die Porträtdarstellung im Interieur. Er bediente sich dabei genauester Dingbeschreibung und der Schrift.
Schrift, Siegel, Waage und Geld sind Kennzeichen des Kaufmannsstandes. Die lateinische Sprache weist den Dargestellten als humanistisch Gebildeten aus.
Das Bürgertum stellte dem ritterlichen Adel einen neuen Adel, den des Geistes, gegenüber. Diese neue Aristokratie begründete ihren Rang auf ihrer Leistung und der Macht ihres Geldes. Die Kaufleute dieser Zeit waren Pioniere, die dem Menschen neue Güter erschlossen und weltweite Beziehungen anknüpften. Symbole dieser Welterschließung sind auf diesem Bild die Uhr, das venezianische Glas, der Teppich aus dem Orient. Als Zeichen des Standesbewußtseins gelten die vornehme Kleidung und der Dolch im Gürtel.
Das Vorweisen eines Briefes hat hier persönlichen Charakter. Ebenso die Blumen in der Vase. Sie deuten Herzensbindungen an. So war das Bild zum

Geschenk für eine Dame bestimmt, gleichsam eine gemalte Verlöbnisbekräftigung.

Darüber hinaus steht in der Person des Kaufmanns Georg Gisze das Bild eines Menschen vor uns, der überzeugt ist von seinem Auftrag in seiner Zeit. Seine gelassene Haltung, der kühl wägende Blick drücken Energie und Willen aus, die elegante Kleidung, das zweckbestimmte Gerät und die wenigen, aber kostbaren Dekorationen zugleich Repräsentation. Das Bild Georg Giszes ist die Verkörperung des Menschen der Neuzeit, der sich anschickt, die Welt zu bewältigen durch Messen und Wägen.

Heinrich Waldmann

Vorschläge für die eigene Arbeit:

1. *Schreiben Sie nach den vorliegenden Informationen eine „Bildbeschreibung" nach den Gesichtspunkten:*
   a) Bildanalyse
   b) Bildsynthese
   c) Bildinterpretation

2. *Schreiben Sie eine Bildbeschreibung nach dem Muster:*
   A) Maler – Werk – Bild
   B) I. Was ist dargestellt?
   II. Wie ist es dargestellt?
   III. Was bedeutet das Dargestellte?
   C) Persönliche Stellungnahme zu dem Bild

1500

Albrecht Dürer, Selbstbildnis im Pelzrock
Bayer. Staatsgemäldesammlungen, Alte Pinakothek, München

Katalogtext
Lindenholz, 67 × 49 cm – bezeichnet oben links mit der Jahreszahl 1500 und dem Monogramm AD. Oben rechts die Inschrift: Albertus Durerus Noricus/ ipsum me propriis sic effin/gebam coloribus aetatis/anno XXVIII (So malte ich, Albrecht Dürer aus Nürnberg, mich selbst mit unvergänglichen Farben im Alter von 28 Jahren. Übersetzung P. Strieder, Kat. Ausst. Nürnberg 1971).
In Form und Ausdruck ist dieses Selbstbildnis Albrecht Dürers ungewöhnlich. Auffallend ist zunächst die strenge Frontalität des Dargestellten, die absolute Ausgewogenheit der Komposition innerhalb eines nachrechenbaren Konstruktionssystems [. . .]; dies verleiht dem Bild den Ausdruck des Idealen, Erhabenen. „Die Steigerung ins Überindividuelle, Menschlich-Große, fast ins Sakrale ist so zwingend, daß man sich unter seinen ernsten Augen in eine höhere Sphäre menschlichen Seins versetzt fühlt" (E. Buchner, Das deutsche Bildnis der Spätgotik und der frühen Dürerzeit. Berlin 1953, S. 160).
Das Stichwort „sakral" ist nun gewissermaßen auch ein Schlüssel zum Verständnis dieses Porträts. Die Gestaltungsweise erinnert an das Abbild Christi, das Proportionsschema entspricht den Christusdarstellungen der byzantinischen Kunst und findet sich auch in der europäischen Malerei, besonders in Darstellungen des Schweißtuches der Veronika [. . .]. Von der Forschung wurde darauf hingewiesen, daß die Christus-Ähnlichkeit den Willen zur Nachfolge Christi (Imitatio Christi) ausdrücke. Des weiteren könne die Vorstellung für Dürer bestimmend gewesen sein, der Künstler leite seine schöpferische Begabung von der Schöpferkraft Gottes her und habe durch seine Kunst Anteil an dieser göttlichen Kraft („Ihr werdet sein wie Gott", 1. Mose 3, 5). Auch das Wort „Gott schuf den Menschen ihm zum Bilde, zum Bilde Gottes schuf er ihn" (1. Mose 1, 27) muß hier erwähnt werden. „Mit unvergänglichen Farben hat Dürer also sein Bildnis gemalt. Unvergänglich sollte es seine ‚Gestalt' der Nachwelt überliefern. . . . Dürer benutzt für sein Bildnis eine Hoheitsform, die über das Säkulare, das Weltliche und damit das Vergängliche hinausgreift und das Unvergängliche, das ewig Dauernde berührt" (P. Strieder, 1971). Es wird vermutet, daß der Nürnberger Humanist Willibald Pirckheimer die Inschrift verfaßt haben könnte. Für die Wahl des Imperfekts („effingebam") wurde auf Apelles und Polyklet hingewiesen (H. Kehrer), die diese Zeitform in ihren Signaturen bevorzugt hätten. – [. . .]

Gisela Goldberg

Albrecht Dürer, Selbstbildnis im Pelzrock

„Ich Albrecht Dürer aus Nürnberg habe mich selbst so dargestellt mit den Farben, die mir eigentümlich sind, im Alter von 28 Jahren", so lautet die Inschrift. Wie Dürer aussah, wissen wir aus zahlreichen gemalten und gezeichneten Selbstbildnissen; keines hat die Nachwelt so berührt und beschäftigt, ist so berühmt geworden wie das der Münchener Pinakothek, von dem bis heute die Vorstellung seiner Persönlichkeit geprägt worden ist.
In der reinen Frontalität, in der Symmetrie des Aufbaus, in der Betonung der Vertikalen, im Verzicht auf räumliche Wirkung, im Ernst und im Unverwandten des Ausdrucks hat Dürer sich selbst eine Feierlichkeit gegeben, die ans Hieratische grenzt. Sie wird gesteigert durch den stetigen, offenen Blick, der nicht fragt und sucht, sondern ruhig geradeaus auf den Betrachter gerichtet ist, unausweichlich. Dazu die kunstvoll gewellten und geflochtenen Haare, der zierliche und gepflegte Bart. Das Individuelle ist mit allen seinen Zufälligkeiten überwunden zugunsten einer Idealisierung, die unverkennbar an das Haupt eines Salvator mundi, des „Erretters der Welt", erinnert. Auch die charaktervolle, empfindsam in den Fuchspelz der modischen Schaube greifende Hand scheint von einem Segens-Gestus angeregt zu sein.

So hatte sich bis jetzt noch kein Mensch zu sehen und darzustellen gewagt. Es überrascht daher nicht, daß von diesem höchst bedeutenden Bildnis immer eine anziehende und fesselnde, aber auch eine beunruhigende Wirkung ausgegangen ist. Was mag Dürers Absicht gewesen sein, als sich der 28jährige so gemalt hat, nur im Zeitlosen gegenwärtig und mit einer Würde, die das Religiöse zu berühren scheint? Wir besitzen von ihm zu viele Zeugnisse tiefster Frömmigkeit und christlicher Demut, um nicht jeden Gedanken an Lästerung oder Eitelkeit ausschließen zu können. Man hat auch davon gesprochen, daß er sich nicht so wiedergegeben habe, wie er sich als Künstler einschätzte, sondern so, wie er zu sein erstrebte. Vor allem aber: um 1500, also zur gleichen Zeit, als das Selbstbildnis entstand, begann Dürer sich mit den meß- und berechenbaren Proportionen zu beschäftigen und gelangte damit von einer intuitiv bestimmten zu einer intellektuell kontrollierten Auffassung seiner Kunst. Es wurde deshalb nachzuweisen versucht, daß unserem Selbstbildnis eine in diesem Sinn überlegte, rational gewonnene Konstruktion zugrunde läge, wie dies bei manchen späteren Darstellungen des Menschen und des Pferdes tatsächlich zutrifft und von Dürer auch in theoretischen Arbeiten ausführlich begründet worden ist. Die Gesetze der Proportion bargen nach damaliger Auffassung das Geheimnis des Schönen, der Harmonie und damit des Vollendeten, das, wie man glaubte, der Schöpfung nur mit solchen Erkenntnissen abgelauscht werden kann.

Kurt Martin

Albrecht Dürer, Selbstbildnis im Pelzrock

Man nennt es auch das „Ideale Selbstporträt". Weil Dürer mit der ungeheuren Spiegelkraft seiner Augen zwar sich selbst malte, weil er aber zugleich mit der feierlichen Strenge der Frontansicht, der Vertikale, zu der das feingelockte Haar symmetrisch sich teilt, in seinem eigenen individuellen Gesicht das allgemeingültige Menschenantlitz gesucht hat. Der Nürnberger, in dessen eigenwilligen Fingern am Pelz des Mantels ein gotisches Gefühl zuckt, trägt hinter der Stirn schon das Bild italienischer Schönheit, das ihm in Venedig begegnete. In der genauen Mitte zwischen zwei Welten richtet sich das Genie dieses Mannes empor. Es wirkt wie eine höchste Anspannung, wenn das Bildnis an die Züge Christi erinnert: ein äußerster Wille trifft auf die letzte Form. Wer dem Selbstbildnis Dürers gegenübersteht, ist zu einer Zwiesprache über die großen Dinge des Lebens aufgefordert. Diese graugrünen Augen fragen gründlich, ihre wunderbare Tiefe verlangt Antwort. Sie und der volle, allen Sinnen nachspürende Mund, die feingezogenen Brauen, das seidige Haar in der makellosen Stirn bilden Elemente des Schönen. Das Schöne aber – und das macht dieses Bildnis eines Deutschen so unvergleichlich – vereinigt sich mit dem tiefsten männlichen Ernst. Während also hier gotische und renaissancehafte Formen aufeinandertreffen, wird zugleich die Schönheit an der Wahrhaftigkeit gemessen. Dürer zwingt die beiden Ideen zur Harmonie und schafft mit seinem Porträt das Bildnis des Geistes selber.

Benno Reifenberg

Albrecht Dürer, geb. 1471 in Nürnberg, gest. 1528 in Nürnberg – Maler, Graphiker, Kunstschriftsteller –
Gemälde: Paumgartner Altar, Die vier Apostel, Friedrich der Weise u. a. *Holzschnitte:* Apokalypse, Große Passion, Marienleben u. a. *Kupferstiche:* Ritter, Tod und Teufel, Melancholie, Hieronymus im Gehäus u. a.

Vincent van Gogh, La Berceuse, 1889
Öl auf Leinwand, 93 × 74 cm
Kunstmuseum Basel

Der Unterschied zwischen dem Optimismus der Impressionisten und der Wirklichkeitsbejahung des reifen van Gogh liegt darin, daß die Impressionisten das Leiden ausschlossen, während es für van Gogh geradezu das Signum alles kreatürlichen Lebens ist.

Das ist auch der Sinn des wohl am schwersten verständlichen Elementes der Kunst van Goghs: seiner *anatomischen und perspektivischen Deformationen.* Alle Kreaturen und alle vom Menschen geschaffenen und gebrauchten Dinge werden gestoßen, gebogen, geschlagen und werden dadurch geformt: *„Deformiert"* heißt für van Gogh: *vom Leben geformt!* Van Goghs Deformationen sind das intimst Persönliche seiner Kunst.
So war das erste Pariser Jahr für van Gogh voll entscheidender künstlerischer Erkenntnisse. Dann aber konnte Paris ihm nichts Neues mehr geben. Im Februar 1888 ist van Gogh nach Arles geeilt – um die reinen Farben noch reiner zu sehen! Zweieinviertel Jahre sind ihm noch zu malen gegeben: eines in Arles, eines in St-Rémy und drei Monate in Auvers-sur-Oise. Und in diesen letzten Jahren sind seine herrlichsten Werke entstanden.
Das Jahr in Arles ist das Jahr der stärksten Farben, Ausdruck des geselligen Umganges mit Menschen aus dem Volk, der Familie des Briefträgers Roulin vor allem. Es ist aber auch das Jahr des tragisch endenden Zusammenseins mit Gauguin und das Jahr des ersten epileptischen Anfalls. Nach dem zweiten Anfall begab sich van Gogh im Mai 1889 freiwillig in die Heilanstalt in St-Rémy. Das Jahr in St-Rémy ist das Jahr der großartig einsamen Kornfelder, Olivenhaine und Zypressen, das Jahr der sonnenverbrannten Farben. Im Mai 1890 kehrt van Gogh in den grünen, kühlen Norden zurück – fast wie ein Wild, das sich zum Sterben legt. Am 29. Juli ist van Gogh, im Alter von nur 37 Jahren, einer Schußwunde erlegen, die er sich am 27. Juli beigebracht hatte.
Unser Bild, „Die Wiegenfrau", ist in Arles entstanden. Es ist ein Bildnis der Frau des Briefträgers Roulin. Es ist zugleich aber sehr viel mehr: „Ich faßte den Plan", schreibt van Gogh, „ein Bild zu malen, bei dem die Seeleute, wenn sie es in der Kajüte eines isländischen Fischerbootes sehen, sich gewiegt fühlen und sich ihrer alten Ammenlieder erinnern." Eine mütterliche Frau also, die viele Geburten gehabt hat und deren Hände viel gearbeitet haben. Und die beiden von komplementärem Rot getragenen Grün, die hellgrüne Schürze und die dunkelgrüne Bluse, erinnern an die heimatlichen Wiesen und Wälder, denen die Matrosen so lange fern sein müssen, und die billige, großblumige Tapete hinten weckt Erinnerungen an die gute Stube damals zu Hause und an den Blumengarten, den die mütterlichen Hände neben allem anderen pflegten.
Das Wichtigste aber zu diesem Bild und zu seiner ganzen reifen Malerei hat van Gogh selber gesagt in einem ganz bescheidenen Sätzchen: „Vielleicht steckt in der ‚Berceuse' etwas wie ein Versuch einer kleinen Farbenmusik."

Georg Schmidt

Über Vincent van Gogh

Allmählich aber beginnt van Gogh eine andere Richtigkeit und eine andere Schönheit zu ahnen, wonach anatomisch fehlerlos gezeichnete Bauern gar keine richtigen Bauern wären und anatomisch fehlerlos gezeichnete Hände keine arbeitenden Hände! In diesem Augenblick seiner künstlerischen Entwicklung haben ihm der Bauernmaler Millet und der Maler des großstädtischen Volkes Daumier den Mut gegeben, in seinem akademischen Nichtkönnen ein künsterisches Können zu sehen, wie er im unakademischen Christentum ein ursprünglicheres Christentum erlebt hatte. „Wer die Bauern lieber süßlich sieht", so schreibt van Gogh in diesen Jahren, „mag das tun. Ich meinerseits bin überzeugt, daß man bessere Resultate erzielt, wenn man sie in ihrer Rauheit malt." „Alle akademischen Gestalten sind ohne Fehler. Aber wenn Daumier eine Gestalt zeichnet, dann werden ihre Proportionen manchmal willkürlich sein in den Augen der Akademiker, aber sie wird leben. Ich will meine Gestalten nicht akademisch korrekt haben. Es ist mein größtes Verlangen, solche Unrichtigkeiten machen zu lernen, solche Abweichungen, solche Umwandlungen, Änderungen der Wirklichkeit, daß es – wenn man so will – Lügen werden, nun ja, die aber wahrer sind als die buchstäbliche Wahrheit."

[. . .]

Wenn van Gogh dann auch in der Farbe so weit sein wird, gegenüber der „buchstäblichen Wahrheit" der Farbe, d. h. gegenüber der naturalistischen Gegenstandsfarbe, zu „lügen", um in einem anderen, tieferen Sinne um so wahrer zu sein – dann wird der reife, der ganze van Gogh vor uns stehen!

Georg Schmidt

Vincent van Gogh, geb. 1853 in Groot-Zundert bei Breda, gest. 1890 in Auvers-sur-Oise – niederländischer Maler –
Selbstbildnisse und zahlreiche dokumentarisch und literarisch wertvolle Briefe – Maler des einfachen und arbeitenden Menschen – Werke: Sonnenblumen, Caféterrasse am Abend, Vincents Stuhl, Gauguins Sessel, Boote bei Saintes Maries, Der Oberwärter der Irrenanstalt Saint Paul (van Gogh war wegen wiederholter Anfälle geistiger Verwirrung in der Heilanstalt von Saint-Remy-de-Provence), Brücke von Arles u. a. Vincent van Gogh malte in einem Jahr (1889) 120 Bilder, von 1881–1890 725 Ölbilder.

Paul Gauguin, Ta Matete, 1892
Öl auf Leinwand, 73 × 91,5 cm
Kunstmuseum Basel

[. . .]
Was ist unser Bild „Der Markt“ für ein Wunder bedachtester und gefühltester Komposition! Horizontal geschichtet fängt es am unteren Bildrand an mit einem roten Dreiklang. In der Bildmitte der Fünfklang der sitzenden Tahiterinnen: Dunkelgrün, Hellgrün, Violett, Rot, Orange. Die Unterschenkel wechseln ab in senkrechter und diagonaler Stellung. In rhythmischem Wechsel ist jeweils die eine Hand erhoben, die andere auf die Bank gelegt. Die mittlere Sitzende blickt uns an, die beiden links sind ins Linksprofil gedreht, die beiden rechts einander zugekehrt. Die vier Bäume hinten rahmen vertikal-parallel die mittlere Sitzende und je zwei seitliche. Meer und Himmel schließen oben das Bild horizontal-parallel, wie es unten anfing. Die große Stehende rechts außen aber hält die nach

links auslaufenden Horizontalen wie die Fahnenstange das Tuch. Im gleichen Jahre 1892 hat Hodler die fünf „Lebensmüden“ in noch strengerem, noch rationalerem Parallelismus auf eine Bank gesetzt!

[. . .]

Diese fünf Tahiterinnen gehören nicht der derberen bäuerlichen Unterschicht der „Raatira“ an, die Gauguin mit besonderer Liebe gemalt hat, sondern den adeligen „Arii“. Nicht mit Unrecht hat man vor ihnen an ägyptische Prinzessinnen erinnert: die Komposition der fünf sitzenden Tahiterinnen ist einem ägyptischen Wandbild aus einer Grabkammer in Theben (um 1400 v. Chr.) entnommen. Und nun zeigt es sich, daß Gauguin, der kulturmüde Fin-de-siècle-Europäer, der in der Südsee ein unverbogen natürliches Dasein zu finden geträumt hat, im überfeinerten, überzüchteten Wesen der adeligen Oberschicht ein Teil seines eigensten Wesens erkannt und dargestellt hat.

Georg Schmidt

Paul Gauguin, geb. 1848 in Paris, gest. 1903 in Atuona auf Hiva Oa (Marquesainseln) – Maler und Graphiker – Keramiker und Holzschnitzer – 1888 kurze gemeinsame Arbeit mit van Gogh in Arles – ab 1891 mit Unterbrechung auf Tahiti und später auf den Marquesainseln – Werke: Der gelbe Christus, Frauen auf Tahiti, Selbstbildnis u. a.

Gauguins Kunst erwuchs aus seiner Verbundenheit mit dem einfachen Leben. Die kraftvolle und unverbrauchte Empfindungsfähigkeit der Landbevölkerung wie auch der Eingeborenen weckte seine schöpferische Phantasie. Es war ein spätes Erwachen. Zunächst betätigte sich Gauguin nur als Sonntagsmaler; dann schuf er unter Anleitung Pissarros schlichte impressionistische Landschaften. Erst als er etwa 40 Jahre alt war, trat – in der einfachen, ursprünglichen Atmosphäre der Bretagne – seine geniale Begabung hervor. Wenn er auch, getreu den Lehren des Impressionismus, weiterhin nach der Natur malte – er tat dies zeitlebens –, so diente ihm doch die Wirklichkeit nur als Stimulans für seine Träume. Er erkannte, daß er gewisse poetische Werte zurückgewinnen mußte, die der wirklichkeitsnahe Impressionismus vernachlässigt hatte . . .

J. Bazin

Vincent van Gogh und Paul Gauguin

Vergleich:	van Gogh	Gauguin
Titel	La Berceuse (Die Wiegenfrau)	Ta Matete (Der Markt)
Gegenstand	Frau eines südfranzösischen Briefträgers	fünf vornehme Tahiterinnen
Farben	keine grauen und braunen Töne die sechs Grundfarben des Spektrums: Rot – Orange – Gelb – Grün – Blau – Violett geschlossene Farbflächen, oft mit dunklen Konturen	
	Direkte Komplementärfarben: roter Boden – grüne Schürze – violetter Nachthimmel – blaue Uniform – goldene Knöpfe	Die im Farbkreis benachbarten Farben: Rot-Orange, Orange-Gelb, Gelb-Grün, Grün-Blau, Blau-Violett, Violett-Rot
Gegenstandsfarben	Freiheit gegenüber der Gegenstandsfarbe	
	Roter Boden als Kontrast zum hellen Grün der Schürze	Gauguin gibt den Dingen die Farben, die er farbmelodisch braucht, z. B. blaue Baumstämme vor violettem Gebüsch
Pinselstrich	Von den Impressionisten den kurzen pastosen Pinselstrich übernommen, ihm durch parallele Wiederholung rhythmischen Ausdruck gegeben.	
	Farbauftrag bis zur zähen Paste verdickt, Farbflächen mit sichtbaren Pinselzügen, fette, firnisglänzende Oberfläche	Farbauftrag wird immer flüssiger, durchsichtiger. Farbflächen werden angestrichen firnislose, glanzlose, vornehm samtene Oberfläche

	van Gogh	Gauguin
Konturen	Van Goghs Konturen sind wie mit dem derben Schnitzmesser geschnitten. Sie wollen „wahr“ sein.	Gauguins Konturen sind mit weichem Pinsel gezogen. Sie wollen „schön“ sein.
Anatomie	Mißachtung der anatomischen Richtigkeit	
	Er will die Dinge in ihrer alltäglichen Wahrheit erkennen.	Er will die Dinge aus der Alltäglichkeit hinausheben in eine paradiesische Sphäre.
Raum	Verzicht auf Raumillusion	
Lichteinfall	Verzicht auf den einheitlichen Lichteinfall. Das Licht ist in den Farben, in den Dingen.	
Außenschatten	keine Schlagschatten der Arme	keine Schlagschatten der Füße, Bäume und Männer
Binnenschatten	Binnenschatten erzeugt Körperillusion. Beide Maler wenden den Binnenschatten mal an, mal lassen sie ihn weg.	
Komposition	Van Gogh hat kein einziges Bild erfunden, er hat immer nur gemalt, was er sehend erlebt hat.	Gauguin hat seine schönsten Bilder erfunden – erträumt. Gauguin komponiert seine Bilder, er stellt sie zusammen.

Vorschlag: Interpretieren Sie ein Ihnen bekanntes Bild van Goghs und verwenden Sie die vorliegenden Informationen.

Landschaft

Pieter Bruegel, Jäger im Schnee, 1565
Öl auf Holz, 117 × 162 cm
Wien, Kunsthistorisches Museum

Dieses Bild hat Bruegels Ruhm in der Gegenwart wohl am weitesten verbreitet. Mit Recht, denn nie wieder ist das Wesen einer Jahreszeit so selbstverständlich zum Bild geworden. Der Blick gleitet einen verschneiten Abhang hinunter, über Eisflächen hinweg, und verliert sich in der öden Weite der erstorbenen Landschaft. Alles Leben scheint erstarrt, vom dürren Strauch am unteren Bildrand über das kahle Gezweige der Bäume bis hinab zur harten Eisfläche, die das Wasser bedeckt. Das Mühlrad ist eingefroren, und die öd-weiße Schneedecke hat Berge wie Dörfer gleichermaßen verschluckt. Was sich aber noch bewegt, wirkt steifgefroren wie die puppenhaften Figuren auf dem Eise. Das Leben hat sich unter die Oberfläche zurückgezogen, vermummt erscheinen die Jäger und das Land. Kein Laut ist zu hören, die Schritte ersticken im Schnee, und das Gekläff der Meute hat die Strenge des winterlichen Tages ertötet. Nichts wirkt vertraut, alles zeigt sich fremd und wendet sich ab, die Jäger entfernen sich, und mit ihnen scheint selbst die Reihe der Bäume vom Betrachter weg in die Ferne zu schreiten. Die Kälte hält alles umklammert, die spärliche Wärme des Feuers vor der Hütte ganz links weht ein eisig-klarer Wind aus dem Bilde hinaus. – Und glasig-kalt sind die Farben und der sich aus ihnen ergebende Akkord: das fahle Graugrün, die bleiche Farbe des Schnees und das sich von beiden so schneidend abhebende schwärzliche Braun.

Bernhard Rupprecht

Bruegel Pieter
* um 1525–30 vermutlich in Breda, † 9. 9. 1569 in Brüssel

Pieter Bruegel ist der bedeutendste niederländische Maler des 16. Jahrhunderts und wohl einer der größten Künstler im Zeitalter des Manierismus. Seine schöpferische Leistung ist um so erstaunlicher, wenn man bedenkt, daß das gesamte Werk in der kurzen Zeitspanne von 18 Jahren entstand. Viele seiner Bilder sind zudem verlorengegangen oder nur in Kopien bewahrt. [. . .]
Im Jahre 1551 wurde „Pieter Brueghels" Mitglied der Malergilde von Antwerpen. Er selbst schrieb seinen Namen bis 1559 Brueghel, später Bruegel, am liebsten in großen Buchstaben.

Horst Gerson

Pieter Bruegel, Heimkehr der Jäger

Erster Eindruck: Es ist kalt, ein frostiger Wintertag, düster, verhangen, unglaublich, was für eine Kälte dieses Bild ausstrahlt!
Titel des Bildes: „Heimkehr der Jäger" oder „Die Jäger im Schnee" oder „Der Winter".
Art des Bildes: Ein Jahreszeiten- oder Monatsbild. Es sollen sechs Bilder gewesen sein, fünf sind erhalten: Das Bild „Der düstere Tag" für die Monate Februar/März, „Die Heuernte" für die Monate Juni/Juli, „Ernte" für die Monate August/September, „Heimkehr des Viehs" für die Monate Oktober/November, und „Die Heimkehr der Jäger" für die Monate Dezember/Januar.
„Der Frühling" für die Monate April/Mai ist verloren.
Maler des Bildes: Pieter Bruegel (um 1527–1569) – Pieter Breughel der Ältere, auch „Bauernbreughel" genannt, dessen Sohn Pieter Breughel der Jüngere (um 1564–1638), auch „Höllenbreughel" genannt.
Bildinhalt:
1. Einige Jäger, gefolgt von ihren Hunden, kehren von der Jagd zurück. Sie stapfen dem tiefverschneiten Hang zu. Noch sind sie unter den schwarzen Stangen der Bäume. Jagdspieße, Tierfallen und Beute kennzeichnen sie als Jäger.
2. Sie ziehen an einem Haus vorbei, dessen Ecke im Bild noch sichtbar ist. Ein Wirtshausschild hängt schief herab. Einige Leute sind an einem Strohfeuer beschäftigt. Sengen sie ein geschlachtetes Schwein oder rösten sie Getreide?
3. Unten am steilen Hang liegen einige Häuser. Ein Fluß fließt unter einer Brücke hindurch in zwei Fischteiche, die zugefroren sind. Auf dem Eis bewegen sich kleine Figuren, Schlittschuhläufer in den verschiedensten Bewegungen. Vor der Brücke gehen zwei Frauen in weißen Schürzen auf dem Eis.
4. Auf der breiten Straße ziehen zwei Pferde einen Wagen mit Reisigbündeln dem kleinen Dorf zu, tiefverschneite Häuser und eine Kirche.
5. Wir erkennen eine Flußmündung, zugefroren, an den steilen Felsen ist noch eine Siedlung zu erkennen.
6. Nahe am Horizont liegt auf einer Landzunge eine kleine Stadt. Die gezeigte Landschaft liegt am Meer.
7. Darüber spannt sich ein wolkenloser Winterhimmel. Ein einzelner Vogel strebt dem Lande zu.
Farben: Weiß und Grün treten in großen Flächen auf. Der Abhang im Vordergrund wirkt wie ein weißer Keil, dem ein grüner Keil des Himmels im Hintergrund dagegenhält. Die schwarzen Stämme verklammern das Unten mit dem Oben.

Komposition: Wir suchen die Waagrechten, Senkrechten und die Diagonalen, die den Raum aufgliedern und zusammenhalten.
Die Diagonale zwischen den Wurzelstöcken der Bäume setzt sich am Rand der beiden Teiche fort. Dieser Diagonalen folgen die Jäger und führen uns in den Raum hinab. Dieser bewegten Diagonalen hält die Schräge des Hangs ein unbewegtes Gleichgewicht.
Man beachte die rechte und die linke Bildhälfte. Während die linke Bildhälfte der Nahsicht dient (große Figuren), werden in der rechten Bildhälfte unsere Blicke in die Ferne geführt bis hin zu den hohen Felsen. Der schwarze Vogel am Himmel dient dem Eindruck der Raumtiefe.
Gedanken zum Bild: Eigenartig, daß der Niederländer diese hohen Felsen in die Landschaft malt. Das Bild ist voller Menschen und wirkt doch leer, vermittelt Einsamkeit. Diese vielen Einzelheiten, diese vielen Menschen zu einem harmonischen Gesamten zu gestalten, ist die Kunst des Malers. Man hat den Eindruck, daß das Bild ein Geheimnis birgt.

Vorschlag: Fassen Sie die Einzelheiten dieser Bildanalyse zur Bildsynthese zusammen und versuchen Sie eine Interpretation.

Pieter Bruegel d. Ä., Jäger im Schnee

Der Bildinhalt: Von einem Hügel schauen wir in eine weite, winterliche Landschaft. An kahlen Bäumen entlang gleitet der Blick über verschneite Hänge und Straßen, über zugefrorene Teiche und Wasserläufe bis an den Rand eines Gebirges und verliert sich am Horizont. Drei Jäger kehren mit karger Beute, die Spieße geschultert, müde von der Jagd zurück. Die abgehetzten Hunde folgen ihnen mit hängenden Ruten. Die Männer stapfen den Abhang hinunter an einem Haus vorbei, wo die Bewohner Korn brennen. Auf den glatten Eisflächen im Tal tummeln sich viele Menschen. Sie vergnügen sich mit Schlittschuhlaufen und Eisspielen. Nur wenige Leute gehen Alltagsbeschäftigungen nach. Eine Frau schafft auf ihrem Rücken Brennholz herbei, ein Fuhrmann ist mit Pferd und Wagen unterwegs. Alles wirkt lautlos im Schnee. Die Jäger sprechen nicht miteinander, jeder geht für sich. Die Hunde kläffen nicht, die Köpfe sind gesenkt. Auch das Hocken der Krähen im Geäst und der Flug der Elster drücken Lautlosigkeit aus. Das Mühlrad ist vereist.

Die künstlerische Gestaltung. Der Maler verwandte für das Bild eine quergelegte Rechtecktafel aus Holz. Die Komposition baute er durch ein wohlüberlegtes Gerüst von Senkrechten, Waagrechten und Diagonalen auf. Die Wahl des Betrachterstandes am Abhang im Vordergrund ermöglichte die Tiefenerstreckung der Landschaft. So entstand ein Überschaubild mit hochangesetztem Horizont. Raumbildend wirken die Überschneidungen von Bäumen, Tieren, Menschen, Architektur, die verkürzte Schräglage der Teichgrundrisse, die Windung des Flußlaufes, vor allem die Reihung der Bäume. Sie führt den Blick des Betrachters diagonal in die Tiefe des Bildes. Die Gruppe der Jäger und der Hundemeute verstärkt diesen Tiefenzug. Die gebeugte Haltung der Schreitenden in der Rückenansicht und die gekrümmten Rücken der Hunde, wiederholt in den geringelten Schwänzen, bilden einen Aktivitätskeil, der die Blickführung bestimmt. Der enggefüllten, geschlossenen linken Bildhälfte, dem Nahraum, stellt der Maler in der rechten Bildseite einen offenen Fernraum gegenüber. Die Linienschwünge der Hügel- und Bergformen, die den Blick begleiten, bilden zugleich eine Gegenbewegung, die auf den Richtungsursprung zurückwirkt. In dieses vielfältige, gegenständlich-räumliche Bezugssystem ist jede Dingform eingeordnet. So wird das Auge des Beschauers zu jeder Einzelheit gewiesen, zum Hund im Vordergrund, der den Betrachter anblickt, bis zu den Felsen des Gebirges im Hintergrund. Für seine Komposition verwandte der Maler Erinnerungen an seine Alpenüberquerung und verband sie mit der Tieflandschaft und den Menschengestalten seiner niederländischen Heimat.
Das Winterliche, Eisige der Landschaft brachte Bruegel durch die Farben zum Ausdruck. Das Graugrün des Himmels und der Eisflächen läßt das gebrochene Weiß des Schnees hervortreten. Es sind kalte Farben, die der Maler in Kontrast stellte zum warmen Braunrot der Ziegelmauer, der Jägerkleidung und der Tierfelle. Mit linearer Schärfe hob er die Bäume im Vordergrund und die Silhouetten der Vögel dunkel von den übrigen Farben ab. Nach dem Hintergrund zu ließ er die Intensität der Farben zurücktreten. So stimmte er die Farbperspektive auf die Linearperspektive ab. Bruegel trug die Lasuren hauchdünn auf, damit die feine Untermalung auf dem weißen Grund mitwirken konnte. Dadurch wurde die kalte Tongebung dominant und bildet im Kontrast zu den warmen Farben eine Harmonie.

Deutung. Durch die überwiegend kalten Farben und die Gegenüberstellung der dichtgefüllten linken Bildhälfte zur offenen rechten gewinnt der Maler die überzeugende Bildkraft eisiger Winterkälte. Die Isoliertheit der einzelnen Figurengruppen der Jäger, Bauern und Eisläufer verleiht dem Bild eine

Unerbittlichkeit, die durch das starre Aufragen der Bäume die Vereinzelung der Vögel und die abweisenden Felsschroffen noch gesteigert wird. Auch das Treiben auf dem Eis und das winzige Fleckchen Rot im Rock des Mädchens auf dem Mühlengraben vermag diesen Ausdruck nicht aufzuheben. Der Winter ist eine harte Zeit, will uns der Maler sagen. Nur die dichtgedrängten Häuser mit ihrem warmen Ziegelrot unter den großen Schneehauben und rauchenden Schornsteinen verheißen den Menschen Geborgenheit. Das Gehen von links nach rechts bedeutet: nach Hause. So wird die Landschaft bei Pieter Bruegel zum Schauplatz menschlichen Handelns und zugleich zum Sinnbild für die Mühsal der einen und die unbekümmerte Lebensfreude der anderen.

Heinrich Waldmann

Weite Teiche, schwarz vom Eise,
Schlitten auf der Winterreise,
Schlittschuhläufer, luftumwittert,
Schellenglöcklein Luft durchzittert,
alte Eiche lockt den Raben,
Rehe sich an Rinden laben,
Faullaub auf den Rasen schwemmt,
Knospen noch der Herrgott hemmt.
Reisig klauben arme Leute,
Jäger schleppen ihre Beute,
und ein Himmel, lichtdurchflossen,
und ein Röslein, gottentsprossen!

Richard Billinger

Pieter Bruegel d. Ä., Der Winter

Der Krähenschrei hängt in der Luft; heiser und einsam klingt das, als sei auch der Laut erfroren. Es ist hundskalt geworden, unten an der Mühle starrt das Eis in dicken grünlichen Schichten. Heute wurde es überhaupt nicht richtig Tag; wenn der Schnee nicht ein trübes Schimmern abgäbe, wäre es jetzt in der frühen Nachmittagsstunde unter diesem undurchdringlichen Himmel schon ganz und gar dunkel. In seinem Zwielicht hockt die Kälte und läßt das Leben erstarren. Jenseits vom Dorf auf den Feldern muß es totenstill sein, die bereiften Obstbäume hinten am Hang schweigen über Gräbern. Trotzdem zieht hier vorne ein schneidender Wind vorbei; erschlägt das Feuer wie eine Stichflamme gegen die Mauer vom Wirtshaus „zum Hirschen", vor der Getreide geröstet wird. Die Eisluft des Winters kommandiert. In ihr wird alles überdeutlich, jedes Ding scheint einzeln festgenagelt: der Kirchturm, die Allee, der Wagen, die Teiche, das Brückchen, die Frau darauf, der das Brennholz den Rücken krümmt. Die Welt ist in den Schnee eingebunden, und die Menschen müssen sich verkriechen und frieren. Sie tummeln sich auf dem Eis, aber es ist eine Eile, als wollten sie nicht so sehr sich vergnügen, sondern nur warm werden; ein wenig insektenhaft sieht das aus. Schweigend stapfen mittlerweile die Jäger abwärts; sie schauen sich nicht einmal nach dem „Hirschen" um, sondern blicken unter sich in den Schnee. Sie wollen nach Haus, sich wärmen, auftauen. Während die Jäger niedersteigen, zirkelt Bruegels Phantasie um ihr Schweigen ein unvergeßliches Ornament: mit den Männern marschieren die Bäume zu Tal; oben flattern die großen schwarzen Vögel als düstere Wappentiere; die Brombeerranken in ihrer kahlen Vielgliedrigkeit spielen fast zärtlich über den Schnee; und die Meute, mit eingezogenen Kringeln der Schweife, rollt als scharfe, unruhige Silhouette die Bewegung auf; als sei in diesen Hunden der spürende wilde Geist ihrer Herren verkörpert. Dieses genialste Winterbild scheint aus Eisblumen entstanden, die seltsamerweise Farbe angenommen haben; der Blick durch ihre geheimen Gesetze geht über Jahrhunderte hinweg in einen flandrischen Dezembernachmittag und in die Ewigkeit einer sonnenlosen Welt.

Benno Reifenberg

Franz Marc, Reh im Walde II, 1912
Öl auf Leinwand, 110 × 80,5 cm
Städtische Galerie im Lenbachhaus, München

Bildinhalt
- das ruhende Reh
- die Waldlichtung
- die Schnittfläche des Baumstumpfes
- der schräge Baumstamm
- der Fichtenast
- Bäume und Äste

Formen
- große Diagonale des Baums
- Zickzack der Diagonalen der Hügel
- Fächer der Äste
- ovale Formen des Rehs, der Äste, der Schnittfläche des Baumstumpfes

Bewegung, Raum
- Die große Diagonale schafft Tiefe.
- Diagonalen springen und führen in den Raum.
- Ovale schaffen Kreisbewegungen und Schwerpunkte.
- Fächer beschirmen.
- Vertikale geben Festigkeit und begrenzen.

Symbole
- Das Reh fügt sich in die Natur.
- Bäume und Äste beschützen.
- Der Baumstumpf klafft wie eine Wunde, deutet auf die Nähe des Menschen, Zeichen der Gefährdung.
- Bäume und Äste als Sinnbilder der Ruhe, Einsamkeit, Geborgenheit
- Wald und Tier als Bild einer gefährdeten Welt des Friedens.

Farben, Farbsymbole

Rot, Rotorange
- erscheint abgestuft
- bezieht den Betrachter ein
- bedeutet Wärme und Geborgenheit

Gelb
- erscheint mit Grün und Weiß gemischt
- leuchtet ruhig
- weist auf das ruhige Schlafen des Tieres

Grün
- bildet Inseln
- schafft Ruhe
- weist auf die Kräfte des Wachstums in der Natur

Blau
- lenkt den Blick nach oben
- schafft Tiefe
- erzielt Kühle

Violett
- vermittelt zwischen Wärme und Kälte, Licht und Schatten
- verbindet Nähe und Ferne
- erzielt Stimmung der Feierlichkeit

Vorschlag: Versuchen Sie nach den gegebenen Informationen das Bild zu deuten.

Über den Maler

Franz Marc lernte nach dem Studium der Malerei an der Münchner Akademie 1903 in Frankreich den Impressionismus kennen. Vielleicht regte ihn der französische Tiermaler Niestlé an, das Tier als Bildthema zu wählen. Über seine ersten Tierbilder, deren Farbigkeit in einer reichen Ton-in-Ton-Farbnuancierung gehalten war, äußerte er sich noch unzufrieden: „Das Mächtige, das mir vorschwebt, verliert sich in hundert kleinen Tönen. Ich habe etwas anderes ausdrücken wollen und werde es noch erreichen" (1907). Drei Jahre später brachte die Begegnung mit Bildern Kandinskys und Jawlenskys eine entscheidende Wende in seinem Leben: „Ich male eifrig und komme wirklich voran. Allmählich schält sich etwas heraus." Von Macke unterstützt und ermutigt, begann er die Farbe als Symbol einzusetzen und sich immer mehr vom Naturvorbild zu lösen: „Niemals werde ich um der dekorativen Wirkung der Farbe willen einen Busch blau machen, sondern nur um das Pferd, das sich von ihm abhebt, in seiner ganzen Wesenheit zu steigern." Ziel seiner Arbeit wurde nunmehr „nicht mehr am Naturbild zu hängen, sondern es zu vernichten, um die mächtigen Gesetze, die hinter dem schönen Schein walten, zu zeigen. Zusammen mit Kandinsky und Gabriele Münter gründete er 1911 die Vereinigung „Die Redaktion der blaue Reiter", regte die Herausgabe eines Almanachs an, zu dem er selbst Beiträge lieferte. 1912 begegnete Marc zusammen mit Macke in Paris Delaunay. Unter dessen Einfluß näherte er sich immer stärker der abstrakten Malerei: „Ich empfand schon sehr früh den Menschen als häßlich, das Tier schien mir schöner und reiner; aber auch an ihm entdeckte ich soviel Gefühlswidriges und Häßliches, so daß meine Darstellungen instinktiv, aus einem inneren Zwang, immer schematischer, abstrakter wurden."

Franz Marc

Er stellte ein sehr seltenes Exemplar Mensch dar. Sein Äußeres stimmte haargenau mit seinem Inneren überein: eine harmonische Kombination von „hart" und „weich".
Seine große Statur, seine breiten Schultern, ein fast hageres Gesicht, sein schwarzes Haar, sein sicherer und langer Schritt gaben ihm das Aussehen eines Bergbewohners. Ich liebte es, ihn in den Bergen, auf den Weiden und in den Wäldern zu sehen. Dort war er „zuhause". Er war immer von seinem großen, weißen Hund begleitet. „Russi" (Rußland zu Ehren) glich in seiner Größe, Kraft und Ruhe seinem Meister. Er zeigte dieselbe Verbindung von „hart" und „weich". Sie ergänzten sich sehr gut und verstanden sich vortrefflich. Der Schwarze sagte etwas zum Weißen, und der Weiße machte mit dem Kopf ein bestätigendes Zeichen.
Marc hatte, allgemein, direkte Beziehungen zur Natur, wie ein Bergbewohner oder gar wie ein Tier. Ich hatte manchmal den Eindruck, daß die Natur befriedigt war, ihn zu sehen. Alles in der Natur zog ihn an, aber vor allem die Tiere. Zwischen dem Künstler und seinen „Modellen" existierte ein gegenseitiger Kontakt, und deshalb hatte Marc „Zutritt" zum Leben der Tiere, und es war dieses Leben, das ihn inspirierte.
Aber er verlor sich nie in Details, und das Tier war für ihn immer nur eines der Elemente des Ganzen, oft sogar nicht einmal ein wesentliches. Er baute seine Bilder wie ein Maler, nicht wie ein „Erzähler". Aus diesem Grund war er nie ein „Tiermaler". Was ihn anzog, war das große Organische, das heißt die Natur im allgemeinen. Darin liegt die Erklärung der durch Marc geschaffenen originalen Welt, deren Wiederholung versucht wurde, aber ohne Erfolg.

W. Kandinsky

Reh im Walde

Von allen Werken dieser Zeit ist auf dem **Reh im Walde** das Tier am stärksten in die Landschaft einbezogen. Wir blicken auf den Erdboden hinab, der sich sanft zur Mitte senkt und hinten in die freie Bergwelt übergeht. Ein säulenartiger Stamm und ein kantiger Baumstumpf, mehr noch die oben und seitlich ins Bild ragenden Äste deuten zeichenhaft den Nadelwald an. Auch das Tier im Vordergrund links ist als abgekürzte Formel gegeben: in sich beschlossen und doch zugleich Teil der Natur schmiegt es sich eng dem Boden an, während die Zweige wie ein schützendes Dach über ihm hängen. Die poetische Stimmung dieses Zauberwaldes wird durch die von geheimnisvollem Glühen erfüllten Farben hervorgebracht. Draußen herrscht tiefblaue Nacht, sie läßt das Gelb des Felles um so wärmer erscheinen; das Grün der Nadeln und des Mooses bringt das mannigfache Rot des Bodens zum Aufleuchten; selbst das phosphoreszierende Weiß der scharfkantigen Schnittfläche des schwarzen Stumpfes rechts fügt sich dem Ensemble ein. Erstaunlich ist, daß trotz der starken Farben ein Bild von so stiller Harmonie entstand. Marc hat die Komposition für Bernhard Koehler ein zweites Mal gestaltet. Bei kleineren Abmessungen ist das Format *steiler geworden,* die Landschaft stärker zu geometrischen Formen vereinfacht; wie zuweilen Van Gogh und Gauguin zog er nach Art der Japaner im Vordergrund einen Baum quer durch die Fläche, um die Tiefe desto mehr zum Tönen zu bringen.

In die Zeit, als die erste Fassung des *Reh im Walde* entstand, mögen einige fragmentarische Aufzeichnungen zurückgehen, die Maria Marc aus dem Nachlaß nur zu einem Teil veröffentlicht hat. Der Maler würde sie vermutlich nicht haben gelten lassen, denn es sind eher Fragen an sich selbst als Erkenntnisse. Dennoch erhellen einige Formulierungen die Absicht, die er bei diesem Bild verfolgte: „Hat es irgendwelchen vernünftigen oder gar künstlerischen Sinn, das Reh zu malen, wie es unsrer Netzhaut erscheint, oder in kubistischer Form, weil wir die Welt kubistisch fühlen? Wer sagt mir, daß das Reh die Welt kubistisch fühlt; es fühlt sie als ‚Reh', die Landschaft muß also ‚Reh' sein. Das ist ihr Prädikat." Wir denken auch an das verwandte Gemälde *Hund vor der Welt* von 1912, wenn wir lesen: „Gibt es für Künstler eine geheimnisvollere Idee als die, wie sich wohl die Natur in dem Auge eines Tieres spiegelt? Wie sieht ein Pferd die Welt oder ein Adler, ein Reh oder ein Hund? Wie armselig, seelenlos ist unsre Konvention, Tiere in eine Landschaft zu setzen, die unsern Augen zugehört, statt uns in die Seele des Tieres zu versenken, um dessen Bilderkreis zu erraten."

Klaus Lankheit

Nach dem Bilde der Hirsche malt Marc das **Reh im Walde.** In der Höhe sehen wir den untersten Teil zweier aufsteigender Baumformen, glatt und gerade, wie die hohen, schweren Fichtenstämme eines Hochwaldes. Zu ihren Füßen in den Waldmulden spielt sich das Leben des Bildes ab. Im Vordergrund eine grüne Insel. Die Farbe einer Mulde, warm und tieforangerot, sucht unser Gefühl ganz einzubetten, während die aufsteigende blaurötliche Farbe uns aufblicken läßt zu der Höhe der Baumriesen. Mitten in dieser tiefrosigen Wärme und traumhaften Kühle liegt ein zitronengelbes Reh. Es schmiegt sich mit seinem Körper an den Boden des Waldes und das ganze schwingende Leben mit allen seinen geheimnisvollen Regungen und Stimmungen sammelt sich in ihm; es legt den schmalen Hals an den Leib, als ob es in seinem eigenen Herzlaut die Töne seiner Umwelt vernehmen könnte. Die Hügel der Mulde steigen hoch über das Tier empor. Nach der Tiefe des Waldes zu werden die Farben lichter, bläulicher; in die blauen Farben kräuselt sich ein weißer Saum; zuletzt dunkles, tiefdämmerndes Blau – so wie beim Schließen unserer Augen das Sehen in Schauen übergeht, das keine Grenzen kennt. Vor uns liegt der schimmernde Mondstein eines stillen Wassers, seitwärts streckt ein Fichtenzweig seine Hand in das Bild, und von oben wehen weißliche Bänder wollflockige Traumschwingen herab.

Alois J. Schardt

Franz Marc, geb. 1880 in München, gefallen 1916 bei Verdun. – Hauptwerke: „Tierschicksale“ – „Turm der blauen Pferde“ (seit 1945 verschollen) – „Tirol“.

Paul Klee, Der Vollmond, 1919
Öl auf Papier auf Karton. 49 × 37 cm
Galerie Otto Stangl, München

Der Vollmond ist eines der berühmtesten Ölbilder des Jahres 1919, ein für die damalige Entwicklung Klees charakteristisches Werk. Es übersteigt die Kühnheit der vorausliegenden, oft improvisierten Aquarelle und macht aus den bisherigen Erkenntnissen etwas Festes, Museales. Die Ölmalerei zwingt ihn zu langsamem und beharrlichem Aufbau, zu Statik und Konstruktion und zu sonorem Ausdruck.
Es sind vier oder fünf Zonen, in die Klee seine Welt der farbigen Formen einträgt, am unteren Bildrand die spitzen Dreiecke, die auf nichts Gegenständliches schließen lassen, darüber das Ineinander von Vierecken und Rechtecken mit dem Fenster unter der Schräge; rechts in der Mitte Architekturformen mit Baumhieroglyphen, links oben ein Kugelbaum und ein Fenster, oben Mitte der gelbe Mond, der das Bild zusammenhält und beherrscht. Das klingt sehr trocken und wird nicht lebendiger, wenn man auf die roten Monde oder Kreise und den Halbmond hinweist, die weder zur Landschaft gehören noch eigentlich Gestirne sind.
Ist Tiefe da, Horizont? Kaum, alles spielt sich in einem flachen Raum ab, der nicht gerade meßbar ist, aber fühlbar. Die unregelmäßigen farbigen, in sich verschränkten Formen stehen kontrapunktisch nebeneinander, ergeben aber keinen Kanon, dort wo architektonische Anspielungen mitsprechen, gerinnen die Motive zu Themen wie Kirche und Stadt. Fenster sind Abendfrieden, das helle wie das dunkle, „Der Mond ist aufgegangen“, auch Claudius war zu seiner Zeit voller Überraschungen; es war kühn, zu sagen: „Der Wald steht schwarz und schweiget.“ Der Vollmond bescheint eine Landschaft ohne Menschen, aber man spürt ihre heimliche Anwesenheit im Zusammenklang von Felsen und Baum, Haus und Fenster, von Außen und Innen, in der Gleichzeitigkeit der Ereignisse.
Nirgends ist ein Anfang und ein Ende, der Weg des Bildes beginnt wahrscheinlich links unten und geht diagonal nach rechts oben, er läßt auch den oberen Bildrand nicht aus, die unregelmäßigen Vierecke ziehen sich selbst oberhalb des Mondes von rechts nach links und stoßen dort auf den Kugelbaum. Der Mond aber gebietet Abstand nach allen Seiten, er ist der Schlüssel des Ganzen und gibt den Titel. Kunst und Natur also, und „ganz hinein verfügt das Ich“ (Klee). Der Maler ordnet die sich aufdrängenden Formen, vergenauert sie zu einem Turm oder einem erleuchteten Fenster, und was so entsteht, wird

allmählich zu einem gestalthaften Ganzen. Das ist das Bewegende an Bildern wie diesen, daß sie am Schluß ein Thema erschöpfend und lebendig vor uns hinstellen, nachdem alle Bedingungen von den Elementen und Strukturen her erfüllt sind. Man nannte eine Sonate Beethovens ‚Mondsonate', was den Sachverhalt bestimmt zu weit ins Allzumenschliche verschob. Immerhin, der Sachverhalt war gegeben, und ebenso ist es bei Klee. Er gibt deshalb seinen Arbeiten, und seien sie noch so abstrakt, lieber selbst einen annehmbaren Titel, als daß er ihn dem Publikum überließe.

Will Grohmann

Paul Klee beeinflußte die Entwicklung der modernen Kunst entscheidend. Es ist unmöglich, seine Werke irgendeiner der konventionellen Kategorien unterzuordnen, durch die man die Kunst des 20. Jahrhunderts begrifflich zu erfassen hofft: Konstruktiv, romantisch, lyrisch, primitiv, kindlich, analytisch – alle diese Begriffe wurden jeweils isoliert zur Beschreibung seines Œuvre herangezogen, das jedoch insgesamt ebenso vielfältig ist wie die ganze Reihe dieser Worte. So stark vermochte eine einzige Persönlichkeit in verschiedenen Richtungen zu wirken und dadurch viele Künstler zu beeinflussen, die sonst im Grunde nicht viel miteinander gemein hatten.
Klees Vater, ein Musiklehrer, war Deutscher, seine Mutter Schweizerin. Paul spielte ausgezeichnet Geige; sein ganzes Leben lang blieb er der Musik verbunden. Im Jahre 1898 ging Klee nach München, wo er zunächst die private Malschule Heinrich Knirrs besuchte; 1900 wurde er zur Akademie zugelassen. Im selben Jahr trat er dort in die Klasse Franz von Stucks ein, der einen strengen, gründlichen Unterricht erteilte; dazu bemerkte Klee: „Stuckschüler zu sein, hatte einen guten Klang. In Wirklichkeit war es aber nicht halb so glänzend. Ich kam anstatt mit ganzem Verstand mit tausend Schmerzen und vielen Vorurteilen dahin. In der Farbe kam ich schwer vom Fleck. Da in meiner Beherrschung der Form der Gefühlston stark vorherrschte, suchte ich wenigstens hier möglichst zu profitieren. Und bei Stuck war hierin wirklich manches zu holen . . . Dann überlegte ich, was außerdem von dem einflußreichen Mann noch zu erreichen wäre. Ich brachte ihm Illustrationen zur Begutachtung, die er als originell bezeichnete. Er riet mir, es damit bei der ‚Jugend' zu versuchen. Die ‚Jugend' wollte dann aber nichts von mir wissen."

Herbert Read

Paul Klee, geb. 1879 in Münchenbuchsee bei Bern, gest. 1940 in Muralto bei Locarno, deutscher Maler und Grafiker schweizerischer Herkunft.

Interieur

Vincent van Gogh, Nachtcafé, September 1888
Öl auf Leinwand, 70 × 89 cm
Sammlung Stephan C. Clark, New York

Einleitung
Im Februar 1888 reiste Vincent van Gogh von Paris nach Arles, um „unter einem hellen Himmel“ zu malen. In Arles wollte er auch das „Atelier des Südens“ gründen, in dem Maler aus Paris gemeinsam arbeiten sollten. Van Gogh gelang es nicht, die geplante Künstlerkolonie zu verwirklichen. In den sieben Monaten, die er in Arles verbrachte, erreichte er das reifste Stadium seiner künstlerischen Arbeit. Hier löste er sich von der Malweise der Impressionisten, die sich darum bemühten, Veränderung und Bewegung in ihrer Umwelt darzustellen.
Die Farben besaßen für Vincent jetzt nur mehr die Bedeutung als Mittel zur Schilderung von Raum und Bewegung; sie erhielten den Rang von Symbolen, die gedankliche Inhalte und menschliche Stimmungen vermitteln konnten. Er begann, die Farben so einzusetzen, daß sie als „Darstellungswerte für die Tragik des Daseins“ (Kurt Badt) wirkten. Nun wagte er es auch, die Lokalfarbe der Gegenstände zu verändern. Statt der Lokalfarben wählte er Farben, die seiner Absicht entsprachen, Gedanken, Gefühle und Stimmungen mitzuteilen. Er begann, in den Farben „etwas Schmerzliches und Schmerzendes“ zu suchen. In seinen Portraits bemühte er sich, mit Hilfe der Farben „die Gedanken und die Seele des Modells“ wiederzugeben.
Die Absicht, die Tragik des menschlichen Lebens bildnerisch zu beschreiben, liegt auch der Konzeption des Bildes „Nachtcafé“ zugrunde. Über dessen Entstehung berichtet Vincent van Gogh in einem Brief seinem Bruder Theo, Kunsthändler in Paris, der ihn regelmäßig mit Geldsendungen unterstützte und dafür Bilder und Zeichnungen erhielt.

Mein lieber Theo, 8. September 1888

Tausend Dank für Deinen guten Brief und die beiliegenden dreihundert Francs; nach einigen sorgenreichen Wochen habe ich jetzt eine viel bessere hinter mir. Und wie die Sorgen nicht einzeln kommen, so auch die Freuden nicht. Denn gerade weil mich diese Geldschwierigkeiten mit meinen Gastwirten dauernd bedrückten, hatte ich mich entschlossen, es von der heiteren Seite zu nehmen.

Besagter Gastwirt ist schließlich kein schlechter Mensch – ich hatte ihn tüchtig angeschnauzt und ihm gesagt, ich würde aus Rache dafür, daß ich ihm für nichts und wieder nichts soviel Geld gezahlt hätte, seine ganze dreckige Bude so malen, daß ich wieder auf meine Kosten käme. Kurz, ich bin zur großen Freude des Gastwirts, des Postmeisters, den ich bereits gemalt habe, der Nachtschwärmer und zu meiner eigenen drei Nächte lang aufgeblieben und habe am Tage geschlafen. Manchmal kommt es mir vor, als sei die Nacht viel lebendiger und farbstärker als der Tag. Freilich, das Geld, das ich dem Gastwirt bezahlt habe, werde ich durch das Bild schwerlich wieder hereinkriegen, denn es ist eins der krassesten, die ich je gemacht habe. Es ist, wenn auch anders, den *„Kartoffelessern"* gleichwertig.
Ich habe versucht, mit Rot und Grün die schrecklichen menschlichen Leidenschaften auszudrücken. Der Raum ist blutrot und mattgelb, ein grünes Billard in der Mitte, vier zitronengelbe Lampen mit orangefarbenen und grünen Strahlenkreisen. Überall ist Kampf und Antithese: in den verschiedensten Grüns und Rots, in den kleinen Figuren der schlafenden Nachtbummler, in dem leeren, trübseligen Raum, im Violett und Blau. Das Blutrot und das Gelbgrün des Billards kontrastieren mit dem zarten Louis-XV-Grün der Theke, auf der ein rosa Blumenstrauß steht.
Die weiße Kleidung des Wirts, der in einer Ecke dieses Backofens wacht, wird zitronengelb, blaßgrün und leuchtend.
Ich mache eine mit Wasserfarben getönte Zeichnung davon, die schicke ich Dir morgen, damit Du einen Begriff davon bekommst.
Diese Woche habe ich an Gauguin und an Bernard geschrieben, aber ich habe von nichts anderem als von Bildern geschrieben, damit wir uns nicht gerade verzanken, wenn wahrscheinlich gar kein Grund dazu vorliegt.
Aber ob Gauguin nun kommt oder nicht, wenn ich Möbel kaufe, so hat man dann an einem guten oder schlechten Ort, das ist eine andere Frage, etwas Festes, ein Zuhause, das einem dieses traurige Gefühl nimmt, auf der Straße zu sitzen.
Für einen Abenteurer von zwanzig Jahren hat das nichts weiter zu sagen, aber wenn man wohlgezählte fünfunddreißig auf dem Buckel hat, ist das schlimm. . . .
Das *„Nachtcafé"* ist eine Fortsetzung des *„Sämanns"*, ebenso der Kopf des alten Bauern und des Dichters, wenn ich dazu komme, dieses letztere Bild zu machen. Das ist dann eine Farbe, die vom realistischen Standpunkt der Augentäuscher-Malerei nicht die richtige Lokalfarbe ist, sondern eine Farbe, die irgendwie Erregung, Leidenschaft, Temperament suggeriert.

Als Paul Mantz in der Ausstellung, die wir in den Champs Elysées gesehen haben, die heftige und erregte Skizze der „*Christusbarke*“ von Delacroix sah, geht er nach Hause und ruft in seinem Artikel: „Ich wußte nicht, daß man mit Blau und Grün so schrecklich sein kann.“
Hokusai entlockt Dir den gleichen Ausruf, aber er durch seine *Linien*, seine *Zeichnung*, wenn Du in Deinem Brief sagst: „Diese Wogen sind *Klauen*, das Schiff ist drin gefangen, man spürt das.“
Na ja, und wenn man die ganz genaue Farbe gäbe oder die ganz genaue Zeichnung, so würde man keine solchen Gefühle auslösen. . . .

— — — — —

Die in Arles entstandenen Farbsymphonien Vincents begeistern uns noch heute – und doch sind viele dieser Gemälde nur noch ein schwacher Abglanz dessen, was sie ursprünglich gewesen sind, als die Pariser Kritiker bei ihrem Anblick in Entsetzen erstarrten. Wir haben schon berichtet, mit welcher Sorgfalt und Aufmerksamkeit der Künstler seine Farben gewählt hat. Aber die Farbenchemie war damals noch nicht auf einem so hohen Stand wie heute, und so haben sich die meisten Farben im Laufe der Zeit verändert. Der Lackfirnis einiger seiner Bilder hat sich verflüchtigt, Chromgelb und Veronesergrün sind oxydiert, Preußischblau und Bleiweiß nachgeschwärzt, wodurch die Farben aufgesaugt wurden, denen sie beigemischt waren. Durch diese chemischen Veränderungsprozesse der Farben haben zahlreiche Werke van Goghs ihre ursprüngliche Leuchtkraft verloren, und die Farbrelationen stimmen nicht mehr. Von Jahr zu Jahr wird dies schlimmer, so daß wir bei vielen Werken bald nur noch ahnen können, welche intensive Farbigkeit sie zum Zeitpunkt ihrer Entstehung ausgestrahlt haben. Aber selbst wenn es jemals so weit käme, daß vom Maler van Gogh nur noch blasse Schemen seiner Meisterwerke übrigblieben, wird man den Künstler doch vorbehaltlos in seinen Zeichnungen weiter bewundern.

Frank Elgar

Das in der kurzen Spanne des Jahrzehnts von 1880 bis 1890 entstandene Werk dieses genialen Malers war anfangs nur wenigen Künstlern und Kritikern bekannt. Während seines Lebens wurde nur ein einziges Bild verkauft, einige andere gelangten durch Tausch oder als Geschenke an Malerfreunde. Die meisten Werke bewahrte Vincents Bruder Theo. Um die Jahrhundertwende wurde es deutlich, daß alle anti-impressionistischen Strömungen ausdrucksstarker Kunst Vincent verpflichtet waren. Galt anfangs die Geisteskrankheit des Künstlers als billige Entschuldigung für die Verachtung seiner „verrückten“ Bilder, so gehören zum Geniebegriff der Neuzeit der Überschwang und das

Pathos, die an Wahnsinn grenzen können. Als im Jahre 1913 der Briefwechsel mit seinem Bruder Theo veröffentlicht wurde, begeisterte sich jeder künstlerisch empfängliche Mensch an der literarischen Interpretation seiner Bilder und Zeichnungen. Die heutige enorme Popularität des Künstlers ist nicht nur eine (zu) späte Anerkennung seiner künstlerischen Größe und Einzigartigkeit, sie wird zugleich gespeist aus einer unbekümmerten Neugier für das unbürgerliche Leben und das „unnormale" Verhalten des Malers.

Die moderne Kunstgeschichte hat die heikle Aufgabe, Stilgeschichte und psychologische Biographie des Genies in wissenschaftlich einwandfreier und zugleich packender Form zu vereinigen. Vincent selber schrieb hellsichtig über das Verhältnis von Mensch und Werk: „Sicherlich ist da ein Zusammenhang, doch nicht leicht ist diese Beziehung festzulegen, und viele irren sich in diesen Dingen" (Brief 187).

Vincents Geburt kündigte sich tragisch an. Genau ein Jahr zuvor wurde den Eltern ein Kind tot geboren, das den Namen Vincent Willem erhalten hatte. Man hat gemeint, daß Vincent, der Maler, sich stets als zweiter und Stellvertreter gefühlt habe und daß dadurch sein Verhältnis zu den Eltern einer unnormalen Spannung ausgesetzt war. Sein Lieblingsbruder Theo(dorus) war vier Jahre jünger. An ihm hing Vincent mit wahrem Fanatismus. Der ab 1872 einsetzende Briefwechsel zwischen beiden zeugt von einer Seelenverwandtschaft und einem Drang zur Verschmelzung zweier Personen, der beinahe pathologisch war. [. . .]

Horst Gerson

Vorschlag: Schreiben Sie einen eigenen Text über das Bild!

a) Kürzen Sie die Einleitung, damit sie zur Länge Ihres Textes den angemessenen Umfang hat.
b) Werten Sie den Brief Van Goghs aus, bevor Sie mit Ihrer Arbeit beginnen.
c) Gehen Sie bei Ihrer Bildbeschreibung besonders auf folgende Fragen ein:

1. *Aus welchem Anlaß greift Van Gogh das Thema „Nachtcafé" auf?*
2. *Welchen Eindruck hinterläßt der dargestellte Raum?*
3. *Wie sind Tische und Stühle angeordnet?*
4. *Was steht auf den Tischen?*
5. *Wie werden Theke und Billardtisch dargestellt?*
   Welche symbolische Bedeutung kommt ihnen zu?
6. *Welche Wirkungen gehen von Lampen und Uhr aus?*
7. *Wie wirken die nach hinten stürzenden Linien des Nachtcafés?*
8. *Welche Wirkung geht vom Dreiklang der Farben Gelb-Rot-Grün aus?*

Picasso

Pablo Picasso, Akrobatenfamilie mit einem Affen, 1905
Tusche, Gouache, Aquarell und Pastell auf Karton, 104 × 75 cm
Göteborgs Konstmuseum, Göteborg

Pablo Picasso, geb. 1881 in Malaga, gest. 1973 in Mougins (Alpes Maritimes). Spanischer Maler, Graphiker und Bildhauer.
Von 1901 bis 1904 war das menschliche Elend ohne Aufbegehren das Thema seiner Bilder, deren Grundton Blau die Hoffnungslosigkeit bedeutet („Das Leben", 1903).

Mit der Übersiedlung nach Paris begann die „rosa Periode". Er malte Künstler und Akrobaten, die am Rande der Gesellschaft stehen, aber er sah sie positiv in Unabhängigkeit und Schaffenskraft. In den frühen Pariser Jahren besuchte Picasso sehr gern den Zirkus. Er wollte aber vor allem das Leben hinter der Arena darstellen: Seiltänzer mit ihrer Familie, bei der Probe, beim Schminken.
Das Bild „Akrobatenfamilie mit einem Affen" stammt aus dieser Zeit. Der erste Eindruck, den wir gewinnen, ist der einer vollständigen Hingabe der Mutter an das Kind, der Zuwendung des Vaters, das sich natürlich bewegende Kind und der Affe, der mit „Affenliebe" das Kind anschaut.

Raffael (Raffaello Santi), Sacra Famiglia con San Giuseppe Imberbe, 1506
Öl auf Holztafel, 74 × 57 cm
Leningrad Eremitage

Im Blickpunkt des Bildes sitzt das Kind, unbefangen sich windend, ihm sind nicht nur die Gesichter zugewandt, auch Arme und Hände der Mutter und die rechte Hand des Vaters. Alle Linien des Bildes führen zum Kind. Das Licht fällt auf die Gesichter und damit auf das Kind.
Wir werden an die Bilder von der Heiligen Familie aus der Renaissancezeit erinnert, die auch diese dreiseitige pyramidale Komposition aufweisen.
Was soll der Affe auf dem Bild? Er soll die Zirkusatmosphäre symbolisieren, denn seit dem Mittelalter ist der Affe der Begleiter der Akrobaten und Clowns. Picasso soll dem ersten Besitzer des Bildes erzählt haben, daß er den Affen nicht mit dieser Familie gesehen, sondern aus eigenem Antrieb hinzugefügt habe. Ist es der Affe, den Picasso in seinem Atelier hielt?
Das Bild ist von einer menschlichen Wärme und einer rührenden Liebe erfüllt. Hinter der „Maske“ des Akrobaten, hinter der Kleidung seines Berufes, wird der Mensch in seiner Innerlichkeit sichtbar. Picasso malte diese Akrobaten nicht in der Manege, sondern in ihrem Familienleben, vor oder nach dem Auftritt. „Akrobaten privat“ möchte ich das Bild für mich bezeichnen.

Vorschläge:

1. *In dieser Bildbeschreibung werden die Erkenntnisse beim Betrachten des Bildes mit den Kenntnissen über das Bild vereint.*
   Stellen Sie fest, was aus der Anschauung gekommen ist und was aus dem Wissen.
2. *Vierhundert Jahre vorher, im Jahre 1506, malte Raphael, seine „Heilige Familie mit dem bartlosen Joseph“.*
   Vergleichen Sie die beiden Bilder.

Der kostbare Maler und sein Modell

Die Galerie Gmurzynska in Köln, gemeinhin auf den klassischen Konstruktivismus spezialisiert, überrascht mit einer Picasso-Ausstellung, mit der sie bereits in Paris anläßlich der FIAC und nun beim Kölner Kunstmarkt Furore machte. Der Galeristin ist es tatsächlich gelungen, wie Maurice Rheims im Katalog anmerkt, mit rund 50 Werken „doch noch eine wahre Vorstellung von dem proteischen Genius Picassos zu vermitteln“. [. . .]

Die Ausstellung beginnt chronologisch mit einem verblüffenden Frühwerk, „Mädchen mit Puppe", aus dem Jahr 1903, das noch nicht einmal in seine „blaue Periode" paßt. Die kubistische Aktstudie von 1907, offenbar eine Vorstudie für die „Demoiselles d'Avignon", verrät bereits den Einfluß der Negerskulptur und kündigt die entscheidende Wende im Werk Picassos an.
Eine Reihe von Bildern, Köpfe, Frauen, Stilleben, repräsentieren Picassos Kubismus in verschiedenen Spielarten, darunter die „Frau im Sessel" (1941), die für 580 000 Dollar, also rund eineinhalb Millionen Mark, zu haben ist. Es ist eines der Bilder Picassos, auf die sein Ausspruch zutrifft: „Wenn ich male, versuche ich stets eine Form der Darstellung, die die Leute nicht erwarten, ja die sie darüber hinaus noch ablehnen." Immerhin aber scheint er die Sehgewohnheiten unter Kunstfreunden und -kennern dadurch so verändert zu haben, daß sie trotzdem solche Preise zu zahlen bereit sind.
Bei dem Ölbild „Der Maler und sein Modell" von 1963 (für 825 000 Mark) ist dies schon leichter verständlich, auch bei der Zeichnung „Animaux naturels" (52 000 Mark) oder dem Stilleben „mit Obstschale" für 237 000 Mark. Die (preisliche) Spitze hält eine großformatige Grisaille (fast zwei Meter hoch), betitelt „Frau, Skulptur und Blumenvase", mit rund zwei Millionen Dollar; man scheut sich, dies in deutsche Währung umzurechnen.
Wie eine notwendige Ergänzung dazu erscheint die gleichzeitige Picasso-Ausstellung, mit der die Dortmunder Galerie Utermann ihre Filiale im neuen Museum in der Hansastraße eröffnet hat. Sie zeigt Grafik, Keramik und illustrierte Bücher. Allerdings sind auch hier die Preise nicht so, daß der animierte Besucher spontan aus der Tasche zahlen kann, ein Scheckbuch sollte er schon mitbringen. Nicht nur, weil es sich um Picasso handelt. Zwischen Druckgrafik und Druckgrafik gibt es bekanntlich beträchtliche Unterschiede; und hier sind vorwiegend seltene Zustandsdrucke zu finden, wie beispielsweise die „Figur in gestreifter Bluse", ein Litho in sechs Farben, einer von fünf Probeabzügen aus dem Jahr 1949; es kostet 51 000 Mark.
Da ist ein Litho, grau und schwarz, „Sitzende Frau und Schläferin", aus einer Auflage von 50 numerierten und signierten Exemplaren (das gilt für alle Blätter), zum Preis von 42 000 Mark zu haben, ferner der berühmte „Ziegenschädel" (Aquatinta, 1952) für 39 500 Mark oder das vielfach variierte Motiv „Maler und Modell", einmal als Radierung, einmal als Radierung und Aquatinta, für 8550 bzw. 8200 Mark. Ein farbiger Linolschnitt „Bärtiger Mann, mit Blättern bekrönt" kostet 25 000 Mark. [. . .]

Eo Plunien

Fernand Léger, Die Bauarbeiter, 1950
Öl auf Leinwand, 300 × 200 cm
Musée Fernand Léger, Biot, Frankreich

Léger bleibt der Maler volkstümlicher Genres, auch wenn sein großes Bild mit dem bezeichnenden Titel *Les Constructeurs,* für ihn selbst wie für den Arbeiter gleichermaßen zutreffend, zu den wenigen Werken der damaligen zeitgenössischen Malerei gehört, in denen der soziale Aspekt der Arbeit in einer umfassenden, monumentalen Darstellung plastischen Ausdruck gewinnt. Wie immer bei Léger, gab auch zu diesem Bild ein spontaner visueller Eindruck den Anstoß: „Die Idee kam mir auf dem Weg nach Chevreuse. Unweit der Straße war man mit der Montage von drei Hochspannungsmasten beschäftigt, an denen ein paar Männer hingen und arbeiteten. Der Kontrast zwischen den Menschen, der metallischen Konstruktion und den Wolken am Himmel beeindruckte mich. In dem starren, harten Gefüge wirkten die Menschen klein und verloren. Diesen Eindruck wollte ich unverfälscht wiedergeben, indem ich jedes Element in seinem exakten Wert übertrug: die Menschen, den Himmel und die Wolken."
Das letzte Bild aus der Serie der *Bauarbeiter,* das im Museum von Biot hängt und 1950 datiert ist, basiert auf dieser gewaltigen Spannung zwischen den hohen Eisenträgern und den winzigen Figuren der Arbeiter, die hart gegen das kalte Blau des Himmels gesetzt werden. In seiner Gesamtkomposition wird das Thema in einer Reihe von vorbereitenden Gouachen variiert.
„Unsere Hände sind die Sterne unserer Fahne", heißt es in dem schönen Gedicht über die Bauarbeiter von Paul Eluard, und in memoriam seines Freundes Majakowski schreibt Léger: „Die schweren Hände der Arbeiter ähneln ihren Werkzeugen und ihre Werkzeuge ihren Händen . . . ihre Hosen erinnern an Gebirge und Baumstämme. Eine richtige Hose hat keine Falten." 1923 hatte Majakowski Léger beschrieben: „. . . stämmig gebaut, sieht er aus wie ein Arbeiter. Seine Kunst betrachtet er als ein Handwerk wie jedes andere. Man freut sich an der Schönheit seiner technischen Formen und seinem Mut zum härtesten Realismus."
Eine der letzten Zeichnungen Légers, eine Studie zu der nicht realisierten Komposition der *Garage,* erinnert in ihrem Stil und in ihrer Thematik an die Serie der *Bauarbeiter,* ebenso wie die Federzeichnung der Schlacht von *Stalingrad,* die die kämpfenden Soldaten in das technische Gerüst militärischer Apparaturen einordnet.

Jean Cassou / Jean Leymarie

Neue Raumkonzeptionen

[. . .]
Die Farbe ist eine Lebensnotwendigkeit wie das Wasser oder das Feuer. Ohne Farbe kein Leben! Ihr Anwendungsbereich ist fast unbeschränkt. In den Jahren, da wir die architektonische Farbwand schufen, begannen Ärzte den möglichen Einfluß einer farbigen Lebensatmosphäre auf Nervenkranke zu untersuchen. Die Idee einer „Farbkur“ setzte sich da und dort durch und fand auch die Aufmerksamkeit der für den farbigen Gesamteindruck verantwortlichen Städtebauer.

Auf die Idee einer polychromen Stadt war ich während eines Fronturlaubes zur Zeit des Ersten Weltkrieges gekommen. Trotzky, den ich damals am Montparnasse traf, war begeistert davon und begann, sich ein buntes Moskau auszumalen . . .

Sobald man nur daran denkt, das Gesamtbild einer Stadt, einer Straße oder auch nur eines Hauses farbig zu übergehen, bieten sich uns im Handumdrehen beachtliche Möglichkeiten. So ließe sich zum Beispiel der kalte Unterbau eines Gebäudes durch etwas Farbe auflockern, und mit dem gleichen Mittel könnte man sogar das ganze Volumen des Hauses verändern. Ähnlich wäre es möglich, traurige, schwarzgraue Vorstädte in strahlend heitere Viertel zu verwandeln. [. . .]

Anläßlich der Weltausstellung von 1937 hatte ich die Idee, man sollte die 300 000 Arbeitslosen von damals zum Herunterwaschen sämtlicher Häuser von Paris aufbieten. Mein Vorschlag ging dahin, die Besucher unserer Hauptstadt mit etwas Unerhörtem in Staunen zu setzen: Tagsüber wäre Paris blendendweiß, aber nach Einbruch der Nacht kreisten Flugzeuge mit Scheinwerfern über der Stadt und überfluteten sie mit kräftigen Farben. Warum nicht? Mein Vorschlag, der leider verworfen wurde, wäre jedenfalls die einzige Möglichkeit gewesen, etwas noch nie Gesehenes zu schaffen, das dem Aufwand einer Weltausstellung entsprochen hätte. Obwohl in Frankreich lanciert, wurde diese Idee dann anderswo ausgewertet.

Schneller als bei uns setzt sich das neue Rechteck mit all seinen Konsequenzen im Norden durch. In Finnland gewöhnten sich die Arbeiter ohne Widerspruch an die für sie gebauten farbigen Mauern, und überall in Skandinavien, Deutschland und Holland wurden interessante Bauten verwirklicht. Gesamthaft gesehen befinden wir uns heute auf dem Punkt, wo es möglich wäre, die öffentliche Unordnung der Reklame, die unsere Mauern zerfrißt, durch eine

zweckentsprechende Farbverteilung in eine sinnvolle, ästhetisch erfreuliche Ordnung zu verwandeln.
Wir haben nach einer Verwirklichung dieser Möglichkeiten zu streben, die damit beginnt, daß man die verschiedenen Bedürfnisse nach Farbe ordnet und einstuft und an Stelle chaotisch verzettelter Quantität klar disponierte Qualität setzt. Jeder Mensch hat, auch wenn er sich dessen vielleicht nicht bewußt wird, seine bestimmte Lieblingsfarbe, die bei seiner Wahl alltäglichster Dinge und vor allem natürlich von Möbeln, Stoffen und modischen Kleidern entscheidend ins Gewicht fällt. Der neue Raum, darin sich all diese Sachen entfalten, wird nun seinerseits vom neuen Milieu mitgeprägt.
Von allen friedlichen Umwälzungen, die die Menschheit heute zu bewältigen hat, ist die Farb- und Raumrevolution vielleicht die seltsamste.
Von allen Raumproblemen ist jenes, das sich auf die Wand oder Mauer bezieht, das vordringlichste.
Als die Architekten die Mauern endlich von allen dekorativen Spuren aus der Zeit der Jahrhundertwende gesäubert hatten, stand man vor weißen Wänden. Eine weiße Mauer mag dem Maler gefallen. Mit einem Mondrian gefällt sie uns allen noch besser! – Gegen 1925 malte ich abstrakte Gemälde; seither denke ich, diese Art Malerei könne sich nur als Wandmalerei folgerichtig entfalten. Die Abstraktion ist eine letzte Möglichkeit, ein äußerster Punkt, auf dem man sich nicht lange behaupten kann, weil es keinen Schritt mehr nach vorn gibt. – Aber die Mauern werden nicht nur für die Maler gebaut. Allzu viele Leute fühlten sich angesichts einer so radikalen Veränderung ihrer sichtbaren Umwelt irgendwie unbehaust und verloren.
Als wir das sahen, brachten wir die Farben mit ihrer Eigenschaft, vom Betrachter aus verschiedener Entfernung wahrgenommen zu werden, ins Spiel. Man kann eine Mauer nach vorn (schwarze Mauer) oder hinten (fahlblaue Mauer) verschieben oder sie sogar auflösen, zerstören (gelbe Mauer). So wird das „bewohnbare" zum „elastischen" Rechteck.
Diese Feststellung blieb nicht ohne praktische Folgen, denn sie ermöglichte es, winzige Zimmerchen optisch etwas größer zu machen und so die bescheidensten Wohnverhältnisse visuell zu verbessern.
Ich bediene mich dieser Möglichkeiten aber auch für den eigentlichen Bildraum: Auseinanderliegende Objekte – den Tisch, den Braque und Picasso behalten haben, gibt's bei mir nicht! – die durch die Wahl ihrer Farbe auf der Leinwand und durch die Farbe des Fonds nach vorn oder hinten verschoben werden, schaffen durch diese Bewegung einen neuen Raum ohne irgendwelchen perspektivischen Effekt. Vom Rhythmus suggeriert, entsteht ein erlebbarer

Raum. Dem Maler bleibt es überlassen, Rhythmus und Farbe so zu variieren, daß er die gewünschte Wirkung erhält. So ist es endlich möglich, einen transparenten Raum zu suggerieren und dennoch Linie und Farbe auseinanderzuhalten.
In meiner großen Komposition „Die Bauarbeiter" („Les Constructeurs", 1950, Biot, Musée F. Léger) versuchte ich zu denkbar starken Kontrasten zu kommen, indem ich den Wolken und dem Metallskelett eines modernen Baues die mit dem gewissenhaftesten Realismus gemalten Arbeiter gegenüberstellte. Ich weiß nicht, ob es mir geglückt ist, aber die Sache wollte versucht sein.

Fernand Léger

Die Kunst Fernand Légers stellt eine der persönlichsten Ausdrucksformen in der zeitgenössischen Malerei dar. Ihr Ausgangspunkt ist die Welt, die uns umgibt; die in hohem Grade technisierte, eigenartige Landschaft des 20. Jahrhunderts. Diese Szenerie wird von Léger zu einem völlig neuen Realismus mit seiner ganz eigenen Poesie umgewandelt – alltäglich und doch klassisch, würdevoll und dennoch heiter. Légers reifer und bekanntester Stil trat während der 20er Jahre hervor und wurde bis zu seinem Tode noch verfeinert und langsam weiterentwickelt. Nachdem er den Rang eines der führenden Maler der modernen Richtung erreicht hatte, konnte Léger seine Energie auf die Schaffung von Wandgemälden, mehrfarbigen Skulpturen, Mosaiken und Glasmalereien richten.

Herbert Read

Fernand Léger, geb. 1881 in Argentan (Orne), gest. 1955 in Gif-sur-Yvette, französischer Maler und Grafiker. Seine Entwicklung als Maler kann man in dem Musée Fernand Léger in Biot (Department Alpes Maritimes) an vielen seiner Werke verfolgen.

BILDER ZUR GESCHICHTE

Persönlichkeiten

Tizian, Kaiser Karl V., 1548
Leinwand, 203,5 × 122 cm
Alte Pinakothek, München

Katalogtext
signiert rechts an der Brüstung: Titianus F.; darüber: MDXLVII.

Das lebensgroße Bildnis des Kaisers entstand als persönlicher Auftrag Karls V. während des Künstlers ersten Aufenthalts in Augsburg 1548, in unmittelbarem Zusammenhang mit dem heute in Madrid befindlichen Reiterbild Karls als Sieger bei Mühlberg.
Der Dargestellte erscheint als ein früh gealterter, von der Gicht geplagter Mann, dessen Rang und Bedeutung Tizian unter Verzicht auf jegliche Attribute äußerer Macht – von dem Orden des Goldenen Vlieses allein abgesehen – überzeugend zu umschreiben vermochte.
Dem hier vom Künstler völlig neu geschaffenen, vorzugsweise durch seine menschlichen Züge geprägten Typus eines Repräsentationsbildes ist eine nachweislich lang anhaltende Wirkung beschieden gewesen. Er ist, entgegen häufig vertretener Ansicht, bereits von gleichzeitig tätigen Künstlern – so besonders von Veronese – aufgegriffen worden.
Was indessen die abschließende Ausführung des Gemäldes angeht, so hat eine unlängst vorgenommene Röntgenuntersuchung erwiesen, daß sie von Tizian einem Werkstattgenossen – möglicherweise Lambert Sustris – überlassen wurde. Die an vielen Stellen des Röntgenbildes erkennbare, rasch skizzierte Anlage des Ganzen läßt jedoch nicht den geringsten Zweifel daran aufkommen, daß der kompositionelle Wurf insgesamt auf Tizians ureigener Erfindung beruht.
Selbst der durch Alterserscheinungen nicht unbeeinträchtigt gebliebene Erhaltungszustand der Malerei vermag die intensive Ausstrahlungskraft des originalen Bildgedankens nicht entscheidend zu mindern.

R. Kultzen

Tizian, eigentlich Tiziano Vecellio, geb. um 1477, gest. 1576 in Venedig
– italienischer Maler –
Werke: Himmlische und irdische Liebe – Himmelfahrt Mariens – Franz I. von Frankreich – Papst Paul III. – Dornenkrönung u. a.

Tizian, Kaiser Karl V.

Mit dem Sieg bei Mühlberg an der Elbe am 24. April 1547 hatte Karl V. seine im Schmalkaldischen Bund zur Verteidigung des evangelischen Glaubens zusammengeschlossenen Gegner endgültig geschlagen. Auf dem Reichstag, der am 1. September 1547 in Augsburg eröffnet wurde, sollte dieser Erfolg mit einer Neuordnung der politischen und religiösen Verhältnisse im Reich gefestigt werden. Kurz vor Weihnachten rief der Kaiser den 70jährigen Tizian, dem er schon vor Jahren zum „Eques Caesaris", zum Mitglied des kaiserlichen Hofes und zum Staatsrat ernannt, mit dem Titel eines Pfalzgrafen ausgezeichnet und zum Ritter vom Goldenen Sporn erhoben hatte, in sein Hoflager, damit er hier für seine Aufträge zur Verfügung stehe. Anfang Januar 1548 reiste der Künstlerfürst mit Begleitern und Gehilfen nach Augsburg, wo er bis zum Oktober dieses Jahres blieb. Von den zahlreichen Porträts der kaiserlichen Familie, der bedeutendsten Männer des Reiches – auch des Kurfürsten Johann Friedrich von Sachsen, des Gegners des Kaisers, der als Gefangener nach Augsburg geführt worden war – sind die meisten einem späteren Brand zum Opfer gefallen. Zu den wenigen erhaltenen gehört das Münchner Gemälde. Karl V., in das düstere Schwarz der spanischen Hoftracht gekleidet, ist als ein kranker, an Asthma und Gicht schwer leidender Mensch dargestellt, der sich im Januar 1548 in einem Testament an seinen Sohn Philipp mit den Worten gewandt hatte: „Meine Schwachheit und die kaum überstandenen Lebensgefahren lassen es mir angezeigt erscheinen, Euch Ratschläge für den Fall meines Todes zu geben." Man empfindet, wie sehr Tizian an diesem Bildnis beteiligt war, um das ganze Wesen und die Tiefe der Persönlichkeit zu erfassen, um den vom Leben und Schicksal gezeichneten Mann wiederzugeben, um seine Klugheit, sein Mißtrauen, seine Energie, sein Zögern, seine Schwächen zu erkennen, um das Einheitliche wie auch das Zwiespältige seines Charakters aufzunehmen. Tizian hatte, wie wir aus einem Brief von Melanchthon wissen, stets ungehinderten Zugang zum Kaiser, der wenige Jahre später freiwillig abdankte und sich in ein einsames Leben in der Nähe von St. Just in Estremadura zurückzog.

Das Besondere dieses Porträts liegt nicht allein im Wert einer einmaligen historischen Urkunde, sondern mehr noch in der Größe, mit der die Darstellung dieser Physiognomie zur vollen Wahrheit des Lebens erhöht worden ist. Der Kaiser ist müde, er richtet seinen Blick resigniert auf den Betrachter ohne Forderung und Erwartung. Tizians Bildnis Karls V. gehört zu den großen Leistungen europäischer Porträtkunst, unabhängig davon, daß es vielleicht unvollendet geblieben ist und von anderer Hand fertiggemalt wurde oder aber wegen seiner schlechten Erhaltung schon frühzeitig restauriert werden mußte.

Kurt Martin

[. . .]

Im gleichen Jahr bestellt der Kaiser am Augsburger Hof, wohin er Tizian geladen hat, ein weiteres Porträt. Dieses Mal ist es kein legendärer Reiter, kein Metallidol, das vor dem Maler Modell steht; die Sitzungen, die Karl V. dem Künstler nun gewährt, begünstigen den Dialog zwischen zwei Seelen, zu dem sich bis dahin keinerlei Gelegenheit geboten hatte. Der Reiter von Mühlberg hätte sich in der Pose des Ritters auf einem Holzpferd zeigen können; aber der *Karl V.* in der Alten Pinakothek in München ist ein leutseliger, wohlwollender, umgänglicher Freund, der den Künstler ehrt und bewundert. Er hat sich mit bürgerlicher Behäbigkeit auf einem Lehnstuhl niedergelassen und aller Requisiten entledigt, die auch nur von fern an seinen Titel und Rang erinnern; der Kaiser zeigt sich hier als ein Mann wie jeder andere; sein Verzicht auf jedes Gepränge stellt den mächtigsten Herrscher im damaligen Europa auf gleichen Fuß mit dem reifen, an Ruhm und menschlichen Erfahrungen reichen Künstler.

Leider entledigt sich der geizige und verschlossene Monarch nicht leicht seiner Maske; diejenigen seiner Zeitgenossen, die mit ihm in Berührung kamen, lobten seine eiserne Verschwiegenheit, seine Kunst zu tarnen und zu verstecken. Was hatten sich Kaiser und Künstler zu sagen? Sprach Karl V. von der Bürde der Herrschaft, von seinen Verpflichtungen, vom Überdruß, den ihm das ständige Wollen und Befehlen einflößte? Eröffnete sich Tizian ihm über die Freuden und Enttäuschungen seiner Kunst, über das Mißliche eines Daseins, das immer den Launen der Großen ausgesetzt war? Der Gedankenaustausch zwischen den beiden Männern, dem Kaiser, der sich ganz unmajestätisch auf einem schlichten Lehnstuhl niedergelassen hat, dem Maler, der hinter den verschlossenen Zügen das Aufflammen irgendeiner Leidenschaft erhofft, wird wohl ein stummer Dialog gewesen sein, ein wortloses Duell: der an schmerzlichen Erfahrungen reiche Monarch, der nach und nach jenem „Willen zur Macht“ entsagt, unter dessen Antrieb er handelt, wartet nur noch auf den Frieden der Klosterzelle, die er sich auserkoren hat.

Marcel Brion
(dt. v. Peter Kamnitzer)

Vorschlag: Fassen Sie das Wesentliche dieser Interpretationen zusammen. Stellen Sie evtl. Unterschiede fest.

Tizian, Bildnis Kaiser Karls V.

Es zeigt uns den Kaiser in Lebensgröße, ganz in Schwarz gekleidet, auf einem Sessel sitzend. Auf den ersten Blick wirkt dieses Bildnis, das den mächtigsten Mann der damaligen Welt darstellt, merkwürdig unpathetisch. Kein äußeres Zeichen deutet darauf hin, daß wir hier den Herrscher vor uns sehen, in dessen Reich „die Sonne nicht unterging". Karl V. war ja nicht nur der Träger der Kaiserkrone, er war auch König von Spanien und damit Herr über ein Kolonialreich, dessen weltweite Ausdehnung und künftige Bedeutung für die meisten seiner Zeitgenossen noch kaum zu erahnen war.

Von alledem verrät uns das Bildnis nichts. Lässig, scheinbar entspannt sitzt der Kaiser auf dem schräg in den Raum gestellten Sessel. Das strenge Schwarz seiner Kleidung entspricht dem spanischen Hofzeremoniell, aber es war keineswegs dem Herrscher allein vorbehalten. Alle hochgestellten Personen trugen damals dieses düstere Schwarz. Nur das schmale Weiß des Hemdkragens hebt sich davon ab, und der Orden des Goldenen Vlieses bildet auf der Brust einen kleinen, leuchtenden Akzent.

Sehen wir näher zu, dann entdecken wir, daß der Rücken des Sitzenden unter der dunklen Gewandung merklich gekrümmt ist. Nur die breiten Aufschläge des Mantels und die weiten Ärmel verdecken die Gebrechlichkeit seiner Gestalt. Tatsächlich litt der Kaiser zu der Zeit, als das Bildnis gemalt wurde, schon seit langem an der Gicht. Zeitgenössische Berichte schildern ihn, wie er mühsam daherging, bleich und gebeugt, an allen Gliedern behindert von seinem Leiden, das wohl mit wechselnder Stärke auftrat, ihn aber niemals ganz verließ.

Im Prado in Madrid wird das monumentale Reiterbildnis bewahrt, das den Kaiser als Sieger in der Schlacht bei Mühlberg zeigt. Tizian schuf damit gleichsam das offizielle Denkmal seines Triumphs, aber es ist – wie man mit Recht gesagt hat – ein melancholischer Sieger, der da im blitzenden Harnisch, die Lanze in der Faust, über das Schlachtfeld reitet. – Das Münchener Bildnis dagegen zeigt uns den Kaiser als Politiker und Diplomaten und läßt uns zugleich den Menschen in ihm ahnen. Das blasse, vornehm geschnittene Gesicht scheint eisige Kühle und Menschenverachtung auszustrahlen, doch der prüfende Blick und die schmalen, fest geschlossenen Lippen verraten Klugheit und wache Aufmerksamkeit, wohl auch Nervosität. Wir spüren den tiefen Zwiespalt im Wesen dieses Mannes, der sich aufrieb im Wechsel von kämpferischer Energie und Skepsis, von aufflammender Willenskraft und resignierendem Verzicht.

Kein anderer als Tizian wäre fähig gewesen, dies alles im Antlitz eines Menschen zu lesen und im Bilde zum Ausdruck zu bringen. Und mit souveräner Gestaltungskraft hat er dieses Antlitz auch formal zum Zentrum seiner Komposition gemacht. Der bräunliche Goldbrokat, der die Wand zur Linken des Raumes bedeckt, dient als prächtige, wenn auch vornehm gedämpfte Folie. Dem dunklen Goldton antwortet unten das lebhaftere Rot des Teppichs, der die Bodenfläche bildet. Zusammen mit dem Schwarz der Gewandung entsteht ein Dreiklang von fast heraldischer Strenge. Es sind die kaiserlichen Farben Schwarz, Rot und Gold, die Tizian hier scheinbar zufällig, in Wahrheit aber sicherlich mit vollem Bewußtsein als die drei Dominanten seiner Farbkomposition verwendet. – Doch zurück zu dem formalen Aufbau des Bildes! Einen starken Akzent bildet die mächtige Säule, die in der Bildmitte aufragt; sie vermittelt den Eindruck von herrscherlicher Macht und erhabener Größe. Zugleich schafft sie mit ihrem hohen Sockel, der unmittelbar neben dem Kopfe des Kaisers sichtbar wird, ein streng architektonisches Gefüge. Die ganze Gestalt, vor allem aber das Gesicht, wird dadurch unverrückbar in die Fläche gebannt. Die Horizontale des kleinen, flachen Baretts setzt sich in den Profilen des Sockels und der Säulenbasis fort. In der Brüstung rechts unten kehrt sie noch einmal wieder. Die bannende Kraft dieses konstruktiven Gefüges wäre kaum zu ertragen, wenn sich nicht über der Brüstung der Ausblick in die Weite öffnete. Die Vision einer Landschaft leuchtet auf, großzügig hingeworfen, das genialste Stück Malerei in dem ganzen Bilde. Mit flüchtigem Pinsel und verfließenden Farben hat Tizian darin ein Stück Naturpoesie beschworen, das man für eine bloße, wenn auch großartige Improvisation halten könnte. Gedämpftes Sonnenlicht kämpft in dieser Landschaft mit grauem Gewölk und einer von Feuchtigkeit gesättigten Atmosphäre. Deuten wir zuviel in Tizians Malerei hinein, wenn wir darin eine Anspielung auf die Situation des Kaisers in jener historischen Stunde erblicken? „Post nubila Phoebus" – aus dunklen Wolken tritt siegreich die Sonne hervor! Für die humanistisch gebildeten Betrachter jener Zeit war ein solcher bildlicher Hinweis sicherlich ohne weiteres verständlich. Die noble Zurückhaltung, mit der Tizian den Kaiser dargestellt hat, verbot eine deutlichere Symbolik. Aber der große Maler hat es dennoch verstanden, die weltgeschichtliche Perspektive, die das Handeln dieses Mannes bestimmte, wenigstens andeutend spürbar zu machen. Das Bildnis ist eins der ergreifendsten menschlichen und historischen Dokumente, die aus der Hand des venezianischen Meisters hervorgegangen sind.

Robert Oertel

Hyacinthe Rigaud, Ludwig XIV., um 1701/02
Öl auf Leinwand, 279 × 190 cm
Paris, Musée National du Louvre

Protokoll eines Gesprächs

Das Porträt Ludwigs XIV. von Rigaud, ist 1701 entstanden. Es gehört zu den Herrscherdarstellungen, auf die der König selbst großen Einfluß genommen hat.

Wie alt schätzen Sie den König?

Er dürfte so um die 50 sein.

Der König ist 1643 geboren; das Bild zeigt ihn also im Alter von 58 Jahren. Was gibt uns Anhaltspunkte über das Alter des Königs?

Das Gesicht zeigt, daß es sich bereits um einen etwas älteren Herrn handelt.

Wie könnte man das Gesicht des Königs beschreiben?

Das Gesicht ist oval. Stirn, Nase, Mund und Kinn sind deutlich ausgeprägt. Die Augen sind spöttisch und listig. Die Augenbrauen wirken wie geschminkt. Feiste, schlaffe Wangen und das Doppelkinn weisen auf das Alter des Königs hin.

Trotzdem versucht der König, sich ein jugendliches Aussehen zu geben.

Er trägt eine Allonge-Perücke aus dunklen Haaren. Seine Haltung ist betont selbstbewußt und straff. Er stellt seine Beine zur Schau.

Tatsächlich war der König stolz auf seine wohlgeformten Beine. Zeitgenossen berichten, daß man den König bei einem Maskenball an seinen kräftigen, gut proportionierten Beinen erkennen konnte
Der Maler unterstützt aber nicht nur den Wunsch des Königs, ihm ein

Der König trägt Schuhe mit hohen Absätzen. Der Horizont des Bildes verläuft im unteren Drittel des Bildformats. Der Betrachter nimmt dadurch den König aus der Perspektive des Untertanen wahr. In dem Bild gibt es auch kaum Waagrechte. Vertikale Linien und Diagonalen dominieren.

jugendliches Aussehen zu geben, gleichzeitig versucht er, den nur mittelgroßen König größer erscheinen zu lassen. Welche bildnerischen Mittel setzt er dazu ein?

Der König wird so von einer Bewegung nach oben getragen.

Der Herrscher stellt sich auf dem Bild nicht so sehr als König, sondern als bedeutende Persönlichkeit vor. Wodurch entsteht dieser Eindruck?

Der König zeigt eine betont selbstbewußte Haltung. Die Lichtführung unterstreicht die prächtige Erscheinung des Herrschers: Gesicht, rechte Hand, Spitzenmanschette, Kragen und Hose, Seidenstrümpfe, Samtmantel mit Hermelinfutter leuchten auf.

Die Zeichen der Herrschaft (Insignien) treten dagegen in den Hintergrund.

Die französische Königskrone liegt auf einem Kissen im Halbdunkel, auch der Thron steht im Schatten und ist durch Mantel und Vorhang verdeckt. Das Schwert ist ebenfalls nur zum Teil sichtbar. Der König hält das Szepter nicht als Zeichen seiner Würde, sondern stützt sich darauf.

Trotzdem bringt das Bild die herausragende Stellung Ludwigs als König zum Ausdruck. Dazu tragen einzelne Bildgegenstände, und besonders die Farben und die Darstellung des Raums bei.

Überall erscheint das königliche Wappen, die Lilie der Bourbonen. Von dem Zusammenklang der festlichen Farben Blau, Gold und Purpur geht eine feierliche Stimmung aus. Säule, Purpurvorhang, Teppich und Stufe weisen zusätzlich darauf hin, daß der König in einem aufwendigen Schloß regiert. Säule und Basis, die auf einem massigen Sockel aufliegen, weisen auf die Stärke des Königtums hin. Durch den Vorhang entsteht der Eindruck, als ob der König nur für wenige Augenblicke sichtbar ist. Dieser Eindruck erhöht den Wert und Rang seiner Erscheinung.

Das Bild stellt den Monarchen als Repräsentanten Frankreichs in den Vordergrund. Finden sich darüber hinaus auch Hinweise, daß der König gewillt ist, seine eigentlichen Aufgaben wahrzunehmen: das Volk zu schützen und für seine Wohlfahrt zu sorgen?

An dem Sockel unter der Säule findet sich die Darstellung einer Allegorie: eine Frau trägt ein Schwert in ihrer Rechten. Vielleicht handelt es sich dabei um eine Anspielung auf die Bereitschaft, das spanische Erbe mit Waffengewalt zu erobern. Das Jahr 1701, in dem das Bild entstand, ist auch das Jahr, in dem der Weltkrieg um Spanien begann.

Zu welchem Urteil gelangt man, wenn man den Anspruch, den der König auf diesem Bild stellt, mit der Wirklichkeit seiner Politik (militärische Niederlagen, Verelendung seines Volkes) vergleicht?

Der König liebt die theatralische Pose. Er kann den Anspruch, den er stellt, nicht einlösen.

Ludwig XIV.

Frankreich, die siegreiche und stärkste Macht Europas. Ihr König, der Inbegriff an Macht und Selbstherrlichkeit und Würde. Der Sonnenkönig, der wie kein anderer Monarch des höfischen Absolutismus in sich den Staat verkörpert, ist in diesem Porträt gegenwärtig, nichts von der Privatperson, nichts von seinem Privatleben. So wie das Lever und das Coucher des Königs Staatsaktionen waren, für die Öffentlichkeit bestimmt, so steht auch auf dem Bild der König als Symbol der Staatsmacht vor uns. Und dieses Königtum, dieser Absolutismus, wird durch Krone und Szepter, durch Hermelin und Brokat symbolisiert. Aber Krone und Szepter werden nicht feierlich getragen, der König stützt sich auf das Szepter, es ist sein Werkzeug zur Ausübung der Gewalt, als Stellvertreter Gottes auf Erden: König von Gottes Gnaden.
Uns Heutigen erscheint das Ganze wie eine großartige Theaterkulisse, aber es ist nicht nur Theater, nicht nur Kulisse, es ist Symbol des Absolutismus in seiner höfischen Form, nachgeahmt von den anderen Fürsten Europas, soweit ihre Kräfte reichten.

Vorschlag: Schreiben Sie Ihren eigenen Text zu diesem Bild.

John Tenniel, Dropping the Pilot, 1890

Was sehen wir auf dem Bild?

Ein alter Mann, in dem wir den Reichskanzler des ersten Deutschen Reiches Bismarck erkennen, verläßt in Lotsenkleidung ein großes Schiff über die Lotsentreppe, aufrecht, aber sich mit beiden Händen abstützend. Über die Reling gebeugt, schaut ihm der junge Kaiser nach, wir wissen, daß es Wilhelm II. ist. Die Krone weist ihn als Kaiser aus, der hochgezwirbelte Bart als Wilhelm II. Sein Blick ist voller Genugtuung, aber auch etwas nachdenklich.

Absicht des Zeichners:
Das Bild erschien im Jahr 1890, dem Jahr des Rücktritts Bismarcks, der unter besonderen Umständen zustandekam, wie wir in seinen „Gedanken und Erinnerungen" nachlesen können. Die Zeichnung wird in der satirischen Zeitschrift „Punch" in London veröffentlicht. Der Zeichner will sagen, daß der „Lotse" des Staatsschiffes von Bord geht, die Führung des Reiches abgibt, ohne daß ihn der Kaiser zurückzuhalten versucht.
Die Gestalt des Lotsen strahlt Zuverlässigkeit aus, Selbstbewußtsein, aber auch Sorge.

Wirkung der Zeichnung:
Schon das Bild vom Lotsen, der das Schiff verläßt, kann uns die Frage nach der Zuverlässigkeit des Kapitäns einbringen. Kann er ohne den Lotsen das Staatsschiff sicher steuern, an allen gefährlichen Felsen und Untiefen vorbei. Kann er klug manövrieren?

Art der Zeichnung:
Es ist eine Karikatur, die überspitzt und übertreibt, aber damit auf etwas hinweisen will, den Rücktritt Bismarcks und die Umstände, unter denen er erfolgte, deuten will, vielleicht auch warnen will. Wir wissen aus der Geschichte, wie recht der Karikaturist hatte.
Wilhelm II. sagte nach dem Rücktritt Bismarcks: „Das Amt des wachhabenden Offiziers auf dem Staatsschiff ist mir zugefallen, der Kurs bleibt der alte, und nun Volldampf voran."
Ist Bismarck immer mit Volldampf gefahren?

Was ist eine Karikatur und was will sie?
Karikatur ist ein Zerrbild, das auf Wahrheit zielt. Sie übertreibt und überrascht bei der Darstellung einer Person, einer Gesellschaft oder eines Vorgangs. Meist will sie Kritik ausüben und dadurch etwas bewirken.

Aus Bismarcks „Gedanken und Erinnerungen“

Achtes Kapitel. Meine Entlassung

Bald nach Tische erschien Lucanus, der Chef des Zivilkabinetts, und richtete zögernd den Auftrag Sr. Majestät aus, zu fragen, „weshalb das am Morgen erforderte Abschiedsgesuch noch nicht eingegangen sei“. Ich erwiderte, der Kaiser könne mich ja zu jeder Stunde ohne meinen Antrag entlassen, und ich könne nicht beabsichtigen, gegen seinen Willen in seinem Dienste zu bleiben; mein Abschiedsgesuch wolle ich aber so einrichten, daß ich es demnächst veröffentlichen könne. Nur in dieser Absicht entschließe ich mich überhaupt, ein solches einzureichen. Ich gedächte nicht, die Verantwortlichkeit für meinen Rücktritt selbst zu übernehmen, sondern sie Sr. Majestät zu überlassen; die Gelegenheit zur öffentlichen Klarstellung der Genesis, zu der Lucanus meine Berechtigung bestritt, werde sich schon finden.
Während Lucanus diesen Auftrag ohne Motive ausrichtete, mußte meine bis dahin gleichmütige Stimmung naturgemäß einem Gefühl der Kränkung weichen, das sich steigerte, als Caprivi, noch ehe ich den Bescheid auf mein Abschiedsgesuch erhalten hatte, von einem Teile meiner Dienstwohnung Besitz nahm. Darin lag eine Exmission ohne Frist, die ich nach meinem Alter und der Länge meiner Dienstzeit wohl nicht mit Unrecht als eine Roheit ansah. Ich bin noch heute nicht von den Folgen dieser meiner überhasteten Exmission frei. Unter Wilhelm I. war dergleichen unmöglich, auch bei unbrauchbaren Beamten.
Am 18. März nachmittags schickte ich mein Entlassungsgesuch ein. [. . .]

Nach meinen Eindrücken der letzten Wochen und nach den Eröffnungen, die ich gestern aus den Mitteilungen von Eurer Majestät Zivil- und Militärkabinett entnommen habe, darf ich in Ehrfurcht annehmen, daß ich mit diesem meinem Entlassungsgesuche den Wünschen Eurer Majestät entgegenkomme und also auf eine huldreiche Bewilligung meines Gesuches mit Sicherheit rechnen darf.
Ich würde die Bitte um Entlassung aus meinen Ämtern schon vor Jahr und Tag Eurer Majestät unterbreitet haben, wenn ich nicht den Eindruck gehabt hätte, daß es Eurer Majestät erwünscht wäre, die Erfahrungen und Fähigkeiten eines treuen Dieners Ihrer Vorfahren zu benutzen.

Vorschlag: Stellen Sie den historischen Hintergrund der Karikatur dar.

Mein lieber Fürst!

Mit tiefer Bewegung habe Ich aus Ihrem Gesuche vom 18. d. Mts. ersehen, daß Sie entschlossen sind, von den Ämtern, welche Sie seit langen Jahren mit unvergleichlichem Erfolge geführt haben, zurückzutreten. Ich hatte gehofft, dem Gedanken, Mich von Ihnen zu trennen, bei unseren Lebzeiten nicht näher treten zu müssen. Wenn ich gleichwohl im vollen Bewußtsein der folgenschweren Tragweite Ihres Rücktritts jetzt genötigt bin, Mich mit diesem Gedanken vertraut zu machen, so tue Ich dies zwar betrübten Herzens, aber in der festen Zuversicht, daß die Gewährung Ihres Gesuches dazu beitragen würde, Ihr für das Vaterland unersetzliches Leben und Ihre Kräfte so lange wie möglich zu schonen und zu erhalten.
Die von Ihnen für Ihren Entschluß angeführten Gründe überzeugen Mich, daß weitere Versuche, Sie zur Zurücknahme Ihres Antrags zu bestimmen, keine Aussicht auf Erfolg haben. Ich entspreche daher Ihrem Wunsche, indem Ich Ihnen hierneben den Abschied aus Ihren Ämtern als Reichskanzler, Präsident Meines Staatsministeriums und Minister der auswärtigen Angelegenheiten in Gnaden und in der Zuversicht erteile, daß Ihr Rat und Ihre Tatkraft, Ihre Treue und Hingebung auch in Zukunft Mir und dem Vaterlande nicht fehlen werde. Ich habe es als eine der gnädigsten Fügungen in Meinem Leben betrachtet, daß ich Sie bei Meinem Regierungsantritt als Meinen ersten Berater zur Seite hatte. Was Sie für Preußen und Deutschland gewirkt und erreicht haben, was Sie Meinem Hause, Meinen Vorfahren und Mir gewesen sind, wird Mir und dem deutschen Volke in dankbarer, unvergänglicher Erinnerung bleiben. Aber auch im Auslande wird Ihrer weisen und tatkräftigen Friedenspolitik, die auch Ich künftig aus voller Überzeugung zur Richtschnur Meines Handelns zu machen entschlossen bin, allezeit mit ruhmvoller Anerkennung gedacht werden. Ihre Verdienste vollwertig zu belohnen, steht nicht in Meiner Macht. Ich muß Mir daran genügen lassen, Sie Meines und des Vaterlandes unauslöschlichen Dankes zu versichern. Als ein Zeichen dieses Dankes *verleihe ich Ihnen die Würde eines Herzogs von Lauenburg*. Auch werde Ich Ihnen Mein lebensgroßes Bildnis zugehen lassen.
Gott segne Sie, Mein lieber Fürst, und schenke Ihnen noch viele Jahre eines ungetrübten und durch das Bewußtsein treu erfüllter Pflicht verklärten Alters. In diesen Gesinnungen bleibe Ich Ihr Ihnen auch in Zukunft treu verbundener, dankbarer Kaiser und König
Berlin, den 20. März 1890.

Wilhelm II. R.

Staat und Gesellschaft

Brüder Le Nain, Bauernfamilie, um 1642
Öl auf Leinwand, 113 × 159 cm
Louvre, Paris

Die Brüder Antoine (1588–1668), Louis (1593–1648) und Mathieu (1607–1677) aus Laon besaßen in Paris eine Werkstatt. Ihre Bilder, an denen sie häufig gemeinsam arbeiteten, signierten sie nur mit dem Familiennamen Le Nain. In ihren Arbeiten schildern sie vor allem Menschen der Zeit Ludwigs XIV. Ohne Beschönigung stellen sie die Angehörigen der Mittel- und Unterschicht dieser Zeit dar: Bürger, Offiziere, Soldaten, Bauern. Der Louvre besitzt das Bild „Bauernfamilie", das einen Einblick in das Leben der ärmsten Bevölkerungsgruppe Frankreichs in der 2. Hälfte des 17. Jahrhunderts gibt.

An einem kühlen Abend im Frühjahr oder Herbst hat sich eine Bauernfamilie in der Nähe der Feuerstelle ihres Hauses versammelt. Das Feuer im Kamin und vermutlich eine Fackel außerhalb des Bildraums beleuchten diese Familie, der drei Generationen angehören. Die Großmutter und die Eltern sitzen auf Holzstühlen um einen niedrigen Tisch. Die fünf Kinder sind in der Nähe: die jüngsten unmittelbar neben der Mutter, ein Junge zwischen Großmutter und Vater, zwei Kinder wärmen sich am Feuer. Alle Personen sind seltsam erstarrt und halten einen Augenblick in ihren Bewegungen inne, bevor sie mit dem Abendessen beginnen. Nachdenklich hören sie der Musik des jungen Flötenspielers zu, der barfuß, mit dem Gesicht eines Engels, nachlässig bekleidet mit einem schmutzigen Hemd und zerrissener Hose, selbstvergessen auf seiner Flöte spielt. Die Großmutter, in einem weiten, abgetragenen Kleid, mit weißer Leinenkappe und faltigem Brusttuch mit Kragen, hält einen Weinkrug und ein gefülltes Weinglas in ihren Händen. Ihr Gesicht ist mager, blaß und verhärmt, und ihre Augen gehen in eine unbestimmte Ferne. Sie scheint nicht mehr an das bevorstehende Abendessen zu denken.
Der Vater, mit Schlapphut und zerrissenem Arbeitskittel bekleidet, so wie er gerade von seiner Feldarbeit kommt, preßt mit der Linken einen Laib Brot an sich und hält in der Rechten das Messer. Nachdenklich starrt er vor sich hin und vergißt völlig, das Brot zu schneiden. Passiv liegen seine Hände auf den Knien. Verzweifelt starren seine stechenden Augen aus dem hageren Gesicht. Die noch junge Mutter sitzt in einem weiten Kleide mit Schürze und Haube mit übereinandergelegten Händen ruhig da. Ihr sanftes, ruhiges Gesicht mit den

dunklen Augen zeigt, daß sie sich als einzige noch voller Hoffnungen den Schwierigkeiten des Lebens entgegenstellt. Auch die Kinder verhalten sich seltsam passiv. Die Tochter hinter dem Rücken der Mutter schlägt die Augen zu Boden, ein Junge sitzt ergeben am Boden zu Füßen der Mutter, die beiden Kinder am Feuer sind ebenfalls in einer Haltung der verträumten Nachdenklichkeit erstarrt. Selbst der magere kleine Hund und die Katze halten sich ruhig. Das Flötenspiel des Jungen scheint jeden zu verzaubern und zu entrücken. Beim melancholischen Spiel des Kindes wird allen offenbar Armut und Not ihres Lebens wieder bewußt. Das kärgliche Mahl, der Krug mit Wein, der Laib Brot, die Terrine mit Suppe und der leere Fruchtkorb zeigen, daß diese große Familie kaum das Notwendigste besitzt, um das Leben zu fristen.

Der Bildaufbau und die gewählten Farben unterstützen diese Aussage. Die Augen von vier Angehörigen der Familie liegen auf einer Ebene und steigern so die Stimmung der Resignation, von der fast alle erfüllt scheinen. Der Kopf des Jungen am Feuer und die Gesichter des Mädchens und der Buben liegen tiefer und rahmen so die zentrale Personengruppe ein. Jede Person ist zudem in eine Ovalbewegung eingespannt, die besonders durch die nahe beieinanderliegenden Hände der Personen unterstützt wird. Es scheint, als ob jeder allein mit seinem Elend fertigzuwerden sucht. Das Band, das alle verbindet, ist nur das gemeinsame Hören der Musik.

Der Bildaufbau ist symmetrisch: Zwei Gruppen mit jeweils vier Personen stehen einander gegenüber. Diese Symmetrie und die zahlreichen Vertikalen (Gewandfalten, Kaminbalken, Falten des Tischtuchs) geben dem Bild Festigkeit und spannen alle Personen in ein Gefüge, aus dem sie nicht ausbrechen können. Die Gebundenheit und Abhängigkeit der Bauern im Frankreich des 17. Jahrhunderts wird so unmittelbar anschaulich. Zusätzlich ist die Personengruppe durch die Wand und die im Vordergrund liegenden Gegenstände (Stock, Pfanne, Korb) auf engsten Raum zusammengedrängt. Den einzelnen Personen sind auch Attribute zugeordnet, die ihre Stellung in der Familie und ihre Rolle im Leben verdeutlichen: Die Großmutter hält das Weinglas als Sinnbild der Weisheit und Erfahrung. Brot und Messer weisen auf die Rolle des Vaters als Ernährer und Beschützer der Familie hin. Der Griff der Schöpfkelle in der Terrine, der auf die Mutter zeigt, deutet die Aufgabe der jungen Bäuerin an. Die Flöte kann als Hinweis auf die Fähigkeit des Kindes verstanden werden, sich zu freuen und die Umwelt zu vergessen.

Die erdige Farbigkeit des Bildes, die nur Abstufungen von Grau nach Braun und ein kühles Blau kennt, dem ein winziger Fleck eines kühlen Rot entgegengesetzt ist, verstärkt das Bild der Not und des Elends, das hier gezeigt wird.

Vorschlag: Geben Sie dem Bild den Titel „Verzauberung durch Musik" und versuchen Sie, dies zu beschreiben. Die Not der Familie muß deshalb nicht unberücksichtigt bleiben.

Aus dem Reichtum der französischen Malerei im klassischen, im 17. Jahrhundert ragt das Œuvre der Brüder Le Nain durch Ernst, Gemessenheit und Tiefe heraus. Meisterwerke wie *Heimkehr von der Heuernte* (Paris) oder die *Bauernmahlzeit* (Paris) vermittelten zunächst den Eindruck, es handle sich um Bauernmaler, die bescheiden und gewissenhaft eine dem offiziellen Pomp ihrer Zeit entgegengesetzte Kunst ausübten. Aber neuentdeckte Bilder und Dokumente sowie eine genauere Kenntnis der sozialen Voraussetzungen für die Malerei im 17. Jahrhundert beweisen: daß die Le Nain in der damaligen mondänen Gesellschaft durchaus anerkannte Künstler waren; daß ihr Werk nicht nur ländliche Genreszenen und Porträts, sondern auch religiöse Darstellungen umfaßte; daß ein gewisser Hinweis auf das Elend zu jener Zeit vielleicht nichts weiter war als das letzte Raffinement einer blasierten Hautevolee. Doch angesichts der unvergänglichen, ergreifenden Schönheit dieser Werke mit der Signatur „Le Nain" taucht ein anderes Rätsel auf, das sich nicht so einfach lösen läßt: Wie brachten drei individuell ausgeprägte Künstler eine derart geniale gemeinsame Leistung zustande? Es war früher durchaus nicht ungewöhnlich, daß mehrere Maler an einem Bilde zusammen arbeiteten. Andererseits weiß man nun, daß jeder der drei Brüder innerhalb dieses vielschichtigen Œuvre seine eigene Persönlichkeit auszudrücken vermochte und auch eigenständige Bilder malte. Paul Jamots 1929 aufgestellte Hypothese gilt im wesentlichen noch immer als die beste: Danach war Antoine vorwiegend ein etwas archaisierender Porträtist, Louis das eigentliche Genie und der Schöpfer der berühmtesten Werke der Le Nain, Mathieu eher unpersönlich und den Zeitströmungen besser nachgebend.

Jean-Claude Lemagny

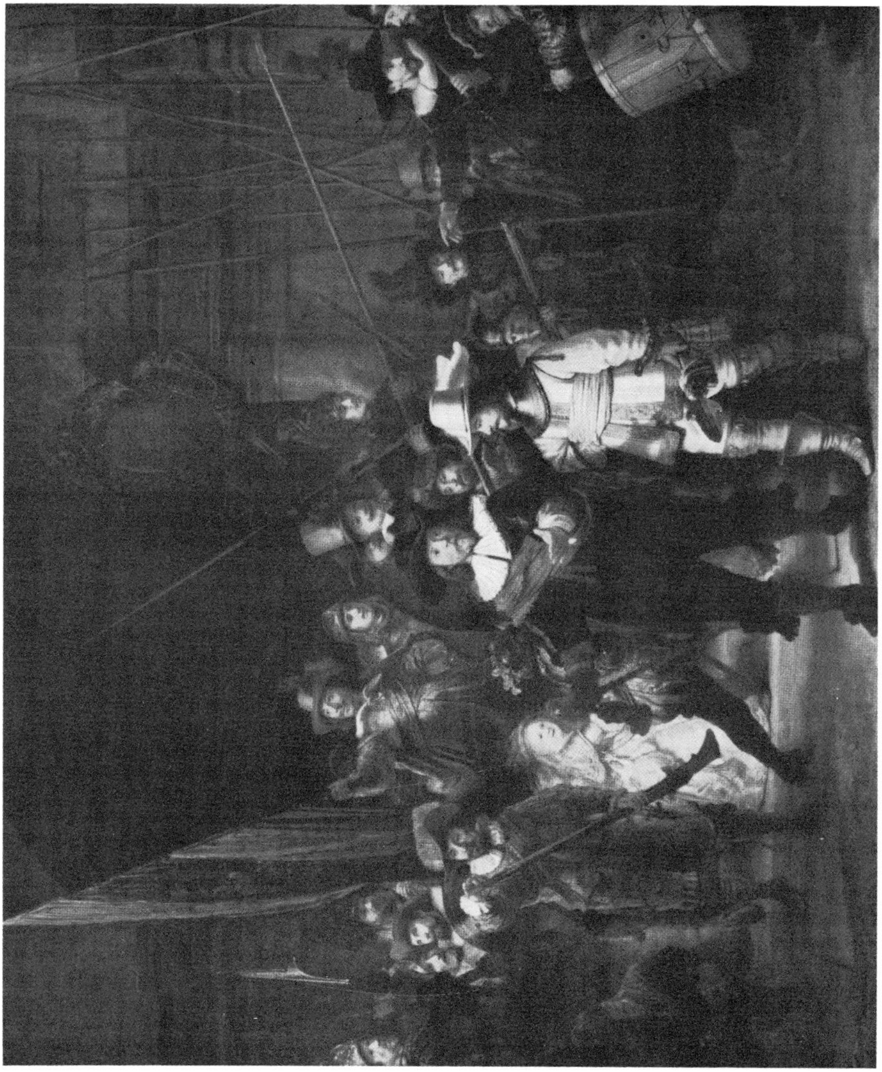

Rembrandt van Rijn,
Die Schützenkompanie des Hauptmanns Frans Banningh Cocq
(„Die Nachtwache“), 1642
Leinwand, 359 × 438 cm
Rijksmuseum, Amsterdam

Als Maria von Medici, die Mutter Ludwigs XII. von Frankreich, 1638 nach Amsterdam kam, herrschte in der Stadt große Aufregung, war es doch das erstemal, daß eine Königin die junge Republik der Vereinigten Niederlande eines Besuches würdigte. Mit einer unerhörten Prachtentfaltung wurde der hohe Gast empfangen. Am Tage nach diesem ehrenvollen Besuch wurden verschiedene Künstler beauftragt, das Ereignis selbst oder Episoden davon zu verewigen. Wahrscheinlich hat auch Rembrandt aus diesem Anlaß den Auftrag erhalten, eine Schützengruppe der von Frans Banningh Cocq befehligten Kompanie zu malen. Das Gemälde war dazu bestimmt, zusammen mit zwei anderen eine Wand im neuen Schützensaal in der Doelenstraat zu schmücken.
Im Mittelpunkt des Gemäldes sehen wir den Hauptmann Frans Banningh Cocq, der mit erhobener Hand das Zeichen zum Aufbruch gibt. Neben ihm steht sein Leutnant Willem van Ruytenburgh, ganz rechts trommelt der Tambour. Hinter dem in lebhaftes Rot gekleideten Schützen schwingt der Fähnrich Jan Visscher Cornelissen seine Fahne. Ganz links auf einem Mäuerchen sitzt der Sergeant Reynier Engelen, in der Hand eine Pieke. Rechts sehen wir, mit ausgestrecktem Arm, den zweiten Sergeanten, Rombout Kemp, der sich unterhält.
Das Halbdunkel, das über den Gestalten liegt, hat dem Gemälde den volkstümlichen, aber falschen Titel *Die Nachtwache* eingebracht. Dabei ist es keineswegs eine nächtliche Szene. Die Gestalten vorn stehen im warmen Licht eines Spätnachmittags in einer engen, schattigen Straße, vielleicht in der Doelenstraat.
Rembrandt hat das Gemälde 1642 vollendet. Bis 1715 schmückte es den großen Saal der *Kloveniersdoelen* und kam dann in das Rathaus; seit 1815 ist die *Nachtwache* im Besitz des Rijksmuseums.

R. van Luttervelt

Vorschlag: Verfassen Sie eine Bildbeschreibung, wie sie als Schulaufsatz verlangt werden könnte. *(Siehe S. 31)*

Rembrandt, Die Nachtwache

Maler: Rembrandt geb. 1606, gest. 1669 in Amsterdam
Er erfüllte die Repräsentationswünsche der Auftraggeber, ohne auf Wesensdeutung zu verzichten.
Bild: „Die Nachtwache" ist heute ein Nationalheiligtum der Niederländer.
Entstehungszeit: 1642. Gegen die Schreckensherrschaft des Herzogs Alba erhoben sich die Niederländer 1568. Erst im Westfälischen Frieden wurden die Nordprovinzen als selbständiger Staat anerkannt.
Bildinhalt: Rembrandt porträtiert die Mitglieder einer Schützenkompanie, d. h. 19 Mann von 120 Mann, wohl die Vornehmsten. Der Hauptmann Frans Banning Cocq weist mit dem nach vorn gestreckten Arm seiner Kompanie den Weg, nicht in den Kampf, denn die große Zeit der Schützenkompanien war vorbei, eher den Weg zu einem festlichen Aufzug. Hauptmann und Leutnant werden durch ihre schwarze Kleidung als Leute von Stande ausgewiesen. Schwarz bedeutete in Amsterdam damals republikanisch-kalvinistisch – konservativ. Die Flagge der Stadt wird gezeigt: drei querstehende Kreuze.
Schicksal des Bildes: Die Schützen hatten dafür bezahlt, auf dem Gruppenbild porträtiert zu werden, hatten mindestens 100 Gulden dafür gegeben und waren in ein Gesamtbild eingebunden worden, auf dem auch ein Trommler und ein Mädchen abgebildet waren, die sicher nichts bezahlt hatten. Die Zeit der Gruppenbilder war vorbei. Die Schützengilden hatten keine Bedeutung mehr. Da das Bild nicht in den vorgesehenen Saal paßte, wurde es beschnitten. Etwa 30 cm wurden weggeschnitten, oben und unten, auch auf den Seiten. Die Farbe des Bildes wurde dunkler, eine Folge des alten Firnis, später machte man den modernen Galerie-Ton daraus. Erst später fanden die Niederländer in dem Bild „Nachtwache" die Dokumentation ihrer bürgerlichen Gesinnung in der Zeit der absoluten Könige.

Gruppenbildnisse von Offizieren und Vorstehern öffentlicher Institutionen

Schon im Mittelalter waren in den Städten alle tauglichen Bürger der Militärdienstpflicht unterworfen, wie wir aus Amsterdamer Vorschriften aus dem frühen vierzehnten Jahrhundert ersehen können. Aus diesen Bürgerwehren wurden im Laufe der Zeit regelrechte Gilden, die im Leben der Stadt eine bedeutende Rolle spielten. Sie besaßen ihre eigenen Gebäude, die „Doelen" (Schießstände). Amsterdam hatte deren drei, die nach den Waffengattungen benannt waren: das Gebäude der Langbogenschützen, das der Armbrustschüt-

zen und als wichtigstes die „Kloveniersdoelen“, das Haus der Schützen, die Musketen mit „Kloven“ oder „kolven“ (Kolben) trugen.
Die Bürgergarden wurden von den Bürgermeistern befehligt, und auch die hohen Offiziere stammten aus dem städtischen Patriziat. Einer Bürgergarde anzugehören, galt als Ehre; jedes Mitglied war ausdrücklich dazu verpflichtet, sich auf eigene Kosten zu kleiden und zu bewaffnen, doch gab es keine einheitliche Kleidung, sondern jeder konnte dabei nach seinem eigenen Geschmack verfahren. Bestenfalls trugen die Angehörigen einer Kompanie gleiche Schärpen, um sich von anderen Gruppen zu unterscheiden.
Mit dem Übergang zu Söldnerheeren, der veränderten Kriegstaktik und dem Aufkommen der Artillerie im sechzehnten Jahrhundert verloren die Schützengilden allmählich an Bedeutung und hatten schließlich fast nur noch die Aufgabe, die Straßen bei Staatsbesuchen und anderen besonderen Gelegenheiten zu beaufsichtigen oder abzusperren. Aber dennoch blieb das Äußere der Herren deshalb nicht weniger prunkvoll. Gesellige Zusammenkünfte und Festmähler wurden immer wichtiger, und ebenso die Doelenhäuser, wo diese Treffen stattfanden. Ihre großen Säle zählten nun zu den schönsten und eindrucksvollsten der Stadt, vor allem durch die prachtvollen Gruppenbildnisse, die dort aufgehängt wurden.
Gruppenbildnisse der Bürgergarden, die sogenannten „Doelenstücke“, sind nur in Holland und Seeland gemalt worden. Das Genre entstand in Amsterdam während der ersten Blütezeit der Stadt. [. . .]
Neu war, daß man sich nicht für ein religiöses Gemälde malen ließ, sondern für ein weltliches, für repräsentative Zwecke gedachtes Gemälde. So wurde in Amsterdam das Gruppenbildnis säkularisiert und dadurch zu einem Genre, das sich lange großer Beliebtheit erfreuen sollte. [. . .]
Die Doelenstücke wurden nicht aus städtischen Mitteln oder aus dem Schatz der Bürgerwehr bezahlt; jeder zahlte für sein eigenes Bildnis. Wir wissen beispielsweise, daß für Rembrandts *Nachtwache* jeder Dargestellte durchschnittlich hundert Gulden zahlte, der eine ein wenig mehr, der andere weniger, je nach der Stelle, die er auf dem Gemälde einnahm. Nachdem die Gruppenporträts in den Doelen aufgehängt waren, wurden sie Eigentum der Bürgergarde und gelangten, da diese ja eine städtische Organisation war, ohne weitere Formalität in den Besitz der Stadt, in dem sie bis zum heutigen Tag verblieben sind. Die Amsterdamer Bilder wurden nach Auflösung der Schützengilden im achtzehnten Jahrhundert in die Sitzungssäle des Kriegsrats ins Rathaus gebracht. Von Anfang an bildeten sie eine Sehenswürdigkeit ersten Ranges.

R. van Luttervelt

Anarchie
ist Helfer der
Reaktion
und
Hungersnot
Schnackenberg
Dez. 18

Politisches Plakat vom Ende des 1. Weltkriegs

Am 11. November unterzeichnete Matthias Erzberger als Vertreter der neuen deutschen Regierung die Waffenstillstandsbedingungen, nach denen die Blockade gegen Deutschland fortgesetzt werden sollte. Im Dezember 1918 erschien das Plakat „Anarchie ist Helfer der Reaktion und Hungersnot", signiert mit „Schnackenberg" und „Dez. 18" (rechts unten).
Ein orange gekleideter und beflügelter Friedensengel tritt mit einem Palmzweig in der Rechten und einer Schriftrolle („Nationalversammlung") einem wildaussehenden Anarchisten entgegen, der mit Messer und Bombe droht. Die brennende Lunte der Bombe erreicht die Größe des Friedensengels, obwohl der Anarchist klein und unscheinbar wirkt. Hinter dem Friedensengel steht das Volk, vertreten durch einen Arbeiter, der sich auf seinen Vorschlaghammer stützt und einen Soldaten, der durch seine Krücke als Kriegsopfer charakterisiert wird und von einer Frau liebevoll empfangen wird. Noch eine Soldatenmütze ist auf der anderen Seite erkennbar, dahinter haben sich die Volksmassen gesammelt.
Der Text warnt vor der Anarchie, der Herrschaftslosigkeit, Gesetzlosigkeit, die den Staat vernichten will. Die Anarchie wird als Helfer der Reaktion, der Rückkehr zu den alten Zuständen, bezeichnet. Das Plakat richtet sich gegen anarchische und monarchische (reaktionäre) Kräfte, tritt also für eine staatliche Ordnung ein. Das ist in diesem Falle die republikanische Ordnung. Nur in stabilen Verhältnissen der neuen Republik, die durch die Nationalversammlung begründet werden sollen, kann die Hungersnot bekämpft werden.
Die hungernde Bevölkerung hinter dem Friedensengel wartet auf den Frieden und auf das Ende des Hungers. Es ist kein kämpferischer Engel, sondern ein leidender, der dem Anarchisten seinen Palmzweig gesenkt, nicht hoch erhoben, vor das drohende Messer hält.
Ein anderes Plakat aus dem Jahr 1918 wirbt dafür, daß die Frauen von ihrem Stimmrecht Gebrauch machen, mit den Worten „Euere Kinder brauchen Frieden und Brot – Darum Frauen: Wählt!"

Vorschläge:

1. *Beschreiben Sie ein Wahlplakat und schreiben Sie über die Wirkung, die es auf Sie ausübt.*
2. *Vergleichen Sie zwei Wahlplakate.*

Brot für die Welt
Den Frieden entwickeln
166

Brot für die Welt

Plakate sind Appelle, Aufrufe, oft auch Mahnrufe an alle. Bei diesem Plakat verbinden sich Wort und Bild zu einem Aufruf: „Brot für die Welt", das ist die evangelische Spendenaktion, die neben der katholischen Aktion „Miserior" steht. Beide wollen den Hunger in der Welt lindern und allgemeine Starthilfen für die Völker der Dritten Welt geben.

„Den Frieden entwickeln" ist die zweite Losung des Textes. In welchem Zusammenhang steht sie mit der ersten Losung? Werden satte Völker friedlicher? – Das wohl nicht, aber die Not, der Hunger können in den asiatischen und afrikanischen Entwicklungsländern Explosionen verursachen. Haß gegen die Reichen und Satten kann sich entwickeln statt Frieden. Aber es geht vor allem um die menschliche Hilfe für alle, die Not leiden. Es geht um unser Gewissen, ob wir von unserem Überfluß etwas abgeben, damit andere Menschen nicht verhungern. „Brot für die Welt" kann Hilfe für ein Kind sein, das sonst verhungern müßte. Es kann auch die Starthilfe für koreanische Waisenkinder sein, die sonst in den Slums untergehen.

„Brot für die Welt" ist die endgültige Abkehr vom Kolonialismus. Der Text wird durch das Bild unterstützt.

Zwei Hände, zwei gute Hände, die in der Erde gewühlt haben, halten in einem kleinen Wurzelballen einen Getreidesprößling. Die Hände sind bereit, die Pflanze umzusetzen, einzupflanzen, damit sie wächst und Frucht tragen kann. Pflänzchen und Schrift „Den Frieden entwickeln" sind in Grün gehalten. Die Hände sind fleischfarben, die Schrift „Brot für die Welt" ist jedoch rot, ist ein Signal, ist ein Appell.

Vorschlag: Fügen Sie in diese Beschreibung an passenden Stellen folgenden Text ein:

Das Wort „Brot" soll als umfassender Begriff für das gelten, was Menschen brauchen, um sich selbst menschenwürdige Daseinsbedingungen schaffen und erhalten zu können. Also neben Essen und Trinken auch Gesundheit, Wohnung, Acker, Vieh und Arbeit . . . Dinge also, die die ganze soziale, geistige und geistliche Existenz des Menschen beinhalten. Der Aktionsname „Brot für die Welt" kann Bitte, Wunsch und Möglichkeit sein; Aufforderung, Herausforderung an uns alle, der Not in der Welt zu begegnen, die Erde bewohnbar zu erhalten, Gottes Liebe zu seinen Geschöpfen sichtbar zu machen.

Das historische Ereignis

Albrecht Altdorfer, Die Alexanderschlacht, 1529
Lindenholz, 1,58 × 1,20 m, oben verkürzt.
Alte Pinakothek München

Was ist Wirklichkeit, wo beginnt sie und wie wird sie begrenzt? Mittags, an einem Sonntag in strömendem Regen, langte ich auf der letzten Etappe vor meiner Rückkehr nach London in München an. Ausgestorben war die Stadt und ausgebombt, weshalb ich mich zu den alten Bildern der Pinakothek wendete in dem von Hitler erbauten „bombenfesten Haus der Kunst", welches der Zerstörung standgehalten hat und wo die berühmte Bildersammlung damals untergebracht war. Noch einmal wollte ich vor der „Alexanderschlacht" von Altdorfer das Rätselraten fortsetzen: was ist Wirklichkeit? Schon daß Altdorfer als einer der Kleinmeister des historisierenden Humanismus gelten konnte! Daß man nicht eher in der „Alexanderschlacht" das früheste Barockbild erkannte! Dessen wird man erst gewahr, nachdem zwei Weltkriege bedeutende Zentren der Barockkunst dem Erdboden gleichgemacht haben. Ein Kapitel der Geschichte des Abendlandes ist mit dem Bild Altdorfers gerettet: „eppure si muove", die Erde dreht sich auf dem Bild, es entstand, bevor Galilei deren Gang lehrte. Die Bewegung gewahrt man sofort, die Drehung der Sonnenlohe, Raum im Kreisen mit der Erde trächtig, was die Wirklichkeit zur Welt bringt. Mehr als hundert Jahre später, nachdem das Bild gemalt war, werden menschliche Wesen in diese Lufträume auswandern, und christliche Heilige und olympische Götter, vereint, werden in Kaskaden aus den gemalten Himmeln des Barock ins Innere der Kathedralen und Paläste herabstürzen.
Die in München, zur Zeit der Türkenbelagerung des nahen Wien, in Auftrag gegebene „Alexanderschlacht" bricht mit der klassischen Übung in Italien und in den Niederlanden, wo die katholische Weltordnung den Inhalt des Andachtsbildes ausmacht und wo in den Stundenbüchern schüchtern noch, vielleicht im Hintergrund erst, Pflanze, Fels, Wasser, Tier, Städte und Schlösser und Genreszenen sich bemerkbar machen. Der Maler bedient sich auch nicht der zu seiner Zeit gerade in Italien und Flandern in Mode kommenden Perspektive mit einem Fokus. Seit der Renaissance dient diese sogenannte Kavalierperspektive der Malerei wie eine Krücke, um mit der Hilfe einer künstlichen Perspektive, einer theoretischen Tiefe und Ferne, jeder Figur in ihrer Wirklichkeit entsprechenden Abständen den zukommenden Platz anzuweisen.

Die Träger der biblischen oder prosaischen Handlung erscheinen als Schauspieler mit verteilten Rollen.

Ich möchte die „Alexanderschlacht" als ein Werk der absoluten Malerei bezeichnen. Es packt einen, als ob der Vorhang vor Abgründen und nicht vor einer Guckkastenbühne weggerissen würde! Es ist die andere Seite der Wirklichkeit bloßgelegt, keine transzendentale, nur eine, die der Mensch, der nicht auch einsehen gelernt hat, nie sieht. Man ist voll des Erstaunens über die Kraft des Bildes, welche die Vorstellung des Beschauers selber umgestaltet und in dieser noch nachträglich wirksam bleibt; dank dem Quellen, dem Überfließen, Stauen und Ballen der Materie selber, dem Wachsen und Sprießen der Vegetation, dem Tosen der Wasser, Schlagen und Abspringen von Stein und Fels, der orkanartigen Spannung und Entladung in der Atmosphäre, wie in einer Katastrophenlaune der Natur selber. Entkleidet alles dessen, was der Sprache auszudrücken möglich ist, und was man heute „subject matter" nennt, beginnt erst das Eigenleben dieser Komposition, ihr Formwerden. Eine Harmonie liegt über all dem, welche nicht mehr jene der Großen von van Eyck bis Tizian ist, in deren Schöpfungen die göttliche Majestät einen zweiten Schöpferakt hat werden lassen. Hier wird Materie Form, Gestalt, wobei an Aristoteles erinnert werden darf, dem formlose Materie undenkbar, sinnleer erschien.

In diesem Werk kämpft etwas um das Gestaltwerden wie in einer Fuge, es wird jedoch vom absoluten Sehen erzeugt und öffnet andere Bereiche der Wirklichkeit, als das Auge der genannten erleuchteten Maler eröffnet hat. Der Zeitverlauf, in welchem die miteinander ringenden Motive in einer musikalischen Fuge zur harmonischen Auflösung kommen, ist hier zum Bildinhalt geworden. Man vertiefe sich in die Schilderung des Bildinhaltes, wie sie von den besten Kennern vorliegt. Der Streit auf dem Schlachtfeld, das persische Heer auf der Flucht vor dem Griechen, durch einen Engpaß momentan gestaut, ergießen sich Reiterscharen in die Raumweite, die vom Fluß Issus durchschnitten wird. Über die Brücke führt es in eine von Burgen und Hügeln umstandene, brennende Stadt, von wo die Belagerten einen Ausfall wagen, der sich an dem fächerförmig sich aufspaltenden Fußvolk der Belagerer brechen muß. Bereits finden Zweikämpfe im Raum zwischen den beiden Heeren statt. Bereitet dies nicht schon als eine kontrapunktliche Ausweichung einen Schlußeffekt vor, der in der Riesenbewegung der meteorhaften Sonne in einer Weltenweite unbelebter Gebiete und Seen vorweggenommen werden könnte vom voreiligen Betrachter? Das Bild soll den denkwürdigen Sieg des Alexander verherrlichen. Der Kenner wird wohl auch noch auf den rührenden Kontrast der geängstigten Prinzessinnen im Troß

des Darius als ein Nebenmotiv hinweisen, die mitgerissen werden mit der geschlagenen Armee des persischen Königs der Könige.
Doch eines ist merkwürdigerweise den Betrachtern dieses Bildes entgangen. Sie sind bereit, der romantischen Naturstimmung Beifall zu zollen, und doch wollen sie das Menschliche im Bild eher als ein kindliches Spiel wie mit Bleisoldaten verstehen! Man muß vielleicht wieder zu unserem gewählten Beispiel der Beethovenschen Fuge zurückkehren, um ein Bildmotiv zu begreifen, in welchem für die Kenner die Rechnung nicht aufgehen will. Man denke an das Absurdum jener berühmten Stelle von einzelnen, starrsinnig behaupteten Takten in der großen Fuge, dieser Vollendung europäischer Musik, wo im kürzesten Urlaut der Musik das Ewige sich offenbart. Man wird gleichsam zweier Denkkategorien sich zu bedienen haben, zweier Wertmaße, zweier Einstellungen, eines Denk- und eines Schauaktes, was der Jetztzeit unvorstellbar erscheint, weil uns die visuelle Fähigkeit verloren ging, um endlich im Mittelgrund des Bildes die Ursache, auf welche die wesentliche Wirkung dieses Weltdramas zurückgeht, in einer Antinomie zu finden. Es klingt wie ein Paradoxon zu sagen, was den Kennern entgangen ist, sei die monumentale Miniatur in der Bildmitte! Es ist nicht leicht, selbst nach angestrengtem Suchen, die nicht einmal stecknadelgroße Gemme des Antlitzes des Darius im Gewimmel der Zehntausend ausfindig zu machen. Noch schwerer ist es, in dem abgewandten Gesicht des im Streitwagen flüchtenden Königs der Könige den Blick des Geschlagenen zu erhaschen.
Viel schneller ist Alexander der Große auf seinem Schlachtroß Bukephalos auszunehmen wegen seiner silbern scheinenden Rüstung, aus der Zeit der Dürerschen Entwürfe für den Kaiser Maximilian. Lassen wir vorher noch einmal unsere Augen die Runde über die gesamte Komposition machen: hinauf zu den roten Farben der Bänder, dem einzigen Rot im Bilde, von welchen mitten aus dem eisblauen Himmel hinab ins Welttheater, wo die blutige Entscheidung zu Gunsten des Abendlandes fiel, hoch über Berggipfeln, über dem Meer und Siegern und Besiegten eine Gedenktafel hängt. In großer römischer Schrift und römischen Ziffern wird von dem Triumph des Großen Alexander berichtet; in Zahlen sind Sieger und Erschlagene gegeben. Wer dächte nicht beim Lesen der Namen der Großen und der Daten und Siege, wie sie uns die Geschichte überliefert, daran: Was ist am Menschen doch und wären ihm alle Königreiche und Herrlichkeiten der Welt zu Füßen gelegen? Wenn so in wenigen kargen Worten und Zahlen auszudrücken wäre, was vom Menschen bleibt, in seiner Vergänglichkeit einer Ameise gleich, auf die man achtlos tritt, und seiner Geschichte, da könnte das Bild ebensogut menschenleer bleiben. Wie am dritten Tag der Schöpfung, wie auf der Grisaille des Außenflügels des Altarwerkes von

Hieronymus Bosch in Madrid, „Das tausendjährige Reich“. Auf dessen Bild, in der Zeit der chiliastischen Heilhoffnung entstanden, ruht das Auge Gottes wohlgefällig, wie auf einem Stilleben, auf der Schöpfung, die sich nun in Wasser, Festland und Licht geteilt hat. Wäre der Mensch nichts mehr als nur eine bloße Ziffer, Koeffizient im Kalkül des physikalischen Weltgeschehens, dann brauchte es gar nicht eines Bildes mehr. Die mathematische Symbolik ist unmenschlich, gegenstandslos, einspurig. Eines simultanen Seh- und Denkaktes bedarf es nicht auf der Flucht ins Jenseits.

„Ich will mich nicht beugen! Ich kann nicht untergehen!“ Dies sagt ein Menschenblick, das Auge des Darius, aus einem Farbstäubchen im Mittelgrund des kosmischen Bildes von Altdorfer. So winzig klein auch das Antlitz, die ganze Figur, ja das Heer der Zehntausend und das der Griechen dazu uns erscheinen mag – was sich da als unser Erlebnis von einer monotonen Geschichte der Menschheit abhebt, es bleibt der tieftraurige Blick eines Menschen, der bewußt sein Antlitz von der Glorie der untergehenden Sonne abwendet. Er erkennt, er ist besiegt! Monoton und starrsinnig ist darin die Behauptung des Lebens trotzdem, wie die Einzeltakte der Beethovenschen Fuge. Und diese Behauptung ist ins Angesicht des metaphysischen Jenseits geschleudert. Unversehens hat mich dieser Blick aus einem Tagtraum aufgeweckt, welchen die anderen ihren Alltag nennen. Auf einer Flucht durch die Zeit hat mich dieser Blick des Besiegten angehalten und erweckt.

Oskar Kokoschka

Oskar Kokoschka, geb. 1886 in Pöchlarn, gest. 1980. Österreichischer Maler, Graphiker und Dichter. Bildnisse in dramatisch verdichteter Aussage, Landschaften und Städteansichten von dynamischem Ausdruck. Wie in seinen Bildern will er auch in seinem literarischen Schaffen die äußerliche Schicht durchdringen: Dramen, Gedichte, Erzählungen.

Albrecht Altdorfer, geb. etwa 1480 in Regensburg, gest. 1538 in Regensburg. Deutscher Maler, Baumeister, Zeichner, Kupferstecher und Holzschnittzeichner. Hauptmeister der „Donauschule“, einer der bedeutendsten Maler seiner Zeit. Schöpfer des selbständigen Landschaftsbildes. Er schuf etwa 55 Tafelbilder. „Ruhe auf der Flucht nach Ägypten“ – „Drachenkampf des hl. Georg“ – Altar von St. Florian – „Geburt Mariä“ u. a.

[. . .]
Altdorfer dachte in bewegten Massen, er stellte das Kampfgeschehen ein in die große, weltweite, kosmische Natur. Die hin und her wogende Schlacht findet in der dräuenden Wolkenbrandung ihr Echo, ihren steigernden Widerklang. Das Thema selbst, der Entscheidungskampf zwischen Okzident und Orient, der glorreiche Sieg des auch im Mittelalter von Glanz und Ruhm umwitterten Alexander über den persischen Großkönig hat weltgeschichtlichen, epochalen Charakter. Altdorfer hat das Welthaltige, Universalhistorische des Kampfes mit visionärem Blick und zwingender Symbolkraft geformt. [. . .]

Wirkt schon der Blick von oben sammelnd, zusammenschließend und zugleich distanzierend, so wird das Geschehen vollends durch den festlichen Pomp der riesigen, siegkündenden Legendentafel in die Sphäre des Überzeitlich-Sagenhaften gehoben und in den Rahmen einer gewaltigen Weltbühne gespannt. In mächtigen Goldbuchstaben spricht die Legende vom überwältigenden Sieg Alexanders und den kontrastierenden Verlustzahlen, indes die schmückenden Tuchenden, wie vom Sturm des Schlachtgeschehens gebläht, emporflattern. Die in edlen Kapitalen geschriebene Legende der monumentalen Tafel, auf deren Rahmen die Signatur „ALBRECHT ALTDORFER ZV REGENSBVRG FECIT“ gemalt ist (das Monogramm Aldorfers mit der Jahreszahl 1529 steht im Bild links unten), lautet:

ALEXANDER M(AGNVS)
DARIVM VLT(IMVM) SVPERAT
CAESIS IN ACIE PERSAR (VM)
PEDIT(IBVS) C(ENTVM) M(ILIBVS)
EQVIT(IBVS) VL(T)RO X M(ILIBVS)
INTERFECTIS
MATRE QVOQVE CONIVGE
LIBERIS DARII REG(IS)
CVM M(ILIBVS) HAVD AMPLIVS
EQVITIB(VS) FVGA DILAPSI(S)
CAPTIS

„Alexander der Große besiegt den letzten Darius, nachdem in den Reihen der Perser 100 000 Mann zu Fuß und über 10 000 Reiter erschlagen und Mutter, Gattin und Kinder des Königs Darius mit etwa 1000 in Auflösung fliehenden Reitern gefangen worden waren.“

Auf den Bannern der Heerhaufen finden sich unter anderem folgende deutsche Inschriften:

„ALEXAND(R). HET. AN. FVES. VOLCK. 32 000. DAR.AVS. IST. ERSCHLAGE(N) NIT. MER 300.“

„ALEXAND(ER) HET WENIG VOLK RAISI(G) 4000. DAR.AVS ERSCHLAG(EN) WORDEN. 150.“

„DARIVS. HET MANCHER. LEI. VOLCK. ZV. FVES 300 000 DA(R)AVS ERSCHLAGEN 12 000 (sic!).“

„DARIVS. BRVEDE(R) OXATHRES.“

[. . .]

Ernst Buchner

Ausschnitte aus Interpretationen zur „Alexanderschlacht“

Mit der „Alexanderschlacht“ erreicht Albrecht Altdorfer den Gipfel seines Schöpfertums. Schon rein äußerlich gehört dieses wunderbare Werk zu den größten Bildtafeln des Meisters. In ihm vereinen sich Großartigkeit des Bildaufbaues und Tiefe der Auffassung zu einer strahlenden Vision von Himmel und Erde. . . . Eine unermeßliche Fülle ist erfaßt, alle Bereiche des Sichtbaren durchschritten, und darüber hinaus ist das Wirken überweltlicher Kräfte unmittelbar anschaulich gemacht. [. . .]

Curtius berichtet, daß Alexander den Großkönig Darius, der mit einem riesigen Heerhaufen von Babylon herangezogen war, zu einer Entscheidungsschlacht stellen wollte. Die beiden Heere waren zunächst, nur durch einen Gebirgszug getrennt, aneinander vorbeimarschiert. Zufällig in derselben Nacht kam Alexander an die syrischen Pässe und Darius an die amanischen Tore. Die schmale Küstenebene ermöglichte es dem König der Makedonen, sich so zwischen Meer und Gebirge aufzustellen, daß die Berge seine Flanke deckten und eine Umgehung durch den zahlenmäßig weit überlegenen Feind unmöglich machten.

Er hatte die Durchgänge am Strand sperren lassen und sich noch in der gleichen Nacht auf die Paßhöhe zurückgezogen. Im Morgengrauen stellte er seine kampferprobten Männer in mustergültiger Phalanx auf. Darius hatte sich mit seiner Hauptmacht hinter einem kleinen, ins Meer mündenden Fluß verschanzt. Die Masse seiner Reiterei zog er dabei rechts am Küstensaum zusammen, um das Heer Alexanders vom Meer abzudrängen. Gleichzeitig hatte er an den Ausläufern der Berge Truppen vorgeschoben, weil er seinen Gegner von beiden Seiten in die Zange nehmen und ihm in den Rücken fallen wollte. Alexander aber eröffnete mit seiner bewährten „schiefen Schlachtordnung“ ungestüm den Kampf, indem er am rechten Flügel an der Spitze seiner Reiterei den schwächeren Flügel der Perser überrannte und gegen die Mitte einschwenkend die Front der Gegner seitlich aufrollte. Damit geriet Darius selbst in höchste Gefahr, und als er Alexander auf sich losstürmen sah, wandte er seinen Streitwagen zur Flucht. In seinem Bild hielt sich Altdorfer sichtlich an diesen Schlachtenbericht. Da aber nach einem nicht logisch zu begründenden Bildgesetz die aufgehende Sonne und der Angriff unbedingt von rechts her kommen mußten, drehte er die räumlichen Verhältnisse einfach um, so daß links und rechts jetzt vertauscht sind. Alexander greift also mit seiner Reiterei den an die Berge angelehnten Flügel des persischen Heeres an, während die persische Reiterei unter Oxathres zum Gegenstoß ansetzt. Dabei ist der gleiche dramatische Höhepunkt der Schlacht dargestellt wie auf dem berühmten antiken Mosaik in der Casa del Fauno in Pompei: Alexander stürmt mit eingelegter Lanze auf seinem Pferd Bukephalos gegen den Perserkönig, der seinen sichelbewehrten, mit drei Schimmeln bespannten Streitwagen bereits zur Flucht gewendet hat.

Die beiden Könige sind durch Rundschilde als „ALEXANDER MAGNUS" und „DARIUS" bezeichnet. Der Wagenlenker des Perserkönigs liegt von einem Pfeil durchbohrt tot im Vorderteil des Gefährtes. Der König wendet sich mit schmerzerfülltem Blick dem Sieger zu. Eine Stelle bei Curtius schildert diese Hauptszene der Schlacht: „Alexander verrichtete in gleicher Weise die Dienste eines Soldaten wie die des Heerführers, in dem Bestreben, sich die höchste Auszeichnung dadurch zu erringen, daß er den König zu töten versuchte. Darius ragte hoch auf seinem Wagen, den Seinen ein starker Anreiz, ihn zu decken, den Feinden dagegen, ihn anzugreifen. Darum warf sein Bruder Oxathres, als er Alexander auf Darius eindringen sah, die von ihm geführten Reiter unmittelbar vor den Wagen des Königs. Aber die Makedonen, um ihren König geschart, brachen mit diesem auf den Reiterhaufen ein." Tatsächlich ist der Führer des Gegenangriffs der persischen Reiterei auf einem Wimpel als „DARIUS BRVEDE(R) OXATHRES" bezeichnet. Dicht neben Darius werden die Wagen mit dem Harem der Perserkönigs sichtbar, und unter den Frauen auch ein rotgekleideter Hofnarr. Alle eilen in Panik einer Schlucht zu, in die bereits unzählige Soldaten geflohen sind.

Gerade in diesem Teil des Bildes meint man deutlich die Beschreibung des Curtius zu spüren, wo es heißt: „Die einen wählten den geraden Weg nach Persien, manche flohen auf Umwegen in versteckte Felsklüfte und Bergtäler, wenige nur ins Lager des Darius." Wie leicht sich aber Altdorfer andererseits wieder über die bei Curtius mitgeteilten Tatsachen hinwegsetzte, zeigt der Umstand, daß er die vornehmen persischen Frauen an der Schlacht teilnehmen läßt, während Alexander in Wirklichkeit die Mutter des Perserkönigs sowie seine Frau mit ihren Kindern erst im Königszelt des persischen Lagers gefangennahm.

[. . .]

Unter der Schrifttafel hängt eine Quaste und darunter an einer kunstvoll geknüpften Schnur ein Ring, der bisher immer höchst rätselhaft erschien. Meistens nahm man an, daß dieses Gehänge auf den darunter anstürmenden Alexander hinweisen sollte. Die Mittelachse der Schrifttafel und des Bildes decken sich. Die Schnur hängt ein wenig schief und weicht von dieser Mittelachse ab, so daß der Ring gar nicht genau auf Alexander hinweist. Aber das ist wohl eine Ungenauigkeit, die sich auch mit bloßem Auge erkennen läßt.

Im Bildaufbau ergeben sich auffallende Zäsuren, die man an den zwei Waagrechten ablesen kann, welche durch den aufgehängten Ring und durch das Namensschild Alexanders gezogen werden können. So führen der Hauptstoß des Kampfes und die Flucht des Königs ziemlich genau diesem unteren Einschnitt entlang.
Ungleich wichtiger ist aber die obere Teillinie in der Höhe des Ringes, denn sie fällt mit dem Horizont der Landschaft zusammen, der Himmel und Erde scheidet. Und darin besteht schließlich das Geheimnis des Ringes: er gibt auf dem Horizont genau die Lage des Augpunktes an, dem sich der gesamte Raum zuordnet.
Altdorfer hat ... sehr lange Zeit gebraucht, bis ihm der Zusammenhang zwischen Augpunkt des Beobachters, Fluchtpunkt und Horizont klar wurde. [...] Nun erscheint ihm dieses Wissen so bedeutend, daß er es durch einen aufgehängten Ring auffällig zur Schau stellt.
Für das tiefere Verständnis des Werkes ist aber besonders wichtig, daß sich die Sonne genau auf der Höhe des Ringes, also auf dem Horizont befindet. Das bedeutet: In dem entscheidenden Augenblick, da die aufgehende Sonne den Horizont überschreitet, stürmt Alexander dem Siege zu und entscheidet damit die Geschicke des Abendlandes. Unlösbarer konnte Altdorfer das Geschehen der Schlacht und somit das Schicksal Alexanders gar nicht mit dem Naturvorgang verbinden.
Es ist leicht zu erkennen, daß sich nicht nur die Formen der Landschaft, vor allem die Bergketten des Hintergrundes, in großen Zügen nach dieser Raumflucht ausrichten, sondern daß diese auf den Ring zugeordneten Linien auch den Aufbau der Wolkenbänke gliedern. Dieser Ring, der so den Angelpunkt des Raumes darstellt, bildet den einen Pol des Bildes, dessen anderer die Gestalt des stürmenden Alexanders ist.
Die Schlacht spiegelt sich in den weiten Bezirken des Himmels. Das ungebärdige Drängen der mächtigen Wolkenbänke auf der Seite Alexanders und das dröhnende Heraufkommen des Lichtes findet seine Entsprechung in dem Wogen der Schlachtreihen. Auf der Seite des unglücklichen Perserkönigs dagegen lösen sich die Wolkenmassen in graue, verwehende Schwaden auf.
Das Gestirn Alexanders, die sieghaft aufgehende Sonne, erfüllt den ganzen Raum mit Licht, das mit überirdischer Kraft die Dunkelheit verdrängt. Der Halbmond, das Gestirn des Darius, seit eh und jeh das Zeichen des Orients, wird von diesen fliehenden Schatten, die wie düsterer Rauch abziehen, verdunkelt.
In dem ungeheueren Raum, der sich über dem Geschehen der Menschen wölbt, wird die ganze unbändige Größe der Natur sichtbar. Durch die geöffneten

Fenster des Firmaments schweift der Blick gleichsam ins Unendliche. Dort, wo sich der irdische Schauplatz mit der Tiefe vermählt, dampft die Erde in lichten Gewölken und an die kristallenen Schalen, die den Erdkreis überwölben, sind die Gestirne geheftet, die das Schicksal der Menschen bestimmen. Alles Tun ist in diese ungeheueren Kraftfelder eingespannt, irdisches und himmlisches Geschehen sind unlösbar verbunden und ordnen sich in großen, bewegten Formen nach vorgeschriebenen, geheimnisvollen Figuren. Diese Kräfte, die die Welt zusammenhalten – Emanationen des göttlichen Willens – materialisieren sich da und dort, so in den Pfeilen des Lichtes, die wie aus der brennenden Sonne herausgeschnellt den Raum durcheilen. Jede der tausend mal tausend Gestalten wird von dem Lichte angerührt, die Sieger zur höchsten Kraftentfaltung getrieben, die Unterlegenen ins Dunkle gedrängt.

Diesem machtvollen Ausfluß der kosmischen Kräfte stellt Altdorfer das „Kleinleben" der Menschen gegenüber. Die feine, miniaturartige Ausführung der Einzelheiten hat bei diesem Bilde stets die höchste Bewunderung erregt. Obwohl aber alle Einzelheiten so genau gegeben sind, daß man förmlich die Nieten der Rüstungen nachzählen kann, wirkt die Malerei an keiner Stelle kleinlich. Die einzelnen Streiter schließen sich zu geschlossenen Haufen, die in mächtigen Wogen aneinanderbranden, sich verkeilen und durchdringen. Trotz der Fülle wird das Auge durch große Leitlinien zwingend auf die Hauptszene hingewiesen: den Zusammenstoß der beiden Könige. [. . .]

Altdorfers gewaltiges Bild wirkt wie ein Aufruf nach einem neuen Alexander, denn gerade in dieser Zeit ist das Abendland wiederum vom Osten her bedroht. In anscheinend unaufhaltsamem Siegeszug schickt sich der Halbmond an, die Pforten der christlichen Welt aufzubrechen. In dem gleichen Jahr 1529, in dem das Bild fertig wurde, stand Suleiman II., der Große, der mächtige Sultan der osmanischen Geschichte, zum erstenmal vor Wien, nachdem er kurz vorher Belgrad erobert und Ofen besetzt hatte.

In dieser Bedrängnis erhielt Altdorfer von seiner Vaterstadt den Auftrag, die Stadtbefestigungen zu verstärken.

Wir wissen nicht, ob der Bayernherzog oder der Maler solche Überlegungen mit diesem Werk verbanden. Aber Altdorfer mag sich an seinen anderen großen Mäzen erinnert haben, an den ritterlichen Maximilian, dessen ganzes Leben darauf ausgerichtet war, alle Kräfte der Christenheit gegen diese Türkengefahr zu vereinen. In der Vorstellung des Malers mag sich die Gestalt des Kaisers mit der des großen Alexanders verschmolzen haben, und so ist es wohl kein Zufall, daß er dem Alexander in seiner goldenen, edelsteinbesetzten Rüstung unter dem

phantastischen Drachenhelm deutlich die scharfgeprägten Züge Maximilians verlieh.
Die „Alexanderschlacht“ wurde im Jahre 1800 nach Paris entführt. Napoleon, der das Bild als die „beste Schlachtendarstellung“ bezeichnete, ließ es in seinem Badezimmer in St. Cloud aufhängen, so daß er es täglich vor Augen hatte.
Der Romantiker Friedrich Schlegel, einer der Wiederentdecker der altdeutschen Kunst, sah das Bild zu dieser Zeit in den Restaurierungswerkstätten des Louvre. „Wie soll ich das Erstaunen beschreiben, das mich bei Erblickung dieses Wunderwerkes ergriff?“ ruft er in höchster Entzückung über „diese kleine Ilias in Farben“ aus. Er hatte den tieferen Sinn des Bildes bereits begriffen, wenn er davon spricht, daß „der untergehende Mond“ und „die aufgehende Sonne“ ein „ebenso deutliches als großes Sinnbild der dargestellten Geschichte“ seien.

Franz Winzinger

Albrecht Altdorfer, Die Alexanderschlacht

Herzog Wilhelm IV. von Bayern erteilte 1528 dem Stadtmaler von Regensburg, Albrecht Altdorfer, den Auftrag, eine Darstellung der Schlacht bei Issus zu malen, die mit 15 anderen weltlichen und biblischen Historien zu einer Ausstattung seiner Residenz in der Münchner „Neuveste“ bestimmt war. Altdofer, der gerade zum Bürgermeister gewählt worden war, nahm seine Aufgabe so ernst, daß er um Dispens von dieser Verpflichtung bat, den ihm der Rat nur als große Ausnahme gewährte.
Das Thema der Schlacht bei Issus, in der der jugendliche Alexander die Perser unter Darius III. entscheidend besiegte und Europa für Jahrhunderte von der Bedrohung durch Asien befreite, ist von humanistischer Seite angeregt worden. Es war damals in besonderem Maße aktuell: 1453 fiel Konstantinopel, 1521 eroberten die Türken Belgrad, 1522 mußte sich Rhodos ergeben, der letzte Stützpunkt der Christenheit im Osten; seit 1526 wütete der Krieg in Ungarn, 1529 stand der Feind vor Wien.
Wir kennen die antike Überlieferung, die damals zur Verfügung stand: die „Historia Alexandri Magni“ des Qu. Curtius Rufus, die Erasmus 1514 herausgegeben und dem Bruder Herzog Wilhelms gewidmet hatte, und die „Anabasis Alexandri“ des Flavius Arrianus, die Kaiser Sigismund aus dem Griechischen ins Lateinische hatte übertragen lassen. Besonders auf Curtius stützte sich der „Bayerische Plutarch“ Johannes Aventinus, von dem Altdorfer die geschichtlichen Angaben für sein Bild erhalten haben dürfte.

Da jede Kenntnis und Vorstellung der Antike fehlten, konnte Geschichte nur im Rahmen und im Raum der Gegenwart und mit den Erfahrungen der eigenen Zeit verstanden werden. Die Schlacht spielt sich daher in einer deutschen Landschaft ab; Issus ist eine mittelalterliche europäische Stadt mit Kirchen statt Tempeln; maximilianische Ritter treten, zeitgemäß gerüstet und bewaffnet, gegeneinander an.
Altdorfer läßt sich nicht auf die Darstellung einzelner Aktionen des Kampfes ein und entgeht damit jeder anekdotischen Schilderung. Er sieht das Ganze der Schlacht, die hin- und herwogende Bewegung des Heeres, in der das Ungewisse der Entscheidung zum Ausdruck kommt, die Menge und das Gewühl der Kämpfenden, den stürmischen Vorstoß in der Mitte und die erste Wendung zur Flucht. Er erfaßt das Ereignishafte des Vorganges, wie es niemand vor und wohl auch nach ihm wieder gesehen hat. Dies wird erreicht, weil ein erhöhter Standpunkt gewählt ist, von dem aus die Entfaltung der Schlacht in geradezu geographischer Genauigkeit und Sachlichkeit überblickt werden kann. Nur dadurch gelingt es, mit den unzähligen, miniaturhaft kleinen Gestalten den Eindruck einer Massenaktion zu vermitteln, ohne je ins Kleinliche abzugleiten. Inmitten des Getümmels fällt die Entscheidung. Alexander stürmt mit eingelegter Lanze an der Spitze seiner Auserwählten gegen seinen königlichen Gegner vor. Doch Darius nimmt den Kampf nicht an, sein Streitwagen ist schon zur Flucht gewandt. Mit einem schmerzvollen Blick begreift er die Gewalt und die Macht Alexanders, denen er unausweichlich preisgegeben ist.
Dieses menschliche Drama ist in die weite Ausbreitung des Geschehens eingebettet und in eine Natur, die sich über Hügel, einen Sund und Inseln bis zu fernen schneeigen Gebirgen erstreckt, eine Weltlandschaft, die unberührt von allem Menschlichen und Geschichtlichen allein und großartig in sich selbst ruht. Darüber wölbt sich ein Himmel mit der machtvoll untergehenden Sonne, die die Wolken über dem Horizont aufreißt und ihre Ränder vergoldet, ein kosmisches Ereignis von Ewigkeit zu Ewigkeit, das die weltgeschichtliche Bedeutung der Schlacht in sich aufnimmt und überstrahlt.

Kurt Martin

Bemerkung zu den Interpretationen:
Die Herausgeber bieten dem Leser mehrere Interpretationen des gewaltigen Werkes an. Sie mußten z. T. gekürzt werden, aber dem Leser soll bewußt werden, wie Kunsthistoriker und Künstler sich mit diesem Werk beschäftigt haben und noch beschäftigen.

Velasquez, Die Übergabe von Breda, 1639/41
Öl auf Leinwand, 307 × 367 cm
Prado, Madrid

Fragen an das Bild:	Mögliche Antworten:
1. Wer malte das Bild?	Diego Rodriguez Velasquez, geb. 1599 in Sevilla, gest. 1660 in Madrid. Im Dienste von König Philipp IV.
2. Welche Auftraggeber hatte der Maler?	Velasquez malte Philipp IV. zu Pferd und auch den Herzog von Olivares. Beide hatten nur kriegerische Niederlagen zu verzeichnen.
3. Wie kam es zu dem Bildauftrag?	Der neue Palast des Königs Prado wurde mit Bildern ausgestattet, um die militärischen Triumphe zu verherrlichen, obwohl oder weil Spanien damals Portugal, die Spanischen Niederlande und die überseeischen Besitzungen verlor.
4. Welchen Anlaß hatte der Bildauftrag?	Einen der letzten Siege Spaniens über die Niederlande: die Festung Breda mußte sich nach langer Belagerung ergeben.
5. Welcher historische Hintergrund war dafür bestimmend?	Breda hielt in dem Befreiungskampf der Niederländer fast ein Jahr aus, obwohl die Spanier die Deiche zerstört hatten.
6. Bildinhalt?	Das Bild zeigt, wie Justinus von Nassau den Schlüssel von Breda an General Spinola übergibt. Links im Bild die kleine Schar der Niederländer, rechts die Übermacht der spanischen Lanzenträger.
7. Was bewegt die Betrachter des Bildes?	Der Sieger kommt dem Besiegten großherzig entgegen, freundschaftlich ihm die Hand auf die Schulter legend. Es ist eine ritterliche Geste, die den Beschauer bewegt.
8. Ist das Bild ein Schlachtengemälde?	Der Krieg ist nicht als Schlacht dargestellt, sondern als Auseinandersetzung zwischen Menschen. Die beiden Heerführer sind Menschen unter Menschen.

9. Wie ist das Gefolge des niederländischen Heerführers dargestellt?	Das sind zwar Verlierer, aber keine Erniedrigten. Die Männer haben freundliche Gesichter, wirken jedoch erschöpft vom langen Krieg.
10. Wie ist das Gefolge des Siegers dargestellt?	Die spanischen Offiziere sind ohne Überheblichkeit, ohne Haß auf die Besiegten. Hinter ihnen ist allerdings die Streitmacht der Lanzenträger.
11. Vor welcher Kulisse spielt sich der Vorgang ab?	Der Rauch der Schlacht, die Truppen, die überschwemmten Felder, das eigentliche Kriegsgeschehen ist in den Hintergrund gedrängt.

Vorschlag:
1. *Stellen Sie einen eigenen Fragenkatalog zusammen!*
2. *Nehmen Sie zu diesen Fragen und Antworten kritisch Stellung.*

Der geschichtliche Stoff war folgender: Der niederländische Krieg hatte sich zum Festungskrieg entwickelt. Nichts mehr von dem Draufgängertum der Geusenzeit; wie im Schachspiel, mit wohlüberlegten Zügen, schieben sich die Heere hin und her, more geometrico, um den Gegner möglichst ohne eigenes Wagnis mattzusetzen. Als Meister dieser wissenschaftlichen Strategie gelten seit Alexander Farneses Tod der Niederländer Moritz von Oranien und der spanische Feldherr Marchese Ambrogio Spinola, aus genuesischem Geschlecht. 1590 hat Moritz die Stadt Breda in Nordbrabant überrumpelt, er baut sie zur Musterfestung aus, der Platz gilt für uneinnehmbar, aus dem „Bollwerk Flanderns“ ist der „Pfahl in seinem Fleische“ geworden. Spanien schreitet zum Gegenzuge, 1624 eröffnet Spinola die Belagerung. Die Schwierigkeiten sind ungeheuer, ein Ersatzheer muß abgeschlagen und das Land unter Wasser gesetzt werden. Spinola leistet Übermenschliches. „Die Augen der Welt waren auf diesen Punkt gerichtet.“ Als die Festung nach einem Jahr kapitulierte, erhob sich in Madrid ein Jubel „wie nicht mehr seit dem Tag von Lepanto“.
Welche Möglichkeiten boten sich dem Künstler zur Behandlung dieses Gegenstandes? Den Vorrang hatte seit der Renaissance das allegorisch umkränzte Triumphbild, altrömischen Ursprungs, mit mittelalterlicher Symbolik genährt, dem neuen Ruhmeskultus dienstbar. Es stellt mit Vorliebe den Helden in bedeutender Pose dar, umgeben von Verkörperungen der Mächte, die ihm Heil oder Unheil bedeuten, also etwa Friedensgenien, die die Furien des Krieges verjagen, Viktorien, Vertretern der siegreichen und besiegten Partei. Das

Ereignis selbst, die Schlacht oder was es war, pflegt nur im Hintergrund zu erscheinen, gleichsam als sachliche Erläuterung, oft in einer von dem mythischen Pathos der Hauptszene deutlich abgesetzten, realistisch berichtenden Sprache. [. . .]

Der Auszug fand am 5. Juni statt. Spinola erwartete den Kommandanten Justin von Nassau zur Übergabe der Schlüssel, umgeben von einem Gefolge von Fürsten, Edelleuten und Offizieren. „Beide Feldherren waren abgestiegen, Justin von Nassau erschien mit seiner Familie, Verwandten und vornehmen Zöglingen der Kriegsakademie. Spinola begrüßte und umarmte ihn mit freundlichem Blick (humaniter salutans, sagt der lateinische Bericht) und rühmte mit noch freundlicheren Worten die Tapferkeit und Standhaftigkeit der Verteidigung.“ [. . .]

Das Bild, eine mächtige Leinwand (3 × 3,6 m), entwickelt ein imposantes Kriegstheater. In der Ferne liegt das stillgewordene Schlachtfeld, die weite niederländische Ebene, in leichtem blaugrauen Dunst unter ziehenden Wolken, von Feuersbrünsten durchloht. Breda selbst ist links außerhalb zu denken; in der Mitte spiegelt überschwemmtes Land. Aus der Tiefe, hinter einer Schanze des Belagerungsringes hervor, ziehen die Holländer von rechts nach links zwischen dem von aufgestellten Lanzen starrenden spanischen Spalier vorüber. Dieser Mittelgrund ist in Hellblau und Rosa getaucht; er erinnert an Tintorettos schwebende Fernen. Wir glauben die Feldmusik zu hören, obwohl wir nur einen Blick auf das Schauspiel erhaschen, durch die Lücke im Vordergrund hindurch. Hier auf der Hauptbühne ist indessen der Kommandant mit Gefolge angekommen. Dieses besteht nur aus wenigen Personen, die Familie ist weggelassen, wie überhaupt der Eindruck einer großen Menge mit verhältnismäßig sparsamen Mitteln erreicht ist; wir zählen auf jeder Seite nur neun Figuren. Die Holländer nehmen die linke Bildhälfte ein, die rechte die Spanier. Alles hat angehalten, die Feldherren sind abgesessen, die Gruppe zur Linken öffnet sich, und hervor schreitet der Oranier. Er beugt sich bis fast zur Andeutung eines Kniefalls, blickt aber wie fragend empor. Spinola neigt sich ebenfalls, legt ihm die gepanzerte Rechte auf die Schulter und spricht die denkwürdigen Worte. Hinter ihm steht sein Gefolge, der Reitknecht drängt das unruhig stampfende Roß zur Seite. Diese Gruppe wirkt an sich locker; sie ist aus Bildnisköpfen zusammengesetzt, die auch nicht alle auf den Vorgang achten, sondern um der wirksamen Abwechslung willen hin und her blicken. Über sie hinweg aber zieht das Spalier der Soldaten einen waagrechten Strich, der die ganze spanische Seite in der Fläche zum Quadrat zusammenfaßt. Und aus diesem empor ragt jener Wald von Lanzen, der dem Bilde den Namen gegeben hat, die Waffe der unbesiegten tercios, der ruhmreichen spanischen Infanterie, streng aufrecht, starr und geschlossen. Erst vor diesem Hintergrund der geordneten, immer noch drohenden Macht wird die Milde des Feldherrn möglich, erhält sie ihr Gewicht. Der Umriß seiner Gestalt ist der einzige, der sich auf dieser Seite voll abzeichnet, alles hinter ihm ist zwischen Pferd und Lanzen zusammengedrängt. Der Eine handelt für Alle, er ist die Armee, aber mehr noch, nämlich ein Mensch, in dem sich das Ungemeine über das Gemeinsame erhebt. In seiner Humanität vollendet sich die spanische Haltung, indem sie sich überwindet.

Wirkt also auf spanischer Seite alles geordnet und straff, dabei abgesehen von dem Pferdeleibe durchaus zierlich, so begegnen wir bei den Holländern derberen Formen in lockerer Haltung. Ein paar feste Kerle stehen links außen, vor ihnen in scharfem Profil ein Edelknabe und dahinter ein zweiter, in hellstes Licht getaucht, eine zauberhafte Gestalt in Weiß, zu der der Blick immer wieder zurückkehrt. Mit erhobenem Finger gebietet er Schweigen, denn auch hier herrscht noch Unruhe. Das Ganze ist überhaupt nicht auf einen einzigen Akkord hin komponiert, sondern vielteilig; es schwillt an und sinkt zurück, blitzt auf und verlischt, erzittert von Leben und steht doch da in seinen großen Umrissen als ein Bedeutendes über aller Vielfalt. Hinter dem Edelknaben ein Pferdekopf und Justins Reitknecht, wieder im Profil. Die Piken und Hellebarden zur Linken gehen ebenso lebhaft hin und her wie die Blicke der Leute, das Spiel der Flächen, der Lichter und Schatten. Aus diesem gleichwohl festen Gefüge fällt der Schritt des Kommandanten nach vorn, abgesplittert wie der Ast vom Stamm, schwer, fast kraftlos. Anders als der Sieger muß er den letzten, den trotz allem bitteren Schritt allein tun. Die Rechtsschräge seiner Bewegung ist die stärkste im Bilde. Sie stößt sich ab von den hinter ihr zurückweichenden Linksschrägen, streift den Gegenzug im Mittelgrunde, wird unterstrichen von Rauchschwaden und Fahnen und strömt in dem Pferdeleibe aus, wo sie umwendet. Diese Bewegung von links nach rechts ist das eine Hauptmotiv des Bildes; sie bedeutet: Übergabe. Ihr entgegen steht die spanische Senkrechte: der Sieg. Und bewunderungswürdig bleibt, wie dieses starre Halt! sich in Spinolas Gestalt zur auffangenden Muschel wandelt. Auch diese Gegenneigung wird untermalt, aber von einem leiseren Orchester, das erst in der schrägen Pike des Holländers links vorn laut wird. Alles an dem Spanier wirkt überhaupt, gemessen an der Gegenseite, wie gedämpfte Musik, und doch steht und fällt das ganze Bild mit ihm. Der sprechende Unterschied zwischen seinen und Nassaus Stiefeln ist schon Carl Justi aufgefallen; aber solche fast ironischen Züge bleiben bei Velasquez im Halbdunkel.

Wird also nach links und rechts hin leise, doch hörbar auf einen Abstand der

Wesensart, des Ranges und gegenwärtigen Schicksals hingedeutet, so zieht doch die linke Seite hieraus wiederum ihren Vorteil. Hier rundet sich alles und leuchtet stärker, elementarer. Durch das ganze Bild läuft eine Stufenleiter hellblauer Töne, die sich im Dunst der Ferne verlieren, aber das stärkste Blau trägt der Musketier am linken Rande, der uns anblickt, abgesetzt gegen das gelbe Koller seines Nachbarn. Nirgends strahlt aus so tiefem Schatten ein so helles Weiß wie in dem Wams des Kriegsschülers hinter Justin, in dessen Anzug wiederum das überall verbreitete Braun tiefgolden aufleuchtet. Doch alle diese Kraft verweht vor den zusammengefaßteren Klängen zur Rechten, zumal dem von weißen Flecken umrahmten goldgeäderten Schwarzglanz von Spinolas Harnisch und seiner weinfarbenen Feldbinde. Dieser stürzende Fall silbrigen Rots verbreitet einen Widerschein nach allen Seiten, rein und sanft wie Frühlicht; von dem geistgekühlten Lebensstrom des Feldherrn geht ein Hauch von Wärme aus. Eine Silber- und eine Goldskala sind in dem Farbteppich des Bildes ineinandergewoben, das Silber gebrochen in Blau, Rosa und Weiß, das Gold in Grün, Braun und Schwarz, und immer stehen die warmen gegen die kalten Töne. Das ist venezianische Schule, in des Velasquez eigene Sprache übersetzt.

Alles ordnet sich in der Fläche, das Bild ist wandgerecht, nicht wanddurchbrechend gebaut. Mächtig sprechen die Senkrechten und Waagrechten, sie bilden Quadrate und Rechtecke; Spinolas Kopf krönt ein gleichschenkliges Dreieck, das weiterhin auf die Spitze gestellt wiederkehrt. Die Mittelsenkrechte geht durch Justins Profil, der Goldene Schnitt in der Breite des Bildes durch die vorderste Lanze, in seiner Höhe durch die querliegende Muskete des spanischen Flügelmanns. Es wäre aber kein Barockgemälde, wenn nicht auch eine entschiedene Tiefenführung herrschte. Von beiden Seiten her wird die Handlung durch kräftig einfassende Körper zurückgedrängt, die Gruppen staffeln sich in deutlichen Abständen, durch die Mitte eröffnet eine tiefe Gasse die rückwärtige Bildschicht, und zwar läuft sie senkrecht in die Tiefe, entsprechend der Rechtwinkligkeit des Ganzen. Von beiden Seiten her eilen Raumschrägen ihr entgegen, von denen die von links nach rechts ziehende stärker betont ist, und zwar durch die Staffelung der niederländischen Gruppe sowohl wie durch den Pferdeleib; dies geht überein mit der oben geschilderten Gesamtbewegung. Doch bilden diese zeichnerischen Anordnungen nur das räumliche Gerüst; seine wahre Tiefe, sein atmendes Leben zieht der Raum aus den wunderbaren Spielen des Lichts. Alle Schatten sind durch Reflexlicht aufgehellt, in unendlichem Reichtum stufen sich die Töne, bis sie im feuchten Hauch der Tiefe verschwimmen. [. . .]

Werner Hager

Eugène Delacroix: „Der 28. Juli 1830" oder „Die Freiheit führt das Volk",
1830, Öl auf Leinwand, 260 × 325 cm
Louvre, Paris

Das Bild *Der 28. Juli 1830* oder *Die Freiheit führt das Volk* wurde 1831 im Salon gezeigt. Die neue Regierung, die Delacroix im März mit dem Kreuz der Ehrenlegion ausgezeichnet hatte, erwarb es und zahlte dreitausend Francs dafür. Das Bild galt später als zu revolutionär, und man zog es wiederholt zurück; damals aber war der Eindruck, den es in der Öffentlichkeit hervorrief, außerordentlich.
Die ‚Republik', eine weibliche Figur mit bloßen Brüsten und einer Jakobinermütze auf dem braunen Haar, hat sich auf die Barrikaden geschwungen; vor ihr liegen Verwundete und Tote; neben ihr schreiten auf der einen Seite ein Junge, auf der anderen ein Aufständischer, der unverkennbar die Züge des Malers selbst trägt, was sonst immer man auch behaupten mag. Sie hält die neue Fahne, die Trikolore, gegen den Himmel, an dem die Sonne hinter Pulverschwaden sichtbar wird. [. . .]
Die *Freiheit* knüpft an *Griechenland auf den Trümmern von Missolunghi* an, die Delacroix vier Jahre zuvor gemalt hatte. Beide Bilder ähneln sich im Thema wie in der Art, in der das Thema behandelt ist. Eine machtvolle Gestalt, von wirklichem Leben erfüllt und zugleich als Symbol empfunden, steht hier wie dort auf Schutt und Trümmern, blutbefleckt, von Toten umgeben; hier wie dort paßt sie sich einem Aufbau an, der durch die Maße einer Pyramide bestimmt ist. Auch das Modell, dessen sich Delacroix für diese Figuren bediente, ist beide Male ein und dasselbe: eine Frau mit dunklen Haaren, großen schwarzen Augen, schöngeschwungenen Lippen und Zügen, die klar gezeichnet sind wie die einer antiken Plastik. [. . .]
In der *Griechenland auf den Trümmern von Missolunghi* wie in der *Freiheit* kommt einer Gestalt vordringliche Bedeutung zu, die in der Mitte des Bildes steht und zwei Drittel der Bildfläche einnimmt; sie ragt über die anderen Gestalten hinaus, hebt sich von ihnen durch ihre kraftvoll gezogenen Konturen und ihre Plastizität ab und bestimmt die Komposition, die im wesentlichen geometrisch gedacht ist. [. . .]
Zunächst glaubt man ein Bild vor sich zu haben, das ganz in der klassischen Tradition befangen ist. Seine Komposition wird durch die Gruppe halbnackter oder bekleideter Gestalten bestimmt, die so zueinander geordnet sind, daß sich die Form eines Dreiecks ergibt. Dieses Dreieck ist aufs genaueste in das Ganze eingefügt, seine Spitze liegt auf der Mittelachse, die das Gemälde gliedert. Die

Toten am Boden bilden seine Basis. Seine Seiten treten deutlich hervor; da sind in ununterbrochen ansteigender Linie hier das Gewehr, das Delacroix in der Hand hält, ein Arm, der einen Säbel schwingt, und der Schaft der Fahne; da sind dort das linke Bein und das weiße Sturmband des Jungen wie der linke und rechte Arm der *Freiheit;* ihr rechter Arm bildet mit dem Fahnenschaft, den sie hochhält, einen spitzen Winkel, und dieser spitze Winkel kennzeichnet die Stelle, bis zu der alle Bewegung aufwärts drängt.

Man wird indes rasch gewahr, daß, was nach der Art eines aufragenden ‚Giebels' konstruiert erscheint, in Wirklichkeit keineswegs so festgefügt ist, wie man zunächst anzunehmen geneigt ist. Was man im ersten Augenblick als ‚Giebel' empfindet, verliert seine Stabilität vielmehr unter dem Eindruck einer unaufhaltsamen Bewegung, die nach oben geht und sich zuletzt im Flattern der Fahne offenbart. Ja, der ‚Giebel' wirkt dadurch nach rechts verrückt, daß sich die *Freiheit* ein wenig nach rechts wendet, als wiche sie vor dem Verwundeten zurück, der sich an ihr aufzurichten sucht. Im selben Sinne wirken das Gewehr, das sie in der linken Hand trägt und dessen Bajonett gebieterisch in die Höhe weist, wie schließlich der Umstand, daß die Bewegung im wesentlichen von links nach rechts drängt, voller Ungeduld, über alle Hemmnisse wegzustürmen, und daß sich die Aufmerksamkeit auch dadurch nach dieser Seite verlagert.

Tatsächlich ist das Bild von zwei Bewegungen erfüllt, die sich miteinander vereinen. Die eine beginnt bei den hintübergeneigten, zurückgesunkenen Toten, steigt an, strebt an dem Verwundeten, der sich aufrichtet, zunächst noch mühsam nach oben, reckt sich dann aber mit dem wehenden Tuch und der ausgestreckten Hand der *Freiheit,* die die Fahne schwingt, steil und sieghaft in die Höhe. Diese erste Bewegung wandelt die Pyramide ab und setzt ihre Statik in einen Aufruhr und Ausbruch um, der alles erfaßt. Sie wird überdies, als handle es sich um eine musikalische Untermalung, begleitet von dem Spiel der Farben, die unten undurchsichtig und düster, aschgrau und kühl sind, nach und nach jedoch heller und wärmer und vom Blau des Verwundeten über das matte Gelb der *Freiheit* bis zum Fanfarenstoß der Trikolore immer leuchtender werden. All das wird durch ein einheitliches Gefälle gegen den Vordergrund zu vervollständigt. Dieses Gefälle führt die Menge aus der Tiefe, die in ungewisses Dunkel getaucht ist, läßt sie der *Freiheit* folgen und drängt sie mit ihr über die Barrikaden. Es ist, als reiße das Bild den Betrachter in eine unwiderstehliche Bewegung hinein, von der es ähnlich wie Rembrandts ‚Nachtwache' durchflutet ist.

So zeigt sich die Komposition klar in ihrer Architektur und mächtig in ihrer Dynamik. Es wäre nicht falsch, zu sagen, daß sie zugleich vom Psychologischen her motiviert ist. Das geometrische Gerüst scheint lediglich eine Stütze zu sein

und den Anstoß zu einem Schwung zu geben, der das Bild mehr und mehr erfüllt; dieser Schwung selbst wiederum dient zu nichts anderem als dazu, auszusagen und darzustellen, was das Ganze an sittlichem Gehalt in sich birgt. Das Leben nämlich, vorwärtsdrängend, stolz und voller schöpferischer Kraft, läßt hinter sich, was dumpf und stumpf ist und unnütz in Trümmern liegt; es zieht die mit sich, die ungeduldig, nach Neuem begierig und ihrer Stärke gewiß sind; und es wirft sie dorthin, wo das Licht sich vor ihnen auftut und wo sich die Farbe als das sichtbare Zeichen eben dieses Lebens am Licht entzündet.
Selten wird man einem Bild begegnen, das die vielfältigen Mittel und Möglichkeiten, die sich der Malerei bieten, einander so nahe und durch ihr Ineinanderspiel so zur Geltung gebracht hat wie dies. Selten wird man erfahren, daß sich Klassik und Romantik, die einander entgegengesetzt sind und widersprechen, so die Waage halten, sich wechselseitig so ergänzen, so miteinander verschmelzen und so zu einer Einheit werden wie hier. Sogar die Allegorie, die den Klassikern am Herzen lag, und die hinreißende Beschwingtheit der Handlung, an der sich die Romantiker begeisterten, sind hier wider alle Erwartungen kühn miteinander verbunden. Ja, das Bild entspricht nicht zuletzt auch dem Bedürfnis nach Exaktheit, das die Realisten vertraten, als sie die Aufmerksamkeit auf die eigene Zeit richteten und sich der Idee der „Moderne“ verschrieben, wie Baudelaire bemerkte.
Hin und wieder gelingt es einem Bild, alles, was ein Jahrhundert beunruhigt und worin sein Wesen und seine Bedeutung beschlossen sind, zu erfassen und darzustellen. Die *Freiheit* von 1830, darin sich der Tumult eines Aufbruchs in den weithin schallenden Gesang einer ganzen Generation verwandelt, ist unzweifelhaft eines dieser Bilder. [. . .]

Die 1830 geschaffene Gestalt der ‚Freiheit‘ – vom Tod zum Leben, aus dem gestaltlosen Dunkel zu Farbe und Licht aufstrebend – vereint die vielseitigen und widersprüchlichen Tendenzen von Delacroix’ Kunst in einem Gemälde, in dem der pyramidenartige, streng gesetzmäßige Aufbau und der wilde Schwung der Zeichnung zusammenwirken.

René Huyghe

Delacroix, Die Freiheit

Ich wende mich zu Delacroix, der ein Bild geliefert, vor welchem ich immer einen großen Volkshaufen stehen sah und das ich also zu denjenigen Gemälden zähle, denen die meiste Aufmerksamkeit zuteil worden.

[. . .] Eine Volksgruppe während den Juliustagen ist dargestellt, und in der Mitte, beinahe wie eine allegorische Figur, ragt hervor ein jugendliches Weib, mit einer roten phrygischen Mütze auf dem Haupte, eine Flinte in der einen Hand und in der anderen eine dreifarbige Fahne. Sie schreitet dahin über Leichen, zum Kampfe auffordernd, entblößt bis zur Hüfte, ein schöner, ungestümer Leib, das Gesicht ein kühnes Profil, frecher Schmerz in den Zügen.

[. . .] Diese Figur scheint die wilde Volkskraft, die eine fatale Bürde abwirft, darzustellen. [. . .]

Heilige Julitage von Paris! Ihr werdet ewig Zeugnis geben von dem Uradel der Menschen, der nie ganz zerstört werden kann. Wer euch erlebt hat, der jammert nicht mehr auf den alten Gräbern, sondern freudig glaubt er jetzt an die Auferstehung der Völker. Heilige Julitage! wie schön war die Sonne und wie groß war das Volk von Paris! Die Götter im Himmel, die dem großen Kampfe zusahen, jauchzten vor Bewunderung, und sie wären gerne aufgestanden von ihren goldenen Stühlen und wären gerne zur Erde herabgestiegen, um Bürger zu werden von Paris! Aber neidisch, ängstlich, wie sie sind, fürchteten sie am Ende, daß die Menschen zu hoch und zu herrlich emporblühen möchten, und durch ihre willigen Priester suchten sie „das Glänzende zu schwärzen und das Erhabene in den Staub zu ziehen", und sie stifteten die belgische Rebellion . . . Es ist dafür gesorgt, daß die Freiheitsbäume nicht in den Himmel hineinwachsen. Auf keinem von allen Gemälden des Salons ist so sehr die Farbe eingeschlagen wie auf Delacoroix' Julirevolution. Indessen, eben diese Abwesenheit von Firnis und Schimmer, dabei der Pulverdampf und Staub, der die Figuren wie graues Spinnweb bedeckt, das sonnengetrocknete Kolorit, das gleichsam nach einem Wassertropfen lechzt, alles dieses gibt dem Bilde eine Wahrheit, eine Wesenheit, eine Ursprünglichkeit, und man ahnt darin die wirkliche Physiognomie der Julitage.

Unter den Beschauern waren so manche, die damals entweder mitgestritten oder doch wenigstens zugesehen hatten, und diese konnten das Bild nicht genug rühmen. . . .

„Papa!" rief eine kleine Karlistin, „wer ist die schmutzige Frau mit der roten Mütze?" – „Nun freilich", spöttelte der noble Papa mit einem süßlich zerquetschten Lächeln, „nun freilich, liebes Kind, mit der Reinheit der Lilien hat sie nichts zu schaffen. Es ist die Freiheitsgöttin." – „Papa, sie hat auch nicht einmal ein Hemd an." – „Eine wahre Freiheitsgöttin, liebes Kind, hat gewöhnlich kein Hemd und ist daher sehr erbittert auf alle Leute, die weiße Wäsche tragen." Bei diesen Worten zupfte der Mann seine Manschetten etwas tiefer über die langen müßigen Hände und sagte zu seinem Nachbar: „Eminenz! wenn es den Republikanern heut an der Pforte St. Denis gelingt, daß eine alte Frau von den Nationalgarden totgeschossen wird, dann tragen sie die heilige Leiche auf den Boulevards herum, und das Volk wird rasend, und wir haben dann eine neue Revolution." . . .

Heinrich Heine

Eugène Delacroix, geb. 1798 bei Paris, gest. 1863 in Paris.
Er begann mit 17 Jahren zu malen. Bewunderer von Rubens und Rembrandt. Werke: „Dante und Vergil" – „Das Massaker von Chios" – „Tod des Sardanapal" – Wand- und Deckengemälde – Fresken – Portraits – Illustrationen zu Dichtungen (Hamlet, Faust)

Vorschlag: Schreiben Sie eine Bildbetrachtung nach folgendem Muster:
A) Maler – Werk – Bild
B) 1. Bildinhalt
2. Bildkomposition
3. Bilddeutung
C) Persönliche Stellungnahme

Pablo Picasso, Guernica, 1937
Öl auf Leinwand, 351 × 782 cm
Madrid, Prado

Die Besucher vor „Guernica“ ratlos

Madrid, Samstagmorgen, 9.20 Uhr. Die Schlange vor dem Casón del Buen Retiro, einer Dependance des Prado, ist zwar nicht mehr kilometerlang wie bei der Eröffnung der „Guernica“-Ausstellung vor Wochen, aber ein Dutzend Menschen wartet schon geduldig auf Einlaß. Ein elegant gekleideter Herr liest die Tageszeitung „El País“. Ein Schüler sitzt auf den Stufen, die zum Museum führen, und bohrt sich gedankenverloren in der Nase. Kinder albern herum. Sie kommen, wie ich später erfahre, aus dem Dorf Catojar nordöstlich von Madrid, das kürzlich eine gewisse Berühmtheit erlangte: Zum 100. Geburtstag Picassos hatten die Bewohner ihre Häuser mit Picasso-Motiven bemalt.
Die Frau neben mir knöpft fröstelnd ihre himmelblaue Strickjacke zu. Sie hat keine Strümpfe an.
„Haben Sie Picassos Bild schon mal gesehen?“ frage ich.
„Im Zimmer meines Ältesten hängt eine Reproduktion“, sagt die Frau.
„Gefällt sie Ihnen?“ frage ich.
„Na ja“, antwortet die Frau zögernd, „also, ehrlich gesagt, ich finde ‚Guernica‘ ziemlich verwirrend . . . und dann ist alles so grau in grau.“
Ihr Mann, der sich gerade mit einem Freund darüber unterhalten hat, daß er keine „Ducados“ mehr raucht, weil das „reines Feuer“ sei, mischt sich in belehrendem Ton ein: „Es ist unwichtig, ob ‚Guernica‘ schön oder häßlich ist – wichtig ist die politische Aussage.“ Dann verbessert er sich hastig: „Verstehen Sie mich recht. Ich bin politisch eher neutral. Als der Bürgerkrieg ausbrach, war ich erst vierzehn. Ich habe damals gar nicht so viel mitgekriegt. Aber ich weiß noch: Es gab nur Linsen zu essen, jeden Tag Linsensuppe und Brot. Das habe ich mir immer in ganz kleine Stücke geteilt, um mehr davon zu haben.“
Zwei Minuten nach zehn. Die stetig anwachsende Gruppe der Wartenden wird unruhig. Ein Mannschaftswagen der „Policia Nacional“, der Nationalen Bereitschaftspolizei, fährt vor. Die schweren gußeisernen Türen des einstigen königlichen Ballhauses öffnen sich. Wir werden nur schubweise hereingelassen: Alle Besucher müssen eine elektronische Kontrolle passieren. Es ist wie auf dem Flughafen. Auch die Taschen werden durchsucht.
Zusammen mit einer Gruppe von Schülern betrete ich den riesigen Saal, in dem als einziges Bild „Guernica“ hängt, bewacht von vier Polizisten. Dicht an dicht

stehen die Besucher vor der Vitrine aus Stahlverstrebungen und Panzerglas – im Volksmund bereits „Aquarium" oder „Picassos Sarg" genannt –, die das Bild vor einem möglichen Attentat Rechtsradikaler schützen soll. Die meisten starren schweigend auf Picassos apokalyptisches Meisterwerk, den Finger in einer Geste der Hilflosigkeit an Mund oder Nase gelegt, den Kopf geneigt. Die Besucher vor „Guernica": ratlos. Für viele Spanier scheint dieses Bild die erste Begegnung mit der modernen Kunst zu sein – mehr Pflichtübung als Genuß.

Ein älterer Mann mit Baskenmütze gibt seiner kleinen, rundlichen Frau flüsternd seine Interpretation des Bildes: „Also, da links, das ist die Mutter mit dem toten Kind . . . Der Stier, das ist das Symbol des Todes und der Macht . . . Und das Pferd – siehst du, wie es aufschreit? –, das soll der Faschismus sein . . . Und hier, die Blume bei dem geborstenen Schwert: die Hoffnung auf den Sieg der Republikaner. Picasso", sagt er nicht ohne Stolz, „war nämlich Kommunist und Republikaner!" Die Frau nickt und blickt in angestrengtem Verstehen auf das Bild.

„Guck mal, lauter kleine Engelchen!" kräht ein kleines Mädchen auf der Schulter des Vaters und weist auf die Decke mit den Fresken des Barockmalers Luca Giordano. Dann schaut es mit großen Augen auf „Guernica". „Papa, warum sind die Leute denn alle kaputt?" – „Das macht der Krieg", versucht der Vater zu erklären, „der Mann, der das gemalt hat, der hat den Krieg eben so gesehen." – „Die Engelchen sind aber viel schöner!" ruft die Kleine. Die Umstehenden blicken lächelnd nach oben. Für viele scheint der Blick zum Altvertrauten geradezu eine Erleichterung zu sein.

Ein junges Paar ist leise in heftige Diskussionen vertieft. „Meine Freundin meint, ‚Guernica' gehöre nach Guernica. Wer es sehen will, der solle dort hinfahren", sagt der Mann. „Ich bin nicht der Meinung. Guernica ist überall. Für mich ist das Bild aktueller denn je – ein Symbol für Kriegsgefahr und Aufrüstung."

Ich spreche einen alten Mann mit weißem Schnurrbart an: „Waren Sie während des Bürgerkrieges in Spanien?" Er bejaht. „Auf welcher Seite?" – „Nun", er dämpft seine Stimme, „auf seiten der Frankisten." – „Was empfinden Sie beim Anblick von ‚Guernica'?" – „Ich finde dieses Bild höchst einseitig", antwortet er. „Wir hatten viele Guernicas in Spanien. Warum hat man nicht auch ein Gemälde von der Zerstörung der Stadt Deruel aufgehängt? Ich werde Ihnen sagen, warum: Weil die Roten Deruel zerstört haben! Aber das paßt den neuen Machthabern nicht ins Konzept!"

Eine Übersetzerin, die Deutsch spricht, hat andere Einwände: „Das Bild gefällt mir, aber die ganze falsche Propaganda nicht. Das Gemälde wird zum Symbol der Freiheit und der Demokratie hochgejubelt – als ob das so einfach wäre:

‚Guernica‘ kommt zurück, und bumms! ist Spanien demokratisch. Wissen Sie überhaupt, wie viele Faschisten heute noch in hohen Ämtern sitzen? Wenn Spanien wirklich frei wäre, dann müßte dieses Bild ja nicht in dieser Urne aus kugelsicherem Glas begraben sein.“

Ein junger Offiziersanwärter betrachtet stumm die Riesenleinwand. „Was bedeutet Ihnen ‚Guernica‘?“ frage ich. – „Für mich ist es ein Gemälde wie jedes andere“, erwidert er kaum hörbar. – „Für mich ist es eher eine Anklage gegen die Unmenschlichkeit des Krieges“, sage ich. „Bei dem Bombardement von Guernica wurden schließlich Tausende von Zivilisten getötet, und schuld an dem Massaker war Franco.“

„Schuld daran war keiner“, murmelt der Soldat.

Ein bärtiger junger Mann dreht sich wütend um. „Cabrón!“ flucht er, „natürlich war Franco schuld! Franco und seine deutschen Helfer!“

Langsam gehe ich durch den schlauchartigen Nebenraum, in dem weitere Vorstudien zu „Guernica“ ausgestellt sind. Eine alte Frau, klein und knorrig wie ein Maulbeerbaum, macht dort ihrem Ärger über Picasso Luft: „Was ich verstehe, das verstehe ich. Aber das hier verstehe ich nicht! Warum hat er es nicht so gemalt, wie es wirklich ausgesehen hat?“

„Das ist künstlerische Umsetzung“, versuche ich zu erklären.

„Madre mía!“ schimpft die Alte heiser, „die ausländische Señora versteht mehr von diesem Bild als unsereins! Was soll denn das hier heißen“ – sie buchstabiert langsam, die Brille auf der Nase – ‚Traum und Lüge Francos’? Soll das etwa heißen, daß Franco ein Lügner war? Ich hab ihn oft im Fernsehen gesehen, und dieser Mann hat nichts Schlechtes getan! Er war ein wirklicher Herr!“

„Und der Bürgerkrieg?“ frage ich. „Ach, der Bürgerkrieg“, murrt die Alte im Weggehen, „was weiß ich von der Politik . . . Alles, was ich weiß, ist, daß wir Hunger gehabt haben, viel Hunger.“

Um halb fünf drängen noch immer Besucher herein, obwohl das Museum um 17 Uhr schließt. Im Foyer blüht der Verkauf von „Guernica“-Postern, -Postkarten, -Katalogen. Tragetüten mit dem stilisierten „Guernica“-Stier gehen ebenso weg wie Picasso-Bücher. Der größte Andrang herrscht bei einem Mann, der unaufhörlich „Guernica“-Sondermarken stempelt. Ich kaufe eine. „Hoffentlich kommt der Brief auch an“, grinst der Beamte, „die Briefträger sind alle scharf auf das Ding!“ Dann beugt er sich vertraulich zu mir: „Haben Sie von den kilometerlangen Schlangen am ersten Tag gehört? Ich sage Ihnen: Die meisten Leute wollten nur die Briefmarke haben!“

Fee Zschocke

Pablo Picasso (1881–1973), Guernica

1. Entstehungsgeschichte des Bildes:
Mit dem Militärputsch 1936 beginnt in Spanien der Bürgerkrieg zwischen den sog. Nationalen (Faschisten) und den Republikanern. Franco übernahm den Oberbefehl über die „Nationalen". Die republikanische Regierung gab Anfang 1937 den Auftrag, Picasso solle für die Weltausstellung in Paris ein Bild schaffen, das die Ereignisse in Spanien symbolisere. Im April 1937 wurde die baskische Stadt Guernica durch die deutsche Legion Condor bombardiert.

2. Absicht des Künstlers:
Picasso, dessen Vater Baske war, malte das Bild aus Erschütterung über das Geschehen in Spanien, den Bürgerkrieg, der durch das Eingreifen fremder Mächte, auch die Zivilbevölkerung schwer traf. Das Bild wird als Protest gegen den Terror des Krieges gemalt.
Eine erschütternde Begebenheit soll stellvertretend für das Gesamtgeschehen in Spanien dargestellt werden. Der historisch-politische Anlaß wird bildlich repräsentiert, wird zum allgemein gültigen Kunstwerk.

3. Bildinhalt:
Ein Durcheinander von zerstückelten Menschen und Tieren, verdrehte Augen, eine Mutter mit einem toten Kind, ein toter Krieger, ein einzelner Kopf, Flammen, ein Pferd, durchbohrt von einer Lanze, grelles Licht, Dunkel.

4. Deutungsversuch:
Krieg, Zerstörung von Mensch und Tier, Krieg gegen die Zivilbevölkerung. Schmerz, unendlicher Schmerz durch entsetzliche Brutalität.

5. Wirkung des Bildes:
Gefühle werden angesprochen, wir sind ergriffen. Wir beginnen zu denken, eine Spannung entsteht. Wir werden zum Hineindenken und zum Nachdenken gezwungen. Wir suchen den Bedeutungszusammenhang, fühlen die Herausforderung. Wir hören die Warnung des Malers.

6. Schicksal des Bildes:
Das Monumentalgemälde in den Ausmaßen 351 × 782 cm wurde im Museum of Modern Art in New York aufbewahrt, bis es zum 100. Geburtstag Picassos der demokratischen Regierung Spaniens zurückgegeben wurde. Es ist jetzt im Prado zu sehen.

Fragen an das Bild:	Mögliche Antworten:
1. Warum wurde das Bild gemalt?	Als Protest gegen den Krieg, gegen die Bomben auf hilflose Zivilbevölkerung.
2. Welcher Anlaß war gegeben?	Am 26. April 1937 wurde die baskische Stadt Guernica durch einen Luftangriff zerstört.
3. Welche Wirkung hat das Bild?	Es wirkt wie ein Aufruf gegen Aggression. Wir denken an den Zweiten Weltkrieg, den Holocaust, Hiroshima, Vietnam, Libanon u. a.
4. Ist das Bild eindeutig zu interpretieren?	Das Bild ist mehrdeutig, und da sich Picasso weigerte, die Symbole zu erklären, wird die Vieldeutigkeit bleiben.
5. Was kann das Pferd in der Mitte des Bildes bedeuten?	Das Pferd, verwundet und schreiend vor Schmerzen, kann Symbol für die Zivilbevölkerung von Guernica, aber auch für das spanische Volk sein.
6. Was bedeutet der Stier, der sich von den Greueln abwendet?	Der Stier kann Spanien bedeuten. Er ist Beschützer, aber machtlos. Wir denken an den Stierkampf.
7. Warum wendet sich alles auf dem Bild dem Stier zu?	Er soll beschützen, helfen, wendet sich aber ab.
8. Was bedeutet die Frau mit dem Licht in der Mitte?	Vielleicht ist sie das Symbol der Wahrheit.
9. Warum ist das Bild in Schwarz-Weiß gemalt?	Die Wahrheit kommt in Schwarz-Weiß zu uns, Farbe würde vielleicht nur ablenken von der Katastrophe.
10. Wie wird das Bild eingeschätzt?	Es ist sicher das berühmteste Bild unseres Jahrhunderts. Es ist Dokument, politische Aussage und Kunstwerk.

Vorschläge:

1. Setzen Sie sich mit den Antworten kritisch auseinander.

2. Stellen Sie eine eigene Fragenliste auf.

3. Suchen Sie Antworten auf Ihre Fragen.

Komposition

Das Guernica-Bild macht auf viele Betrachter zunächst einen verworrenen, ja chaotischen Eindruck. Bei ruhiger Betrachtung aber erkennt man eine klare Komposition.

Da ist die Aufteilung in ein großes Mittelfeld und zwei schmale Seitenflügel – ein Schema, das von zahlreichen Altären der Epoche um 1500 her unter dem Namen *Triptychon* bekannt ist.

Und da ist das flache Dreieck, ungefähr von den unteren Bildecken bis zur Mitte der Oberkante, ein Dreieck, das die Bildflügel miteinander verknüpft und das viele Interpreten an einen griechischen *Tempelgiebel* erinnert hat.

Es scheint nicht unmöglich, daß Picasso in einem Bild, das der Verteidigung der abendländischen Kultur gegen die faschistische Barbarei diente, mit

Giebelform, Triptychon und Zentralperspektive bewußt Hauptmotive der Antike und der Renaissance, der Höhepunkte der europäischen Kultur, zitiert hat.

Picasso hat die Motive seines Bildes nicht erfunden – er hat aus dem Motiv-Vorrat der Kunstgeschichte geschöpft.

Die Frau mit der Lampe ist ein traditionsreiches Symbol für Aufklärung, die auf politische Befreiung zielt. Das berühmteste Beispiel dafür ist die New Yorker Freiheitsstatue.

In Picassos Bild bezeichnet diese – von der ersten Zeichnung an gleichbleibende – Figur die Öffentlichkeit, die durch Zeitungsberichte die Guernica-Bombardierung ans Licht gebracht hat; zugleich kann sie gedeutet werden als ein Appell an die Weltöffentlichkeit, im spanischen Krieg Partei zu ergreifen für die Sache der Freiheit.

Interpretationen

Das Guernica-Bild ist gewiß das am häufigsten interpretierte Bild unseres Jahrhunderts, aber klarer ist es dabei nicht geworden.

Das Pferd, die zentrale Figur, ist zugleich die umstrittenste. Frühe Interpreten haben in ihm den Franco-*Faschismus* gesehen. Nach dieser Deutung hat der Maler in einer Art magischen Rituals nach Art der vorgeschichtlichen Höhlenmalerei das Franco-Pferd aufgespießt, das nun seinen Todesschrei ausstößt.

Der Stier, der die klagende Mutter beschützt und beatmet, gilt dabei als die unzerstörbare Kraft des spanischen Volkes.

Diese Auslegung wird gestützt durch Picassos Franco-Karikaturen.

Spätere Interpreten sahen umgekehrt in dem Pferd das Leiden der Kreatur; *das gemarterte spanische Volk;* oder eine Anspielung auf den Opfertod Christi. Dem Stier wurde entsprechend ein bedrohlicher Ausdruck zugesprochen, und tatsächlich soll Picasso 1945 in einem Interview gesagt haben:

„Der Stier ist nicht der Faschismus, aber Brutalität und Dunkelheit . . . Das Pferd bedeutet das spanische Volk."

Diese Widersprüche lassen sich nicht auflösen und nicht wegdiskutieren: mehrdeutig waren die Figuren schon in der allerersten Zeichnung, und mehrdeutig sind sie noch im fertigen Bild.

Solche *Mehrdeutigkeit* ist keine Besonderheit dieses Bildes, sondern ein Wesenszug spätbürgerlicher Kunst. Tatsächlich sind beide Interpretationen möglich.

Ergebnis

Auch in seiner Mehrdeutigkeit ist ‚Guernica' ein hochpolitisches Bild, und die Behauptung, daß Kunst nichts mit Politik zu schaffen habe, daß sie nur in einer Sphäre des Geistes oder des freien Spiels sich ganz entfalten könne, wird durch das bedeutendste Werk der modernen Malerei widerlegt.

Es war ein Auftragsbild, und Picasso hat diesen Auftrag der spanischen Republik sehr ernst genommen und seine Kunst konsequent in den Dienst ihrer Politik gestellt.

Der komplizierte Entstehungsprozeß des Bildes läßt sich nicht nur aus künstlerischen Überlegungen verstehen, sondern vor allem aus dem politischen Ziel, dem es dienen sollte.

Dieses Ziel hat den Künstler nicht behindert, sondern ihn herausgefordert, seine eigenen Kunstmittel – Expressionsismus, Kubismus, Surrealismus – und Hauptmotive der abendländischen Kunst zusammenzufassen unter *einem Thema: der Forderung nach Freiheit für Spanien und dem Kampf gegen den Faschismus.*
Eine genauere Betrachtung der Geschichte der Kunst zeigt, daß dieses Beispiel keine Ausnahme ist: *Nicht trotz, sondern wegen seiner politischen Absicht ist das Guernica-Bild ein so überzeugendes Kunstwerk geworden.*
Picasso war eigentlich ein unpolitischer Künstler. Er war 1881 in Andalusien als Sohn eines Zeichenlehrers geboren; die Familie zog bald nach Galizien, schließlich nach Katalonien, und in *Barcelona* malte Picasso seine ersten bedeutenden Bilder.
Seit 1904 lebte er überwiegend in der Kunstmetropole *Paris,* wo er zum berühmtesten Künstler der Welt wurde. Um 1930, als sein Landsmann Miró sich noch kein eigenes Atelier leisten konnte, war er schon reich genug, um sich als Nebenwohnsitz ein barockes Schlößchen zu kaufen; und bald wurden einem breiten Publikum die Stil-Perioden Picassos vertraut; die blaue und die rosa, die kubistische, die klassizistische, die surrealistische Periode; und der Maler galt als das unendlich sich wandelnde Genie schlechthin.
Im Bürgerkrieg stand Picasso auf der republikanischen Seite, und als gegenteilige Gerüchte aufkamen, gab er im Mai 1937 folgende Presseerklärung ab: *„Das spanische Ringen ist der Kampf der Reaktion gegen das Volk, gegen die Freiheit.* Mein ganzes Leben als Künstler war ein unaufhörliches Streiten gegen die Reaktion und den Tod der Kunst . . . Auf dem Wandgemälde, an dem ich arbeite und das ich ‚Guernica' nennen werde, und in all meinen letzten Werken bringe ich deutlich meinen Abscheu vor der militärischen Kaste zum Ausdruck, die Spanien in einen Ozean von Leid und Tod versenkt hat."

Das „Guernica"-Bild von Picasso

Wenn man zum ersten Male vor diesem riesigen Bilde steht, kann man sich einer Verwunderung, die mit Entsetzen vermischt ist, nicht erwehren. Wie in Gegenwart jener zähnefletschenden und drohend dreinblickenden barbarischen Idole wagt man nicht näherzutreten, und dennoch ist es einem gleichzeitig unmöglich, die Augen abzuwenden. Über den Schrecken hinaus ist eine seltsame Faszination spürbar; *Guernica* bezaubert den Betrachter. Man verläßt das Werk nicht unberührt.

„Schließlich aber handelt es sich um ein Gemälde und nicht um ein Idol", sagt man sich, und sogar um ein gegenständliches Gemälde. Links, vor einem Stier mit gewaltsam herumgedrehten Hals, schreit eine Mutter, das tote Kind in den Armen, ihren Schmerz hinaus. In der Mitte bricht ein Pferd zusammen, die Flanken mit einem Speer durchbohrt, das Maul geöffnet, die Zunge spitz auslaufend wie eine Lanzenspitze. Auf dem Fliesenboden liegen in zwei Bruchstücken die Reste eines Kriegers, die linke Hand weit geöffnet und die rechte um ein inmitten durchgebrochenes Schwert geklammert. Ganz rechts fällt eine in eine lebende Fackel verwandelte Frau, die Arme ausgestreckt und den Kopf rückwärts geworfen, ins Leere hinab. Unter ihr reckt sich, auf einen Fuß gestützt und mit hängenden Armen, der Körper einer anderen Frau, deren Kopf und Hals, die Bewegung fortsetzend, weit vorgestreckt sind, so daß sie fast den Körper des Pferdes berühren. Durch ein nach irgendwohin geöffnetes Fenster taucht eine Erscheinung auf, den Kopf vorgestreckt, die Brust mit Nägeln beschlagen, das Haar flatternd, Rache heischend eine Lampe mit dem ausgestreckten Arm haltend. Wie ein Zyklopenauge beherrscht eine elektrische Ampel die Szene, die Dunkelheit ringsum aufreißend; vier schwertförmige Flammen geben rechts ein schauriges Echo. Zwischen dem Pferd und dem Stier zeigt ein Tisch seine Umrisse; auf ihm gibt ein Vogel, den Hals ausgestreckt und den Schnabel offen, den letzten Schrei von sich; sein Körper wird durchquert von einem fahlen Schein, der schärfer als ein Rasiermesser ist. Keine Farbe in diesem gänzlich in Schwarz und Weiß komponierten Bild . . .

Unser Ausgangspunkt war das berechtigte Staunen des Betrachters angesichts *Guernicas*. Von diesem Erstaunen ausgehend, wollen wir nun sehen, wie sich die Frage nach einer Erklärung stellt. Was *will* man erklären? Was *kann* man erklären? Man muß darauf bedacht sein, diese beiden Anforderungen miteinander in Übereinstimmung zu bringen, sonst verfällt man stets irgendeiner Übertreibung.

Wir können, indem wir uns auf unsere erste Untersuchung beziehen, hier folgendes festlegen:

- Guernica stellt ein Gemetzel dar:
- das Gemälde ergreift uns durch den Schmerz der dargestellten Geschöpfe und durch den, welchen es ausdrückt;
- über die von ihm hervorgerufene Ergriffenheit hinaus richtet es an uns gleichsam eine Art Warnung. Nicht, daß Picasso uns eine Lektion erteilt; indem er unsere Phantasie überrascht, erfüllt er sie mit Schrecken, und nun geht unser ganzes aufgewühltes Sein zum Protest über;
- die Umformung eines so schrecklichen Anblicks versetzt uns in stumme Bewunderung.

Man kann tatsächlich nicht daran zweifeln, daß es sich hier um ein *Geschehen* handelt; und um welches Geschehen! Die zerrissenen Körper liegen verstreut umher; die Hände krümmen, verkrampfen und dehnen sich; die Augen, die Münder, die Ohren geraten auseinander; Häuser brennen; Verwundete schreien; das Licht wirft einen fahlen Schein über die Leichen.

Was aber wird aus *Guernica?* Wäre nicht der Titel des Bildes, es würde uns Mühe bereiten, im Bilde die geringste Anspielung auf die den Herzen der Spanier so teure Stadt zu erkennen. Picasso, führen wir uns das immerhin vor Augen, betreibt hier keine Historienmalerei. Bei Picasso – diese Tatsache ist bedeutungsvoll – *lehnen sich die Formen gegen die sichtbare Realität auf.* Es ist derart spürbar, daß niemand die Gesichter von *Guernica* mit einem Namen versehen oder in ihnen eine gewisse Gattung von Individuen zu erkennen sucht. Die Tiere sind gerade noch als solche erkennbar; handelt es sich aber in der Mitte wirklich um ein Pferd?

So wird uns ein wesentlicher Aspekt des Bildes enthüllt: *Guernica* ist eine *Allegorie,* und wie in jeder Allegorie sollen Wesen und Gegenstände unsern Geist auf etwas andres als das Dargestellte hinlenken. Es gibt hier keine Personifizierung, keinen Gott Mars, keine Spur von der altrömischen Kriegsgöttin Bellona. Die Wurzeln dieser Allegorie liegen in der Phantasie des Künstlers.

Welches ist die Wirkung dieses Entschlusses? Nicht die *Wahrheit* der Szene zu verkleinern, wohl aber ihre Originaltreue, ihre Übereinstimmung mit einer historischen Wirklichkeit. Diese ist Angelegenheit der Information, der Geschichte, also von Tatsachen; jene hat ihren Ursprung im Geist und ist zunächst eine geistige Angelegenheit. Man errät, was die Malerei damit gewinnt. Indem sie die unmittelbare Darstellung des Gemetzels vermeidet, beugt sie einerseits jener ungesunden Erschütterung vor, die uns ergreift, wenn wir unversehens einem grauenhaften Anblick gegenübergestellt werden (man denke an unsere Reaktion, als beim Ausgang des letzten Krieges gewisse dokumentarische Photos veröffentlicht wurden!). Indem sie zum anderen die Formen ihrer individuellen Umhüllung entreißt und sie der Zeit und dem Raum entzieht, strebt sie danach, sie zum Rang von *Symbolen* zu erheben. Die Formen, von denen je eine jede gewissermaßen einen Aspekt der Wahrheit verdichtet, verbinden sich, um zusammen die *umfassende und zeitlose Formulierung dieser Wahrheit zu werden . . .*

Trotz ihrer Hinstrebung zur Symbolik brechen die Formen nicht jede Verbindung mit der sichtbaren Realität ab; wir sprachen also berechtigterweise vom Krieger, vom Vogel, von Frauen, Schwertern, Flammen und Lampen; nur kaum empfanden wir einiges Zögern bei der Identifizierung des Tieres und der Erscheinung. Da haben wir links den *Todesschrei* der Mutter, die gleich einem Tier, das man eines Jungen beraubt hat, vor Entsetzen aufschreit. Rechts haben wir den Entsetzensschrei der Frau, die als lebende Fackel ins Leere fällt, den Aufschrei des brennenden Fleisches und des in den Wahnsinn gestürzten Bewußtseins. Links ist der Wutschrei des besiegten Kriegers. Rechts, in dem mächtigen Vorstoß der Frau, haben wir die *ungeheure Frage* des zuckenden Fleisches. Über ihr, *vom Schrecken gepackt,* die Erscheinung. In der Bildmitte wiederum das *Entsetzen* des zu Tode verwundeten Pferdes, welches sich im Schmerz windet, den es nicht versteht.

Jedesmal nimmt also der Typus des Schmerzes, von dem das Geschöpf befallen ist, vor unseren Augen Form an. Was Picasso auf diese Weise entdeckt, ist das Monstrum, das gleich den antiken Mythen eine von oben oder aus dem Jenseits oder anderswoher gekommene himmlische Warnung darstellt, eine Art Wunder, das tatsächlich etwas „zeigt". Die Kunst kann wohl ein Wahngebilde erzeugen, aber erst, wenn es sich zum Symbol erhebt, erscheint in feurigen Buchstaben das „Mene, tekel, upharsin" der Heiligen Schrift.

René Berger

Der Sieg von Guernica

1
Schöne Welt der schiefen Hütten
Der Zechen und Felder
2
Gesichter gut fürs Feuer Gesichter gut für die Kälte
Für die Verweigerung der Nacht für Wunden für Schläge
3
Gesichter gut zu allem
Seht die Leere starrt euch an
Euer Tod wird als Beispiel dienen
4
Der Tod umgekehrtes Herz
5
Sie haben euch das Brot bezahlen lassen
Den Himmel die Erde das Wasser den Schlaf
Und das Elend
Eures Lebens
6
Sie sagten sie wünschten Verständigung
Sie teilten die Starken und richteten die Narren
Gaben Almosen halbierten einen Groschen
Sie grüßten die Kadaver
Sie überschütteten sie mit Höflichkeiten
[. . .]

9
Die Frauen die Kinder tragen denselben Schatz
In ihren Augen
Die Männer verteidigen ihn so gut sie können
10
Die Frauen die Kinder haben die gleichen roten Rosen
In ihren Augen
Die Männer verteidigen ihn so gut sie können
11
Die Furcht und der Mut zum Leben und Sterben
Der Tod so schwer und so leicht
12
Menschen für die jener Schatz besungen
Menschen für die jener Schatz vertan
13
Wirkliche Menschen denen Verzweiflung
Die fressende Flamme der Hoffnung anfacht
Öffnen wir alle gemeinsam die letzte Knospe der Zukunft
14
Parias der Tod die Erde und das Häßliche
Unserer Feinde haben die eintönige Farbe unserer Nacht
Wir werden siegen.

P. Eluard, 1937

„Es ist unglaublich, wie wenig die Menschen heute aus Museen lernen. Warum schaffen sie Museen, wenn sie nicht daraus lernen wollen? Und sie könnten ‚alles' daraus lernen, nämlich das Eine, Große: daß es keine große und reine Kunst ohne Religion gibt; daß die Kunst um so künstlerischer war, je religiöser sie gewesen, und um so künstlerischer, je unreligiöser die Zeit war. Auch haben die vollkommen recht, die sagen, daß echte Kunst mit unsrer wissenschaftlichen und technischen Zeit unvereinbar ist –, nur glaube ich, irren sie, wenn sie denken, daß die Kunst sterben wird. Vielmehr ist gewiß, daß Wissenschaft und Technik zu kleinen Nebendisziplinen unseres Lebens herabsinken werden. Der Taumel über unsere Klugheit wird sich bald legen, und die Kunst wird wieder zum großen Gott, ja die Begriffe Gott und Kunst und Religion werden wiederkommen; neue Symbole und Legenden werden in unsre erschütterten Herzen einziehen."

Franz Marc

Leonardo da Vinci, Das letzte Abendmahl, um 1495–97
Öltempera auf Wandputz, 460 × 880 cm
Refektorium von Santa Maria delle Grazie, Mailand

Der erste Meister der Hochrenaissance, Leonardo da Vinci, arbeitete in Florenz und Mailand. Im Refektorium eines Mailänder Klosters malte er an die Wand das „Abendmahl".
Da das Bild als Dekoration gedacht war, ordnete der Künstler alle Personen auf der hinteren Längsseite der Tafel an, die Vorderseite ist leer. Dazu kommt eine genaue Aufteilung der Apostel in zwei Gruppen, links sechs Figuren, rechts sechs Personen. In der Mitte Jesus im Licht eines dahinterliegenden Fensters. Das Auge des Betrachters fällt auf die hellste Stelle des Bildes, auf die einzige Figur des Bildes, die im vollen Umriß gezeigt wird: Christus ist der Mittelpunkt. Auf ihn beziehen sich auch alle Personen am Tisch in ihren Blicken und Gesten, mit ihren Körpern und Händen. Trotz dieses Bezugs ist jede Figur eine Einzelpersönlichkeit, die den dramatischen Augenblick ganz nach persönlichem Temperament aufnimmt. „Einer von euch wird mich verraten!" Erschrecken, Abwehr, Fassungslosigkeit, Betroffenheit, Erschütterung drückt sich in den Bewegungen der Jünger aus, vor allem in der Bewegung der Hände. Nur Italiener können so ausdrucksvoll mit den Händen reden.
Aber alle individuellen Gesten weisen wieder auf Christus, dessen Hände eine Ergebenheit in den Willen Gottes ausdrücken.
So ist das Bild an der Refektoriumswand bei Mailand Ausdruck einer historischen Situation und Vollendung einer künstlerischen Absicht. Daß das Werk seit Jahrhunderten dem Verfall preisgegeben ist, wirkt um so tragischer, als der Maler selbst mit der Wahl seiner Maltechnik dazu beigetragen hat.

Lukas 22, 7–23
Es kam der Tag der ungesäuerten Brote, an dem das Paschalamm zu schlachten war, und er schickte den Petrus und Johannes weg und sprach: „Geht hin und bereitet uns das Pascha, damit wir es essen." . . . Und als die Stunde kam, ließ er sich zu Tische nieder und die Apostel mit ihm . . . „Doch seht, die Hand dessen, der mich verrät, ist mit mir auf dem Tische! Der Menschensohn geht zwar hin, wie es beschlossen ist; doch wehe jenem Menschen, durch den er verraten wird." Da sprachen sie erregt miteinander, wer von ihnen es wohl sei, der solches tun könnte.

Leonardo da Vincis Abendmahl

Wir wenden uns nunmehr gegen das eigentliche Ziel unserer Bemühung, zu dem Abendmahl, welches im Kloster alle Grazie zu Mailand auf die Wand gemalt war; möchten unsere Leser Morghens Kupferstich vor sich nehmen, welcher hinreicht, uns sowohl über das Ganze als wie das Einzelne zu verständigen.

Die Stelle, wo das Bild gemalt ist, wird allervörderst in Betracht gezogen: denn hier tut sich die Weisheit des Künstlers in ihrem Brennpunkte vollkommen hervor. Konnte für ein Refektorium etwas schicklicher und edler ausgedacht werden als ein Scheidemahl, das der ganzen Welt für alle Zeiten als heilig gelten sollte?

Als Reisende haben wir dieses Speisezimmer vor manchen Jahren noch unzerstört gesehen. Dem Eingang an der schmalen Seite gegenüber, im Grunde des Saals, stand die Tafel des Priors, zu beiden Seiten die Mönchstische, sämtlich auf einer Stufe vom Boden erhöht, und nun wenn der Hereintretende sich umkehrte, sah er an der vierten Wand über den nicht allzu hohen Türen den vierten Tisch gemalt, an demselben Christus und seine Jünger eben als wenn sie zur Gesellschaft gehörten. Es muß zur Speisestunde ein bedeutender Anblick gewesen sein, wenn die Tische des Priors und Christi als zwei Gegenbilder aufeinander blickten, und die Mönche an ihren Tafeln sich dazwischen eingeschlossen fanden. Und eben deshalb mußte die Weisheit des Malers die vorhandenen Mönchstische zum Vorbilde nehmen. Auch ist gewiß das Tischtuch mit seinen gequetschten Falten, gemusterten Streifen und aufgeknüpften Zipfel aus der Waschkammer des Klosters genommen, Schüsseln, Teller, Becher und sonstiges Geräte gleichfalls denjenigen nachgeahmt, der sich die Mönche bedienten.

Hier war also keineswegs die Rede von Annäherung an ein unsichres veraltetes Kostüm. Höchst ungeschickt wäre es gewesen, an diesem Orte die heilige Gesellschaft auf Polster auszustrecken. Nein! sie sollte der Gegenwart angenähert werden, Christus sollte sein Abendmahl bei den Dominikanern zu Mailand einnehmen.

Auch in manchem andern Betracht mußte das Bild große Wirkung tun. Ungefähr zehn Fuß über der Erde nehmen die dreizehn Figuren, sämtlich etwa anderthalbmal die Lebensgröße gebildet, den Raum von achtundzwanzig Pariser Fuß der Länge nach ein. Nur zwei derselben sieht man ganz an den entgegengesetzten Enden der Tafel, die übrigen sind Halbfiguren, und auch hier fand der Künstler in der Notwendigkeit seinen Vorteil. Jeder sittliche Ausdruck gehört nur dem obern Teil des Körpers an, und die Füße sind in solchen Fällen

überall im Wege; der Künstler schuf sich hier elf Halbfiguren, deren Schoß und Knie vom Tisch und Tischtuch bedeckt wird, unten aber die Füße im bescheidenen Dämmerlicht kaum bemerklich sein sollten.
Nun versetze man sich an Ort und Stelle, denke sich die sittliche äußere Ruhe, die in einem solchen mönchischen Speisesaale obwaltet, und bewundere den Künstler, der seinem Bilde kräftige Erschütterung, leidenschaftliche Bewegung einhaucht, und, indem er sein Kunstwerk möglichst an die Natur herangebracht hat, es alsobald mit der nächsten Wirklichkeit in Kontrast setzt.
Das Aufregungsmittel, wodurch der Künstler die ruhig heilige Abendtafel erschüttert, sind die Worte des Meisters: Einer ist unter euch, der mich verrät! Ausgesprochen sind sie, die ganze Gesellschaft kommt darüber in Unruhe; er aber neigt sein Haupt, gesenkten Blickes; die ganze Stellung, die Bewegung der Arme, der Hände, alles wiederholt mit himmlischer Ergebenheit die unglücklichen Worte, das Schweigen selbst bekräftigt: Ja es ist nicht anders! Einer ist unter euch, der mich verrät.
Ehe wir aber weiter gehen, müssen wir ein großes Mittel entwickeln, wodurch Leonardo dieses Bild hauptsächlich belebte: es ist die Bewegung der Hände; dies konnte aber auch nur ein Italiener finden. Bei seiner Nation ist der ganze Körper geistreich, alle Glieder nehmen teil an jedem Ausdruck des Gefühls, der Leidenschaft, ja des Gedankens. Durch verschiedene Gestaltung und Bewegung der Hände drückt er aus „Was kümmert's mich! – Komm her! – Dies ist ein Schelm, – nimm dich in acht vor ihm! – Er soll nicht lange leben! – Dies ist ein Hauptpunkt. Dies merket besonders wohl, meine Zuhörer!" Einer solchen Nationaleigenschaft mußte der alles Charakteristische höchst aufmerksam betrachtende Leonardo sein forschendes Auge besonders zuwenden; hieran ist das gegenwärtige Bild einzig, und man kann ihm nicht genug Betrachtung widmen. Vollkommen übereinstimmend ist Gesichtsbildung und jede Bewegung, auch dabei eine dem Auge gleich faßliche Zusammen- und Gegeneinanderstellung aller Glieder auf das lobenswürdigste geleistet.
Die Gestalten überhaupt zu beiden Seiten des Herrn lassen sich drei und drei zusammen betrachten, wie sie denn auch so jedesmal in eins gedacht, in Verhältnis gestellt, und doch in bezug auf ihre Nachbarn gehalten sind. Zunächst an Christi rechter Seite Johannes, Judas und Petrus.
Petrus, der Entfernteste, fährt, nach seinem heftigen Charakter, als er des Herrn Wort vernommen, eilig hinter Judas her, der sich, erschrocken aufwärts sehend, vorwärts über den Tisch beugt, mit der rechten festgeschlossenen Hand den Beutel hält, mit der linken aber eine unwillkürliche krampfhafte Bewegung macht, als wollte er sagen: Was soll das heißen? – Was soll das werden? Petrus

hat indessen mit seiner linken Hand des gegen ihn geneigten Johannes rechte Schulter gefaßt, hindeutend auf Christum, und zugleich den geliebten Jünger anregend, er solle fragen, wer denn der Verräter sei? Einen Messergriff in der Rechten, setzt er dem Judas unwillkürlich zufällig in die Rippen, wodurch dessen erschrockene Vorwärtsbewegung, die sogar ein Salzfaß umschüttet, glücklich bewirkt wird. Diese Gruppe kann als die zuerst gedachte des Bildes angesehen werden, sie ist die vollkommenste.

Wenn nun auf der rechten Seite des Herrn mit mäßiger Bewegung unmittelbare Rache angedroht wird, entspringt auf seiner linken lebhaftestes Entsetzen und Abscheu vor dem Verrat. Jakobus der Ältere beugt sich vor Schrecken zurück, breitet die Arme aus, starrt, das Haupt niedergebeugt, vor sich hin, wie einer der das Ungeheure, das er durchs Ohr vernimmt, schon mit Augen zu sehen glaubt. Thomas erscheint hinter seiner Schulter hervor, und sich dem Heiland nähernd, hebt er den Zeigefinger der rechten Hand gegen die Stirne. Philippus, der dritte zu dieser Gruppe Gehörige, rundet sie aufs lieblichste; er ist aufgestanden, beugt sich gegen den Meister, legt die Hände auf die Brust, mit größter Klarheit aussprechend: Herr, ich bin's nicht! Du weißt es! Du kennst mein reines Herz. Ich bin's nicht!

Und nunmehr geben uns die benachbarten drei letzteren dieser Seite neuen Stoff zur Betrachtung. Sie unterhalten sich untereinander über das schrecklich Vernommene. Matthäus wendet mit eifriger Bewegung das Gesicht links zu seinen beiden Genossen, die Hände hingegen streckt er mit Schnelligkeit gegen den Meister, und verbindet so, durch das unschätzbarste Kunstmittel, seine Gruppe mit der vorhergehenden. Thaddäus zeigt die heftigste Überraschung, Zweifel und Argwohn; er hat die linke Hand offen auf den Tisch gelegt, und die rechte dergestalt erhoben, als stehe er im Begriff, mit dem Rücken derselben in die linke einzuschlagen – eine Bewegung, die man wohl noch von Naturmenschen sieht, wenn sie bei unerwartetem Vorfall ausdrücken wollen: Hab ich's nicht gesagt! Habe ich's nicht immer vermutet! – Simon sitzt höchst würdig am Ende des Tisches, wir sehen daher dessen ganze Figur; er, der älteste von allen, ist reich mit Falten bekleidet, Gesicht und Bewegung zeigen, er sei betroffen und nachdenkend, nicht erschüttert, kaum bewegt.

Wenden wir nun die Augen sogleich auf das entgegengesetzte Tischende, so sehen wir Bartholomäus, der auf dem rechten Fuß, den linken übergeschlagen, steht, mit beiden ruhig auf den Tisch gestemmten Händen seinen übergebogenen Körper unterstützend. Er horcht, wahrscheinlich zu vernehmen, was Johannes vom Herrn ausfragen wird: denn überhaupt scheint die Anregung des

Lieblingsjüngers von dieser ganzen Seite auszugehen. Jakobus der Jüngere, neben und hinter Bartholomäus, legt die linke Hand auf Petrus Schulter, so wie Petrus auf die Schulter Johannis; aber Jakobus mild, nur Aufklärung verlangend, wo Petrus schon Rache droht.

Und also wie Petrus hinter Judas, so greift Jakob der Jüngere hinter Andreas her, welcher als eine der bedeutendsten Figuren mit halbaufgehobenen Armen die flachen Hände vorwärts zeigt, als entschiedenen Ausdruck des Entsetzens, der in diesem Bilde nur einmal vorkommt, da er in andern weniger geistreich und gründlich gedachten Werken sich leider nur zu oft wiederholt.

Johann Wolfgang Goethe

Leonardo da Vinci, geb. 1452 in Vinci bei Florenz, gest. 1519 in Chateau de Cloux bei Amboise. Italienischer Maler, Bildhauer, Baumeister, Zeichner und Naturforscher.
Werke: Mona Lisa – Madonna mit der Nelke – Verkündigung u. a. Universalgenie wie kein anderer Zeitgenosse.

Vorschläge:

1. *Sollte Ihnen die Gesamtausgabe von Goethes Werken zur Verfügung stehen, lesen Sie den gesamten Text über Leonardos Abendmahl.*
2. *Schreiben Sie die wichtigsten Informationen aus Goethes Text heraus und verfassen Sie auf der Grundlage dieser Gedanken eine eigene Darstellung.*

Emil Nolde, Abendmahl, 1909
Öl auf Leinwand, 83 × 106 cm
Kopenhagen, Statens Museum for Kunst

Methodische Vorüberlegung: Die modernen Bilder, die den folgenden Gesprächsbeispielen zugrunde liegen, entstammen ausnahmslos der neuen Schulbibel der Württembergischen Bibelanstalt. Sie sind besonders geeignet, die kerygmatische Wirkungsweise bildnerischer Mittel erfahrbar zu machen. Ihr moderner Formcharakter fordert dazu heraus, die Betrachtung bei der Verwendung der einzelnen Gestaltungsmittel zu beginnen und von da aus nach dem Sinn der Gestalt zurückzufragen.
Das folgende Gespräch über Noldes Abendmahlsbild wurde von einer Schülerfreizeit (10. Klasse) vor einem Abendmahlsgottesdienst durchgeführt. Noldes Abendmahlsbild lehrt das Abendmahl theologisch als Gemeinschaftsmahl zu verstehen.

Protokoll des Gesprächs: (Das Abendmahlsbild wird gezeigt und benannt)

L: Was fällt Ihnen am stärksten auf?	S: Die Farben sind auffällig. – Dieses Gelb der Gesichter: als ob sie brennen würden!
L: Warum hat wohl Nolde dieses Gelb gewählt?	S: Er will wohl sagen, daß die Leute innerlich brennen. – Sie leuchten wie von innen.
L: Verfolgen Sie doch einmal, wie das Gelb auf das Bild verteilt ist!	S: Man findet es auf allen Gesichtern. Auch auf den Händen. – Aber es ist jedesmal verschieden hell. Bei Christus ist es am hellsten. Von Christus geht das Leuchten aus und sie werden alle davon angestrahlt. – Er ist wie die Lichtquelle des Bildes.
L: Zeichnen wir doch einmal den Weg nach, auf dem unser Auge von dem Gelb durch das Bild geführt wird! (Ein Schüler folgt den Gelbtönen mit dem Zeigestock.)	S: Der Weg beginnt natürlich bei dem Gesicht Jesu, weil das am hellsten ist. – Dann wird man auf das Gesicht links neben Jesus gelenkt. – Nun muß das Auge auf das Profil links im Hintergrund springen. – Man sieht dann eigentlich gleichzeitig die Hände Christi, die sich um den Kelch schließen, und die Hände der Jünger rechts. Eine Hand liegt auf der Schulter des vordersten Jüngers. – Dann blickt man auf das Gesicht des Jüngers, dem diese Hand gehört. – Und jetzt zuletzt auf das dicke Gesicht rechts neben Christus. Nun ist man wieder bei Christus und wird auf die dunklen Gesichter rechts und links im Hintergrund aufmerksam.
L: Welche Figur ergibt dieser Weg des Auges, wenn man ihn nachzeichnet?	S: Das ergibt eine Art Kreis oder Ellipse.
L: Was könnte diese kreisförmige Komposition bedeuten?	S: Man sieht dadurch eben gut, daß die Jünger einen Kreis um Christus bilden, daß sie irgendwie zusammengehören. – Man sieht ja auch sonst an ihnen, daß sie wie Freunde beisammen sind: Einer gibt dem andern die Hand. Ein anderer legt seinem Nachbarn die Hand auf die Schulter.

L: Und wenn wir jetzt noch bedenken, daß überall unter ihnen das Gelb auftaucht!

S: Das Gelb geht doch von Christus aus, er ist die Lichtquelle, wie wir vorhin sagten: Sie sind also alle durch dieses Licht verbunden.

L: Wie steht es nun mit den anderen Farben?

S: Christus leuchtet noch mehr durch das weiße Hemd. – Dieses Weiß ist überhaupt die hellste Stelle im Bild.

L: Warum wird diese Stelle so betont?

S: Wenn man auf diese weiße Stelle blickt, sieht man zugleich die Hand und den Kelch. Sie werden durch das Weiß hervorgehoben. Und an dem Kelch erkennt man doch, daß das Abendmahl gefeiert wird. Ich denke, das ist das Wichtigste an dem Bild. – Überhaupt fällt einem dann die ganze Haltung, in der Christus das Abendmahl feiert, auf.

L: Wie könnte man sie beschreiben?

S: Ich weiß nicht – vielleicht so „hingebungsvoll". – Wie er die Hand um den Kelch legt! – Er blickt nach innen, seine Augen sind geschlossen. – Auch der rote Mantel hebt Christus hervor. Durch ihn leuchtet das Weiß erst richtig.

L: Was ist das für ein Rotton?

S: Es ist ein Purpurrot.

L: Was könnte dieses Rot bedeuten?

S: Rot ist die Farbe der Liebe, sagt man. Bedeutet es hier vielleicht seine Liebe?

L: Liebe ist eine alte Bedeutung der roten Farbe. Wie kommt man wohl darauf, daß Rot die Farbe der Liebe ist?

S: Weil das Rot so feurig ist, so warm? – Dann bedeutet der rote Mantel hier die Liebe, mit der Jesus mit seinen Jüngern das Abendmahl feiert. – Und vielleicht auch das, daß er sein Leben für die Menschen opfern will? – Dann kann das Rot auch an das Blut erinnern.

L: Sicher soll es hier an Liebe und Blut zugleich erinnern.

S: Das gleiche Rot hat aber auch der Mantel des Jüngers rechts. Bedeutet es da etwas anderes?

L: Was meinen die anderen?

S: Vielleicht soll das andeuten, daß dieser Jünger mit Christus zusammengehört.

L: Aber wie steht es mit den Farben der übrigen Jüngermäntel?

S: Der Jünger links hat ein dunkelgrünes Gewand an. Grün ist auch der Mantel des Jüngers, der Jesus über die Schulter blickt, von rechts aus dem

Hintergrund. – Das kann doch nicht bedeuten, daß diese Jünger weniger zu Christus gehören, als der im roten Gewand.

L: Rot und Grün stehen doch auch in einem bestimmten Verhältnis zueinander.

S: Man nennt das die Komplementärfarbe. Das heißt, daß Rot und Grün besonders gut harmonieren. – Dann zeigen also auch die grünen Mäntel, daß die Jünger zu Christus gehören. – Aber der Jünger im Vordergrund rechts hat ein violettes Gewand!

L: Wie verhält sich Violett zu den übrigen Farben auf dem Bild?

S: Das ist doch die Komplementärfarbe zu Gelb. Violett harmoniert mit dem Gesicht Jesu und mit allen anderen Gesichtern. – Dann sind hier ja alle Farben so angeordnet, daß sie zeigen: Alle gehören zu Christus und alle gehören untereinander zusammen. – Die Farben zeigen das gleiche wie die kreisförmige Anordnung der Jünger in dem Bild.

Ingrid Riedel

Emil Nolde, Abendmahl

Über die Entstehung des ‚Abendmals' berichtet der Maler in ‚Jahre der Kämpfe' (S. 104 ff.): „Mit dünnen Bleistiftstrichen zeichnete ich hart und spitz dreizehn Menschen auf ein Leinen hin, den Heiland und seine zwölf Apostel, um einen Tisch sitzend in der lauen Frühlingsnacht, in der Nacht, bevor das große Leiden Christi kam. Es waren die Stunden, während denen Christus sich in seinen großen Erlösergedanken den geliebten Jüngern offenbarte. – Einem unwiderstehlichen Verlangen nach Darstellung von tiefer Geistigkeit, Religion und Innigkeit war ich gefolgt, doch ohne viel Wollen und Wissen oder Überlegung. Fast erschrocken stand ich vor dem aufgezeichneten Werk, um mich gar kein Vorbild der Natur, und nun sollte ich malen das geheimnisvollste, tiefinnerlichste Geschehnis der christlichen Religion! – Ich malte und malte, kaum wissend, ob es Tag oder Nacht sei, ob ich Mensch oder Maler nur war. – Falls ich am Bibelbuchstaben und am erstarrten Dogma gebunden gewesen wäre, ich habe den Glauben, daß dann ich diese tiefstinnig empfundenen Bilder, Abendmahl und Pfingsten, so stark nicht hätte malen können. Ich mußte künsterisch frei sein – nicht Gott vor mir haben, wie einen stahlharten assyrischen Herrscher, sondern Gott in mir, heiß und heilig wie die Liebe Christi. – Mit den Bildern

‚Abendmahl‘ und ‚Pfingsten‘ erfolgt die Wende vom optisch äußerlichen Reiz zum empfundenen inneren Wert. Marksteine wurden sie.“

Es war ein altes Bild, das da aus seiner inneren Vorstellung herauftrat. Als Kind beim Lesen der Bibel war es in ihm entstanden. Weil es aber allein aus der erinnernden Vorstellung zu gestalten war, trugen die beschreibenden Mittel nicht mehr. Um die absolute Ursprünglichkeit der Vision und ihre legendäre Aura sichtbar zu machen, sucht der Maler den intensivsten Ausdruck in allereinfachster Form.

Ein grobknochiges Geschlecht von Bauern und Fischern mit kantigen Gesichtern ist da eng um den Tisch gedrängt. Eindrückliche Gesten, ausgeführt von schweren Händen, sprechen die einfachen Empfindungen aus: das fromme Falten der Hände, die Zusammengehörigkeit im brüderlichen Handschlag, der Trost der schweren Hand auf der Schulter des anderen. Die Kraft der Empfindung sammelt sich in den Gesichtern, drängt das Individuelle beiseite und läßt das Allgemeine durchscheinen – die Ausdrucksmaske menschlicher Ergriffenheit.

Im engsten Ausschnitt drängt Nolde den Kreis der halluzinierten Gesichter zusammen und führt das grüngoldene magische Farblicht so, daß das hellste Leuchten auf das verzückte Antlitz Christi fällt, das in reinem Gelb über dem Weiß des Leibrocks wie ein Stern aufleuchtet. Die Farbe und ihr Licht sind es, die durch ihren selbständigen Ausdruckswert der Szene das unwirklich Visionäre geben. Nun sinkt auch das Illusionistische der plastischen Vergegenwärtigung zurück. Einfache Raumpläne gliedern das Bildgeviert. Die hellen Farben der Figur Christi und seiner Nachbarn drängen hinter der dunklen Schranke des Blau und Grün des Vordergrunds nach vorn, so daß der Bildraum ganz flach wird . . . Eine schwere Arabeske bindet die Bildelemente in einem ganzheitlichen Ornament zusammen und läßt das Ausschnitthafte zurücktreten. Das Einfachste und Unmittelbarste ist das Ausdrucksvollste, damit die aus der Vorstellung hervortretende Vision in ihrem legendären Zauber sichtbar wird. In seiner archaischen Weise legt dieses Bild den Grundstein für die ganze kommende Verbildlichung des in der inneren Vorstellung des Künstlers liegenden Bildgutes. Aus dem ekstatisch gemachten Impressionismus tritt das Bild als Träger eines neuen visionären Ausdrucks hervor.

Werner Haftmann

Ganz nah geht Nolde an das Geschehen heran. Jegliche Nebenaktion, wie zum Beispiel die Darstellung des Wirtes oder eine genaue Bezeichnung der Räumlichkeit, fallen weg. Nur die direkt zur Handlung gehörenden Personen, aber auch diese nur mit den Oberkörpern, werden mit dem Tisch in der Mitte gezeigt.

Mittelpunkt des Geschehens und zugleich Mittelachse des Bildes ist Christus mit dem Abendmahlskelch in den Händen. Kopf, Brust und Arme sind im Gegensatz zu den anderen Personen nicht verdeckt oder überschnitten. Die Rücken der an der gegenüberliegenden Seite sitzenden Jünger stützen ihn über den Tisch hin nach unten wie Säulen ab und steigern auf diese Weise die Bedeutung seiner Position. Der Aufbau erinnert gerade auch dadurch, daß die Köpfe ein Dreieck bilden, dessen höchste Spitze Christus einnimmt, an das Emmaus-Bild und damit an Rembrandts Fassung in Paris. Im Unterschied dazu sind jedoch hier die Personen näher zusammengerückt. So sitzen an der rechten Seite statt eines Mannes zwei.

Gisela Barche

Emil Nolde, eigtl. Emil Hansen, geb. 1867 in Nolde, gest. 1956 in Seebüll, Nordfriesland. Ein Hauptvertreter deutscher expressionistischer Kunst, seine Malerei wurde 1933 als „entartet“ bezeichnet. Über 100 seiner Werke wurden aus den öffentlichen Sammlungen entfernt, 1941 erhielt er Malverbot. Trotzdem 1300 Aquarelle.
Werke: Pfingsten – Christus und die Kinder – Tanz um das goldene Kalb – Grablegung Christi u. a.

Matthias Grünewald, Verspottung Christi, 1504
Nadelholz, 109 × 73,5 cm
Alte Pinakothek München

„Darauf ließ Pilatus Jesus nehmen und ihn geißeln. Die Soldaten flochten einen Kranz aus Dornen und setzten ihn auf sein Haupt, legten ihm einen purpurroten Mantel um, traten vor ihn und sagten: ‚Heil dir, König der Juden!' Und sie schlugen ihm ins Gesicht." Joh. 19, 1–3

Dies ist Grünewalds Bild: keine Dornenkrone, dafür ein weißes Tuch, das Haupt und die Augen verhüllend. Kein purpurroter Mantel, sondern ein hellblaues Gewand! Das Rot des Blutes, nicht das Rot der Würde, ist dem Henkersknecht vorbehalten in Hose und Lederhelm. Die rechte Hand hält den Strick mit harten Knoten zum Schlagen bereit. Eine Bewegungslinie läuft vom Ende des Stricks über den rechten Arm und den Kopf des Knechtes zu seinem linken Arm und dem Strick, den er in seiner Faust verankert hält. Der Strick bindet die Hände des Erlösers zur Hilflosigkeit und restlosem Ausgeliefertsein. Die Bewegungslinie der brutalen Gewalt führt über den Kopf des Heilands zum gebauschten Ärmel des zweiten Knechtes, über dessen bärtigen Kopf hinaus zur erhobenen Faust, die bereit ist, auf Jesus zu einem schweren Schlag niederzufallen. Unbeteiligte Gesichter im Hintergrund. Einer spricht, einer hört ihm zu, einer trommelt und pfeift vor sich hin, nur in der rechten oberen Ecke sieht ein mitleidendes Gesicht über die Schulter des Vordermannes. Die drei Hauptfiguren: Jesus und die beiden Folterknechte sind durch die Linie der brutalen Gewalt miteinander verbunden: Christus wird geschlagen.

Matthias Grünewald, eigentlich Mathis Gothard, genannt Nithart, geb. um 1480 in Würzburg (?), gest. 1528 in Halle a. d. Saale, deutscher Maler und Baumeister. Den Maler umgibt ein geheimnisvolles Dunkel, das auch die Forschung noch nicht ganz enthüllt hat. Ein genialer Künstler, der im Umbruch vom Mittelalter zur Neuzeit seine Zeit deutet. Werke: Isenheimer Altar – Baseler Kreuzigung – Frankfurter Heller-Altar u. a.

Grünewald, Verspottung Christi

Der Bildaufbau

Das von links einfallende Licht, das von einem Wachfeuer ausgehen könnte, hebt deutlich vier Personen von der dunkleren Umgebung ab. Je zwei von ihnen gehören zusammen. Sie stehen sich in einem X-förmigen Bildaufbau diagonal gegenüber und verkörpern in Gesichtsausdruck, Haltung und Gestik gegensätzliche Charaktere.

Christus

sitzt mit verbundenen Augen am linken Bildrand. Er ist durch die Lichtführung und die Aufmerksamkeit der Umstehenden als Hauptperson gekennzeichnet. Ohne Widerstand erträgt er ergeben mit demütig geneigtem Oberkörper sein Leiden, das der Maler durch das Blut am Kopftuch und Bart dramatisch schildert. Lediglich die schmerzvolle Bewegung der Hände deutet eine Reaktion auf die Mißhandlungen an.

Die gedämpfte Farbigkeit des reichgestuften Graublau im Gewand Christi entspricht seiner passiven Haltung.

Der Scherge in der violetten Jacke

hält Christus mit seiner Linken am Haar fest und holt mit seiner Rechten weit zum Schlag aus. Mit seinem verzerrten Gesicht, dem wehenden Gewand und der wuchtigen Bewegung steht er im schroffen Gegensatz zur demütigen Haltung Christi. Die S-förmige Bewegung der Arme des Schergen verbindet ihn mit seinem Opfer und verstärkt die Wucht des Schlages. Verglichen mit der Körpergröße und der Schlaggewalt des Schergen wirkt Christus, der auf einem Stein niedergesunken ist, schutzlos und erbarmungwürdig.

Der Scherge in der gelben Jacke

hält den Strick, mit dem Christus gefesselt ist, in seiner Linken. Sein rechter Arm holt weit aus zum schmerzhaften Schlag mit dem freien Strickende, in das Knoten gebunden sind. Dabei beugt er sein rechtes Bein und holt mit dem seitlich geneigten Oberkörper kräftig Schwung. Gleichzeitig hat er seine Beine weit gespreizt, um seine Standfestigkeit zu erhöhen.

Hämisch blickt er dabei auf Christus. Beide Schergen stehen in ihrer Körpergröße, der grellen Farbigkeit der Gewänder und der Dynamik ihrer Bewegungen in einem deutlichen formalen Kontrast zu Christus. Ihre Gemeinheit und Brutalität wird dadurch unterstrichen.

Der Mann im geschnürten Leibrock und dem Holzstock in der Linken wendet sich mit einer Geste seiner Rechten den Schergen zu, mit der er ihnen Einhalt zu gebieten scheint. Auch er steht mit seinem wachen Gesichtsausdruck und der gemessenen Bewegung in einem deutlichen Gegensatz zu den beiden Schergen.
Bittend wendet sich ein bärtiger Mann mit einer turbanartigen Kopfbedeckung an ihn und legt ihm beide Hände auf die Schultern. Dahinter wird das betrübte Gesicht eines weiteren Mannes sichtbar.
Dieser Dreiergruppe, die offensichtlich Mitleid empfindet, steht auf gleicher Höhe eine weitere Dreiergruppe gegenüber, deren Gesichter Bösartigkeit, Brutalität und ungerührte Neugier widerspiegeln.
In der neueren kunsthistorischen Literatur findet sich die Vermutung, daß die „Verspottung Christi“ eine deutliche Kritik Grünewalds an den Vertretern der vorreformatorischen Kirche darstelle. Dabei werden die Hüte der Schergen als Hinweise auf Mitra und Kardinalshut gedeutet. Gleichzeitig sieht sie in den Gewandformen eine Anspielung auf die Farbigkeit liturgischer Gewänder.

Michael Meuer

Vorschlag: Versuchen Sie, aus dieser Bildanalyse eine Bildsynthese zu schreiben. (Siehe S. 39)

Matthias Grünewald, Verspottung Christi

Epoche: Die leidenschaftliche Einfühlung der Hochgotik in das biblische Geschehen, vor allem der Passion, zieht die christlichen Bilder aus ihrer früheren Abstraktion in die Erlebnissphäre des Menschen.
In der späten Gotik verlieren die christlichen Bilder ihre strenge Stilisierung: Es setzt eine Bewegung ein, die die Glaubenszeichen mit dem Lebensalltag der Menschen in Beziehung setzen möchte. Man gewinnt ein neues Interesse daran, daß Jesus auf der Erde lebte, um nicht nur den Einzelmenschen, sondern die gesamte Wirklichkeit der Welt mit Gott zu verbinden.
Die neue Bildauffassung prägt einen neuen Bildtyp: das spätmittelalterliche Tafelbild. Als Altartafel steht es gegenüber Mosaik und Fresko in einem neuen Verhältnis zum Kirchenraum. Sind Mosaik und Fresken mit der Wand selbst verwachsen, nehmen unmittelbar teil an Substanz und Sinngehalt des Kirchenraumes, der zum Altar führt, so können die Altäre mit ihren Bildtafeln. Flügeln, Predellen und Aufsätzen frei im Raum aufgestellt werden. Sie dienen der Andacht des einzelnen.
[. . .]

Linearkomposition: Die Bildbewegung geht von der einzig ruhigen Gestalt, Christus, aus, gewinnt durch die Diagonalen des zerrenden Kriegsknecht-Armes, vor allem aber durch das mächtig vom Bildboden abstoßende Bein eine stürmische Dynamik, die über die beiden Kriegsknechte im Hintergrund weiterführt zu dem ausholenden Arm des schlagenden Knechtes, um von dort gleichsam nach mächtigem Anlauf mit großer Wucht auf Christus niederzufallen. Die Bewegung wird durch die diagonal herabfallenden Linien der Schärpe geführt, folgt der Linie des herabhängenden Tuches, durchfährt Christus von Kopf bis Fuß, bis zum unteren Bildrand: fast wie ein Blitz, der, hier abgeleitet, in die Erde fährt. Dort trifft das Auge wieder auf die mit großer Energie vorstoßende Diagonale der Umrißlinie, die von dem plastisch im Vordergrund stehenden Bein des Knechtes bis zu seinem Lederhelm durchgezogen wird. Die Kreisbewegung kommt von neuem in wildem Schwung, um sich abermals auf dem Haupt Christi zu entladen. So vermitteln die Bildlinien den Rhythmus eines immer erneuten Einschlagens.

Die Lichtführung: Diese Bewegung wird dem Auge vor allem durch die Lichtführung übertragen. Wir haben natürliches Beleuchtungslicht vor uns. Grünewald versagt es sich, irgend ein milderndes himmlisches Licht auf diese Szene fallen zu lassen. Dieses Bild wird allerdings getragen und interpretiert von der starken Eigenbedeutung der Farben.

Das Licht fällt hart und schonungslos auf den weißen Hemdrücken des Soldaten im Vordergrund. Von da aus gleitet es über den Rücken des zerrenden Soldaten weiter, über das Wams und Gesicht des hinter ihm Stehenden, über Kappe und Schärpe des Schlagenden zurück auf das Haupt Christi. Hier sammelt es sich für einen Moment wie in einer Linse und läßt dieses Tuch, das Christus verhöhnen soll, aufstrahlen wie einen Nimbus. Grünewald hat es hier nicht nötig, ein Christusgesicht zu schaffen, um Christi Hoheit auszudrücken. Die Verhüllung des Gesichtes gibt ihm gerade die überindividuelle exemplarische Bedeutsamkeit für alle Menschen, die je in die Situation der Mißhandlung geraten. Die Meisterschaft dieser Darstellung liegt darin, „Widerstand und Ergebung" zugleich auszudrücken, die Hingabe an Gottes Willen in der Hinnahme menschlicher Gemeinheit zugleich sichtbar zu machen. Die „Ergebung" liegt in der leicht nach vorn gebeugten Haltung, dem gleichsam hingehaltenen Kopf, der nicht ausweicht, obwohl die Richtung gewiß ist, aus der der Schlag kommen muß. Aber eben in diesem ruhigen furchtlosen Hinhalten liegt zugleich die Würde, die von dieser Gestalt ausgeht. Sie liegt auch in der souverän entspannten Linie des weit nach vorn ausgestreckten Beines, die – wie wir sahen – die gewaltsame Kreisbewegung gleichsam ableitet; die sie wie ein

„Blitzableiter“ in die Erde fahren läßt. Ruhig, völlig gesammelt in dem Willen zur furchtlosen Hingabe an Gott und die Menschen hält Christus der Brutalität stand, gewiß, sie durch diese Haltung von innen her zu überwinden.
Die Farbkomposition: Der farbliche Ruhepunkt der Komposition ist das Blau des Christusmantels: der Farbe des Glaubens. Sie kehrt auf dem Bild nicht wieder, nur in Spuren in dem dunkelblauen Wams des Mannes rechts oben im Bild, der dem Zuschlagen Einhalt zu gebieten scheint. Er ist auch durch seine Kappe in Orange – der Komplementärfarbe zu Blau – auf Christus bezogen. Daneben ist das Bild erfüllt von einem grellen gewalttätigen Rot, dem in der gesamten Farbkomposition kein komplementärer Grünton das Gleichgewicht hält. Das Rot hat also ein Übergewicht: die Gewalttätigkeit hat freie Bahn.
Der Schlagende dagegen ist in ein violettes Gewand gekleidet, das diesmal die negative, irritierende Komponente des Violett heraushebt. Auf dieses Violett sind die übrigen Gestalten durch die fahlen Gelbtöne ihrer Wämse bezogen. Schließlich durchzieht ein blauweißer Farbton blickführend das Bild: vom Hemd des Schlagenden über das von Christi Haupt herabhängende Tuch bis zu dem grellweißen Hemd, das aus dem Wamsrücken des vorderen Schergen quillt. Hier wird die herabschlagende Bewegung am stärksten nachgezeichnet, auch darin, daß sie nicht endet, sondern sofort vom nächsten Schergen wieder aufgenommen wird.
Die Begegnungsweise Gottes mit dem Menschen: Gott begegnet auf diesem Bild in der Haltung des Menschen Jesus von Nazareth. Hier ist es gewagt, Christus als den glaubenden Menschen schlechthin zu sehen: als den „Anfänger und Vollender des Glaubens“ (Hebr.). Gott ist präsent auf diesem Bild in der Demut und Würde dieses Menschen, die ihm zum Herrn über alle Gemeinheit machen.
[. . .]

Ingrid Riedel

Vorschlag:
Versuchen Sie nach dem Beispiel der vorhergehenden Interpretationen ein anderes Passionsbild zu analysieren und zu interpretieren.

Albrecht Dürer, Die vier Apokalyptischen Reiter, 1498
Holzschnitt, ca. 39,5 × 28,5 cm
Berlin, Kupferstichkabinett

Das Buch, das Dürers Namen mit einem Schlage in ganz Europa berühmt machte, war die 1498 erschienene *Apokalypse* des Johannes. Obwohl sich die wie ein Film abrollenden endzeitlichen Visionen der Schrift nur schwer in Bilder umsetzen lassen, hat man während des Mittelalters gerade diesen Text immer wieder illustriert. Auch der Buchdruck hatte sich schon frühzeitig im Rahmen der Bibelillustration mit dem apokalyptischen Thema auseinandergesetzt: um 1479 in der Kölner Bibel und 1483 in der Nürnberger Bibel. Auf den Holzschnitten zu diesen beiden Druckwerken baute Dürer seinen eigenen Illustrationszyklus auf. Aber aus den bescheidenen Vorbildern schuf er Darstellungen von so erregender Dramatik wie die *Vier Reiter* (Apok. 6, 1–8) und *Johannes verschlingt das Buch* (Apok. 10, 1–11). Für die Zeitgenossen, von denen ein großer Teil für das Jahr 1500 das Weltende erwartete, muß die Wirkung ungeheuerlich gewesen sein. Die von Dürer gefundenen bildlichen Formulierungen hatten etwas Endgültiges, dem sich kein späterer Illustrator ganz entziehen konnte. Den Text der lateinischen wie der deutschen Ausgabe druckte Dürers Pate Anton Koberger. Erstmals trägt jeder Holzschnitt der Folge Dürers bekanntes Monogramm.

Fedja Anzelewsky

Die Apokalypse

Den dritten Abschnitt seines Dürerbuches gliedert Wilhelm Waetzold in folgende Themen:
Am Vorabend der Reformation
Religiöse Volksbewegungen
Wallfahrtsfieber
Allgemeine Unruhe
Krieg, Not und Seuchen
Zeichen und Wunder
Politische Unruhen
Weltuntergangsstimmung
Die Offenbarung Johannis

Dürers Apokalypse

„In den letzten Jahrzehnten des 15. Jahrhunderts ritten die apokalyptischen Reiter: Hungersnot, Krieg und Seuche durch deutsche Lande. Schlechte Ernten, als ihre Folge Not auf dem Lande, ließen im Elsaß den Bundschuh, die erste Bauernverschwörung größeren Stils entstehen. 1499 verwüstete der Schweizer Krieg Teile von Schwaben und Tirol. Willibald Pirkheimer, als Heerführer und Geschichtsschreiber in diesem Feldzuge, hat das Kriegselend den friedlichen und satten Nürnbergern ergreifend geschildert. Drei Jahre lang hauste die Pest und verschlang in den Städten am Rhein die halbe Einwohnerschaft. Die angeblich von Franzosen nach Italien eingeschleppte Lustseuche fand auf den Handelswegen vom Süden nach Norden Eingang in die süddeutschen Reichsstädte . . .“

Vier Reiter brausen heran, über denen wie ein Sturmvogel mit weitem Flügelschlag der Engel Gottes schwebt. Auf dem weißen Rosse der gekrönte Bogenschütze, auf dem roten Roß der Schwertschwinger. Das dritte, das schwarze Roß trägt den bartlosen Reiter, dessen Rechte die Waage wie eine Peitsche schwingt. Die Schalen, an deren Gleichgewicht alles irdische Leben hängt, fliegen klappernd dem Waagebalken nach. Mit den drei Gewaltigen: Krieg, Krankheit und Not hält der fahle Klepper des vierten Reiters Schritt und Richtung. Ihn reitet das hautüberzogene Skelett des ewigalten Todes, er bedarf weder der Bügel noch der Zügel; die Dreizackgabel spornt den klapperdürren Gaul, der seinen Weg über Menschen hinweg allein findet. Unter der apokalyptischen Attacke flüchtet Mann und Weib. Wen die Hufe nicht niederreißen, den verschlingt, gleich dem gestürzten Bischof, der Teufelsrachen.

Wilhelm Waetzoldt

Albrecht Dürer, Die apokalyptischen Reiter

Der Holzschnitt wird von einer Holzplatte gedruckt, auf der die Linien der Zeichnung erhöht stehen. Diese Linien müssen, wenn nicht peinlich gekünstelt wird, eine gewisse Breite haben und dürfen sich nicht schneiden, weil die Schraffur ein pedantisches Herausstechen der kleinen Vierecke zwischen den sich kreuzenden Linien notwendig macht, das dem freien Fluß der Zeichnung abträglich ist. Dadurch ist der Charakter des Holzschnittes in seiner Herbheit bestimmt, eine Distanz gegenüber der Wirklichkeit als seine Eigenschaft gegeben, die ein Hindernis für realistische, ein unschätzbarer Vorzug für Traumbilder ist.

Der Einfluß des schmiegsameren Kupferstiches hat sehr bald dazu geführt, daß auch im Holzschnitt ein zarterer Strich und die Schraffur eingeführt wurden. Im Werk Dürers kann man das verfolgen. Es gilt noch von der realistischen Anschauung des 19. Jahrhunderts her als Fortschritt. Aber es war durchaus kein Fortschritt. Jetzt werden, im Gegensatz, die ganz frühen und noch technisch unbeholfenen Holzschnitte überschätzt. Die frühen Holzschnitte Dürers verbinden mit der herben Strenge des Stiles die volle Beherrschung der Technik und damit eine umfassende Möglichkeit des Ausdrucks. Die „Apokalypse" darf deshalb als Höhepunkt dieser graphischen Kunst betrachtet werden und wird auch, soweit nicht die Mode der Unreife das Urteil bestimmt. [. . .]

Fritz Stahl

[. . .] Dürer sah seine Aufgabe darin, innerhalb eines größeren Reichtums alles einzelne bedeutend zu gestalten. Immerhin geschieht es das erstemal, daß er die Wirkung aus der entscheidenden Überordnung eines mächtigen Motives gewinnt. Die bisherigen acht Blätter der Apokalypse waren alle in stärkerem oder geringerem Grade auf eine Symmetrieachse bezogen. Fast stets nahm die Mitte der oberen Hälfte Christus oder eines seiner Symbole ein, auch wo diese vom Text nicht unbedingt geboten waren. In den nächsten Blättern wird auf diese Dinge sowohl, wie auf die Symmetrie verzichtet.
In den apokalyptischen Reitern läßt Dürer eine kräftige Schräge, die unten mit dem von den Rahmenlinien überschnittenen mächtigen Höllenrachen beginnt, das Blatt durchschneiden. Keines der bisherigen Blätter zeigt einen so engen Anschluß an die Darstellungen der Apokalypse der Quentell-Kobergerschen Bilderbibel (1483 bzw. 1493) wie dieses Blatt. Aber Dürer hat die Intensität der Vorlage ins Katastrophenartige gesteigert. Neu ist die Raumenergie im gewaltigen Hintereinander der drei Luftreiter, die zu der großen Einheit eines Bewegungseindrucks zusammengefaßt sind. Dem Text gegenüber bringt Dürer, wie schon die Koberger Bibel, die Reiter in verkehrter Anordnung. Er bekommt so in den Opfern des Todes und der Hölle einen passiven Gegensatz zu der Aktivität der Strafgewalt in den Vordergrund.
[. . .]

Franz Stadler

Vorschlag: Verfassen Sie nach den vorliegenden Texten und Ihren eigenen Gedanken eine neue Bildbeschreibung.

Marc Chagall, Moses zerbricht die Gesetzestafeln, 1955/56
Öl auf Papier, auf Leinwand aufgezogen, 228 × 152 cm
Wallraf-Richartz-Museum, Köln

[. . .]
1944 entstand der monumentale *König David.* Es handelt sich um das erste Bild einer Reihe, welche die wenige Jahre später beendeten Mosesdarstellungen einschließt und mit ihnen zusammen den Kern eines biblischen Zyklus darstellt, mit dem Chagall einen ‚Heiligen Ort', eine ‚Stätte der Andacht' zu schaffen gedachte. Im Januar 1950 war das erstemal davon die Rede, eine solche Stätte in Vence, in der ‚Chapelle du Calvaire', einzurichten.
[. . .]
Die erste Reihe der neuen biblischen Bilder umfaßte *König David,* 1950/51, *Moses empfängt die Gesetzestafeln,* 1950/52, der *Durchgang durch das Rote Meer,* 1954/55 und *Moses zerbricht die Gesetzestafeln,* 1955/56. Die Formate gleichen sich, und man spürt, wenn die Werke nebeneinander stehen, den zyklischen Gedanken, den Chagall durch sie hindurch verfolgte. Besonders die drei Mosesdarstellungen bilden ein herrliches Triptychon.
[. . .]
Am gewaltigsten ist der Eindruck des vierten Bildes: *Moses zerbricht die Gesetzestafeln.* Chagall übernahm die Haltung des heiligen Mannes, der die Arme emporwirft und die Tafeln zu Boden schleudert, fast wörtlich aus der entsprechenden Radierung. Aber nun reckt sich die Gestalt durch das ganze Bildfeld empor. Rechts umtanzt das Volk das goldene Kalb und links, im Raum ‚hinter' dem Berg, im Raum des Zukünftigen, stehen Menschen, die sich an den steilen Rand der Böschung drängen und ergriffen die Zertrümmerung der Tafeln miterleben, ähnlich wie oft Stifterfiguren vor heiligen Szenen auf christlichen Bildern. Über ihnen erhebt sich, überlang, ein junger Mann, der die Thora im Arm trägt, und unter einem Baldachin wird ein junges Paar getraut. Hier also vermag das Gesetz zu wirken, das Moses, wie das Bild mit der kleinen Szene rechts oben erinnert, nach der Zertrümmerung der Tafeln noch einmal von Gott empfing; zu wirken nämlich bei den ‚Künftigen', als heilige Überlieferung beim jungen Menschen, dessen Leben es erfüllen wird, und als Segen über der Verbindung des Paars, aus der menschliche Ordnung hervorgeht. Dem wilden, heidnischen Taumel rechts, der den Zorn Moses erregte, der ‚Gegenwart' am Sinai, steht so links die ‚Zukunft' gegenüber, die aus dem Gesetz entspringt und immer wieder entspringen kann. Auch hier führt Chagall im Bild kein vergangenes Ereignis vor Augen, sondern eine ins Leben wirkende, dauernde

Macht. Anders aber als in *Moses empfängt die Gesetzestafeln* ist diese Macht nicht ein ruhiger, befruchtender Strom, sondern eine Klippe der Entscheidung zwischen wahr und falsch, zwischen Tumult und Ordnung. Wie ein Blitz zuckt der Zorn des heiligen Mannes durchs Bild und macht sichtbar, wie hoch die Forderung ist, wie streng, wie genau.

Franz Meyer

Marc Chagall, geb. 1887 bei Witebsk. Russischer Maler und Graphiker. Das einfache, streng jüdische Familienleben weckte in ihm eine tiefe Religiosität. Er malte traumhafte Bilder in leuchtenden Farben, schuf Kirchenfenster, Bühnenbilder und Teppichentwürfe. Vgl. Bild und Text S. 47/48.

Chagall ist eine der bedeutendsten Persönlichkeiten in der Malerei des 20. Jahrhunderts. Sein expressionistischer Stil war von befreiender Wirkung auf die Maler in Deutschland und flüchtig auch auf die Kollegen in Rußland. Außerdem erwies sich Chagalls Kunst von größter Wichtigkeit für die surrealistische Bewegung in Paris. André Breton schrieb einmal, daß „mit Chagall allein die Metapher ihren triumphalen Einzug in die moderne Malerei hielt". In der Tat gewann nur selten zuvor das Metaphorische eine ähnliche Bedeutung im Lebenswerk eines Künstlers wie in Chagalls Bilderwelt, wenngleich es ein Irrtum wäre, anzunehmen, daß bei ihm alles symbolisch gemeint sei. Angesiedelt zwischen Traum und Wirklichkeit, verbindet Chagalls Kunst vielmehr Erinnerungen – an Rußland, an seine Kindheit, an Bella – mit Gegenwärtigem, das freilich oft genug den Charakter des Prophetischen gewinnt. Seine Sprache erscheint phantastisch, denn sie spiegelt das Reale als ein Märchen, dessen Gestalten sich schwerelos im Raum bewegen. Doch hinter den oft rätselhaften Kompositionen dieses Meisters der Fabel verbergen sich Erkenntnis und Einsicht eines Künstlers, der Höhen und Tiefen menschlicher Existenz nicht nur gesehen und erlebt hat, sondern mit ihnen auch gewachsen ist. Doch weder das Unwirkliche und die Poesie noch die Schwermut oder der freudige Überschwang des Lebens blieben die einzigen Wesenselemente dieser Kunst, deren innerer Reichtum unerschöpflich zu sein scheint. Völlig zu Recht würdigte Maurice Raynal Chagalls Œuvre auch als „ein einzigartiges und unnachahmliches Werk, worin die ganze Resignation und der kindliche Glaube der slawischen Seele leben, worin aber auch die Dulderkraft des jüdischen Volkes ohne Bitterkeit verklärt wird, ein Werk, neu in der erstaunlichen Technik und doch uralt in seiner seelischen Haltung".

Herbert Read

BILD UND DICHTUNG

Honoré Daumier, Das Drama
Öl auf Leinwand, 51 × 33 cm
Neue Pinakothek München

Jedes vollkommene Bild ist Ausdruck einer vollkommenen Gesetzmäßigkeit: was die Gliederung und was die Farbgebung anbetrifft. Das gilt auch für das Bild „Das Drama" von Daumier.

Im Mittelpunkt der Bildfläche und des Bildraums steht die Frau im wallenden weißen Gewand und mit dem langen offenen Haar: eine einzige Hieroglyphe der Verzweiflung – und alles um sie herum ist auf sie bezogen. Von rechts her weist auf der Bühne der Gatte auf sie hin: mit dem Degen in der erhobenen rechten Hand, vom Vordergrund und von links her die Zuschauer und Zuhörer, und von hinten und von links ist sie von Kulissenwänden umstellt. Aber Bühne und Zuschauerraum sind nur zu einem Teil durch eine Waagrechte voneinander getrennt. Die Zuschauer und Zuhörer sind auf der Bildfläche zu einem Dreieck zusammengeschlossen, das unter der fallenden Bildschräge liegt. Der Betrachter sieht über breite Rücken in den oberen Rängen hinweg auf das Parkett, das Orchester und die Bühne, auf der die verzweifelte Frau durch das Scheinwerferlicht angeleuchtet ist, das im Zuschauerraum da und dort den Umriß eines Gesichtes hervorhebt oder an einem Rücken oder Schädel aufschimmert, und Licht und Schatten sind dabei in einer Weise über die Bildfläche und durch den Bildraum verteilt, daß sie sich das Gleichgewicht halten. Das bräunliche Helldunkel des Bildes ist so beseelt wie das der Malerei von Rembrandt. Das ganze Bild ist von einer barocken Bewegung durchwogt, die aber doch innerhalb der Bildgrenzen verbleibt. Das Spiel auf der Bühne ruft in den Zuschauern und Zuhörern Gefühle hervor, die leidenschaftlicher und unheimlicher sind, als was sich auf der Bühne abspielt. Was sich auf dieser vollzieht, löst in jedem Zuschauer und Zuhörer eine andere Wirkung aus: wühlt ein Individuum in seinem Kern auf. Und neben den Gefühlen und Leidenschaften, die in der Zuschauer- und Zuhörermenge Ausdruck annehmen, treten die gemimten Gefühle und Leidenschaften auf der Bühne zurück. Aber nun ist es auch so, daß der Rächer auf der Bühne (zwischen dem ermordeten Nebenbuhler und der verzweifelten Frau) nicht nur die Bühne beherrscht, sondern auch den Zuschauerraum: und der waagrecht erhobene Arm mit dem Degen wirkt wie der Arm eines Dirigenten mit dem Taktstock. Was auf der Bühne vorgeht, das mag das Melodrama einer Vorstadtbühne sein. Was das Schauspiel im Zuschauerraum auslöst, das ist unmittelbares Leben in einer unausschöpfbaren Fülle, in dem auch dämonische Kräfte zum Ausdruck drängen.

Die Wirkung, die vom Bilde „Das Drama" ausgeht, entzieht sich jeder Formulierung durch eine Legende, ... denn nie läßt sich ein Lebensgleichnis in eine Legende fassen.

Gotthard Jedlicka

Honoré Daumier, geb. 1808 in Marseille, gest. 1879 in Valmondois. Maler und Karikaturist. Politische Karikaturen für „La Caricature", später Gesellschaftssatiren für die Zeitschrift „Charivari". Insgesamt 4000 Lithographien. Ankläger sozialer Mißstände. In den Gemälden Hell-Dunkel-Effekte. Viele Fälschungen.

Honoré Daumier, Das Drama – Karikatur

[. . .]
Das Motiv des Bildes ist als Lithographie in einer „dramatischen Skizze“ in der französischen satirischen Zeitschrift „Charivari“ vom 18. April 1864 wiedergegeben. Aus einem bestimmten Grund darf ich mich nicht damit begnügen, nur darauf hinzuweisen. Denn die Lithographie ist von einer ausführlichen Legende begleitet, aus der sich erschließen läßt, wie sie betrachtet werden soll. Diese Legende, die mit verteilten Rollen gelesen werden müßte, lautet: Der Schauspieler: „Er war Ihr Geliebter, Madame!“ Das Publikum: „Bravo, bravo!“. Der Schauspieler: „Bereiten Sie sich auf den Tod vor!“ (womit er die Ehebrecherin meint). Das Publikum: „Bravo, bravo!“. Der Schauspieler: „Und dann werde ich mich selbst über Ihren beiden Leichen töten!“. Eine Stimme aus dem Publikum: „Ah nein, das nicht, was dann? Wer bliebe für die Leichentrauer übrig?“. Soweit die Legende. [. . .]
Im allgemeinen ist man der Ansicht, Daumier habe zuerst die Lithographie für den „Charivari“ gezeichnet: als Illustration zur Legende oder als lithographische Skizze, zu welcher, durch ihn oder einen andern, die Legende beigefügt worden sei – und er sei erst durch die Lithographie zum Bilde angeregt worden. Ich bin der Überzeugung, daß es sich umgekehrt verhält: daß das Bild der Lithographie vorangeht. Wie Daumier häufig die Vorbilder für seine Karikaturen zuerst modelliert hat, um hierauf, nach diesen plastischen Skizzen, zu zeichnen, so hat er bisweilen auch eine Komposition gemalt, um nach einer solchen Vorlage eine pointierte Karikatur zu zeichnen. Das Besondere ersteht leichter aus dem Allgemeinen als das Allgemeine aus dem Besonderen. Aus einer vergleichenden Betrachtung des Bildes und der Lithographie ergibt sich, daß im Bilde eine ganze Welt gestaltet ist: in der Verbindung von Schauspieler einerseits und Zuschauer und Zuhörer anderseits, eine Verschmelzung von Tragödie und Komödie, die Lithographie hingegen nur einen geistreichen Kommentar zu einem Sachverhalt gibt, der in der Legende formuliert ist. Der Betrachter der Lithographie wird zum Lachen verführt, der Betrachter des Bildes aber wird als ganzer Mensch angesprochen. [. . .]

Gotthard Jedlicka

Vorschlag: Versuchen Sie, die folgenden Fragen zu beantworten:

1. *Wie unterscheiden sich Bild und Karikatur?*
2. *Warum braucht die Karikatur den Text (die Legende) zum Verständnis?*
3. *Warum braucht das „Bild“ einen solchen Text nicht?*
4. *Könnte sich die Karikatur auch auf unser Theaterpublikum beziehen?*
5. *Warum ist das (gemalte) Bild „Das Drama“ nicht zeitgebunden?*

Daumier ist neben Delacroix der genialste romantische Zeichner. Seine schwungvolle Strichführung erinnert an Michelangelo oder Tintoretto; gleich ihnen mit einem Instinkt für das Kraftvolle ausgestattet, zeichnete er Figuren mit athletischen Muskeln; leider ist diese Kraft in den Lithographien nur in abgeschwächter Form erhalten, man findet sie jedoch in seiner Malerei wieder; seine Gemälde sind außergewöhnlich schwungvoll und mit knappen Mitteln in nur wenigen Farben ausgeführt. Daumier gehört zur großen Gemeinschaft der barocken Kunst, in der sich die französische Schule immer mehr oder weniger zurückhaltend zeigte, da selbst Romantiker wie Delacroix und Géricault als Klassiker betrachtet werden wollten. Daumier zeigte von allen Malern seiner Generation die meisten barocken Züge – manchmal zeichnete er schwulstig wie die Schüler Michelangelos, fahrig wie Fragonard oder mit kühnen Strichen wie Le Guerchin. Die Erklärung für seine barocke Einstellung ist wohl – ähnlich wie bei Fragonard – in seiner provenzalischen Abstammung zu suchen, obwohl Fragonard Grasse im Alter von 16 Jahren und Daumier Marseille mit acht Jahren verlassen hatten.

In der Ausstellung „Monticelli et le baroque provençale“ in der Pariser Orangerie hatte ich 1953 Werke von Daumier und Fragonard gegenübergestellt, wobei sich erstaunliche Ähnlichkeiten ergaben. Daumier gehörte auch einer anderen Richtung der barocken Malerei an, deren Künstler besonders in den dunklen Werten pastosen Farbauftrag bevorzugten; diese Maltechnik war in Italien seit dem Anfang des 18. Jahrhunderts durch Magnasco bekannt, an den Daumier oft erinnert. Nur Cézanne folgte in seiner „schwarzen“ Periode dieser Richtung und übertrieb noch dabei. 1953 machte ich darauf aufmerksam, daß diese barocken Maler wie Magnasco, Fragonard, Daumier, der Cézanne der „schwarzen“ Periode und Monticelli eine Vorliebe für das Don-Quichotte-Thema zeigten.

J. Bazin

Pieter Bruegel d. Ä., Das Schlaraffenland, 1567
Eichenholz, 52 × 78 cm, bezeichnet: MDLXVII Brvegel
Alte Pinakothek München

Brueghels Schlaraffenland ist eine wundersame Groteske, ein märchenhaftes Gleichnis des absoluten Sattseins, das nichts mehr zu wünschen übrig läßt.
Wie die Speichen eines großen, nicht mehr rollenden Rades liegen, gefüllt und vor sich hindösend, ein Gelehrter, ein Bauer und ein Kriegsmann platt am wunderschönen, moosigen Boden, dessen Vordergrund das Bildganze wie eine Scheibe erfüllt. Aus der Nabe dieses Rades wächst ein Baum hervor, glatt wie ein fetter Aal, um oben das ganze Faulheitskarussell in kleinerem Maßstab zu wiederholen, in der Form eines runden Tisches, auf welchem gebratene Leckereien stehen, um den radial Ermatteten ins Maul zu fallen. Die Hauptfiguren vertreten den Lehr-, den Nähr- und den Wehrstand.
Im Hintergrunde abseits ein vierter Mensch, der mager und ziemlich schüchtern wartet, ob nicht die gelben oder braunen, leckeren Honigkuchen vom Hüttendach herunter fallen. Kurioserweise hat er sich etwas ausgezogen, aber den schweren Helm und seine Eisenhandschuhe anbehalten; der einzige, der sein Ziel noch nicht erreicht hat.
Der fette Gelehrte im Vordergrund aber hat sein schwarzes Buch beiseite gelegt und sein weißes Manuskript unter den Kopf geschoben, um sich in seinem platzenden Gewand auf einem opulenten Pelz zu räkeln, alle viere von sich streckend, wobei sein leicht verblödeter Blick gen Himmel döst.
Während sich dieser Vertreter des geistigen Prunkes frontal darbietet, liegt der einfache Bauersmann neben ihm, gleichsam anonym und wie ein Sack auf seinem Dreschflegel, nur noch von hinten sichtbar, ganz dem profunden Vorgang der Verdauung hingegeben.
Der Landsknecht, als der Dritte im Bunde, läßt mit seiner schönen rötlichen Hose und deren schwarzen Quertressen noch etwas vom Schmuck der Soldateska ahnen, hat aber seinen Eisenhandschuh längst verloren und die lange Angriffslanze unter seine Füße getreten.
Von den Bechern, die auf dem Baume über ihm wachsen, rollt einer geleert beiseite. Der hinter ihm abschließende Zaun ist nichts anderes als ein appetitanregendes Geflecht von Würsten.
Eine knusprig gebratene Gans serviert sich auf heller Serviette vergebens in einen

Zinnteller. Ein fix und fertig geröstetes Ferkel, schon angeschnitten, läuft, das Messer in der Schwarte, gar munter querfeldein, auf einen Kakteenstrauch zu, der aus lauter Scheibengebäck besteht. Nahe dem unteren Bildrand watschelt ein geköpftes Ei den Schläfern entgegen.

Rechts im Hintergrunde, wie ein Gebirge aufgetürmt, wartet jener heiße Brei, durch den sich ein Mensch mit geschwungenem Löffel mühsam hindurchwindet, um ins ersehnte Paradies der Fresser zu gelangen.

Der Schlaraffe, mittelhochdeutsch „slur-affe", ist ein üppig lebender, gedankenloser Müßiggänger. Sein Land taucht im 15. Jahrhundert auf, wird 1530 von Hans Sachs in einem Schwank benutzt, kehrt auch bei Fischart wieder und findet sich noch in den Märchen der Gebrüder Grimm.

Was erhebt nun dieses Bild zum Kunstwerk? Das schlagend Einfache der zentralen Komposition mit ihren radialen Dominanten. Die sur-realistische Traumerfindung, die treffsichere Charakterisierung der drei Stände, ebenso aber auch die noble Farbe, die von grünlichen in bläuliche, warmrote und sonnengelbe Töne reicht. Wunderbar der malerische Zwischenzustand, in welchem fast alle Bilder Brueghels verharren: sie besitzen noch die subtile Dingzeichnung etwa der Brüder van Eyck, die über 100 Jahre früher schufen, breiten Farben und Figuren aber flächiger aus und arbeiten vorläufig mit perspektivischen Mitteln nur teilweise. Ferner verbinden sich klare Lokalfarben mit neuer Tonigkeit. Das auf Holz gemalte Bild, 52 cm hoch und 78 cm breit, befindet sich in der Münchner Alten Pinakothek, ist signiert und 1567 datiert. Vielfach wurde vermutet, es sei oben nachträglich beschnitten worden. Der originelle obere Abschluß soll aber noch einmal alles auf die plattgewalzte Erdschicht niederdrücken.

Brueghel will nicht mehr dem kirchlichen Kultbild dienen, verschmäht aber auch das damals modische, realistische Porträt. Er hält sich an die Darstellung weltlicher Weisheiten und Sprichworte, mit denen er auf ironische Weise der Menschheit ewige Erfahrungen einhämmern möchte, mit so viel Phantasie, daß ihn die modernen Surrealisten, die Verherrlicher des Wachträumens, auf ihren Schild heben konnten. In Brueghels eigener Zeit rückten Sebastian Brandts „Narrenschiff", Murners „Narrenbeschwörung", das „Lob der Torheit" von Erasmus und bald darauf auch Rabelais dicht an solche ironische Auffassungen des Lebens heran. Sebastian Franck sagte damals: Wer die Menschheit „mit Ernst ansiehet, dem wäre nicht Wunder, wenn ihm das Herz zerbräche vor Weinen. Siehet man's aber wie Demokrit schimpflich an, so sollte einer vor Lachen zerknallen."

Die meisten Bilder Brueghels könnte man „Torheit der Welt" benennen. Da taucht „Der Kampf des Karnevals mit der Fastenzeit" auf, in welchem die frommen und die Amusierpersonen gleich tölpelhaft erscheinen, alle wie seltsame Marionetten, die nicht wissen, was sie eigentlich tun. Da gibt es ferner „Die Kinderspiele“, wo sich die kleinen Wesen wie in einem Irrenhause verlustieren und alles ohne Sinn und Ziel durcheinanderpurzelt. Und da gibt es das Berliner Sprichwortbild, auf welchem, wie bei des Zeitgenossen Rabelais berühmter „Sprichwortinsel“, alle Sentenzen lebendig werden, um in kurioser Weise mit- und gegeneinander zu agieren. Man hat hier etwa hundert damals übliche Sentenzen wiedererkennen können und darf dieses Bild wahrscheinlich mit einer „verkehrten Welt“ identifizieren, die im Inventar einer alten Sammlung als von Brueghels Hand erwähnt wird. Als Zeichen dieser allgemeinen Verschrobenheit ist am Giebel des hier dargestellten Wirtshauses die Erdkugel mit dem Kreuz nach unten aufgehängt. Unter „verkehrt“ verstand man damals nicht nur irrig, sondern sündhaft. Und so hockt denn auch der Teufel im Beichtstuhl. Derart mündet ein solches Gemälde doch in gewisse kirchliche Vorstellungen, wenn sich Brueghel auch zu den Libertinern rechnete, die den damaligen Glaubenskämpfen skeptisch gegenüberstanden. Zu ihnen gehörte auch sein berühmter Freund Ortelius, der den Künstler übrigens für den bedeutendsten Maler des 16. Jahrhunderts hielt und sein Genre gleich hoch wie das so andersartige der Antike stellte.

Alle eben genannten Gemälde Brueghels sind Wimmelbilder im Gegensatz zur sparsamen Figurenausteilung auf unserem Schlaraffenland. Aber er hat die Menschentorheit auch auf großfigurigen Gemälden, in wundersamen Farben und Formen besungen, wie vor ihm Erasmus von Rotterdam in seinem berühmten „Lob der Torheit“. Man denke nur an die mächtige „Bauernhochzeit“ und den Stampftanz der Landbewohner, in denen das Dasein dieser erdhaften Wesen geradezu Monumentalität annimmt. Erschreckend und tragisch wird Brueghels Ironie dann in den „Blinden“, die sich wandernd aneinander festhalten und deshalb jämmerlich zu Fall kommen werden, auch dies ein trostloses Sinnbild menschlicher Torheit.

Wir irren vollkommen, wenn wir uns Brueghel als Angehörigen oder Freund primitiver Volkskreise vorstellen, mit denen er etwas sympathisiert und gezecht habe. Er war vielmehr ein kultivierter Grandseigneur, der mit den gebildetsten Humanisten seiner Zeit verkehrte, weite Reisen, zum Beispiel durch Frankreich nach Italien, unternahm und Stiche für Hieronymus Cock, einen der damals bedeutendsten Verleger der Welt, herstellte, die von Kennern bewundert wurden, denn sie gaben sich in sarkastischer Verschlüsselung. Seine nordischen Volksgenossen hat er von oben herab mit höchster Ironie und Distanz betrachtet. Brueghel gehört zu den bedeutendsten dämonischen Skeptikern, wie sie am Ende

großer Kulturperioden immer wieder auftauchten. Er setzt hinter das eben vergangene Mittelalter einen seltsamen Schlußakkord, wie Goya hinter die Zeit des weltlichen Feudalismus oder Daumier hinter die Epoche des nachrevolutionären Bürgertums. Selbst in Brueghels religiösen Bildern klingt seine abgründige oder zweifelnde Einstellung an, ob es sich nun um eine „Bekehrung Pauli" oder den „Triumph des Todes" handelt, in welchem er aufs grausigste und minutiöseste die Vergänglichkeit alles irdischen Daseins beschwört.
Aber er bewährt sich auch als ein gewaltiger Landschafter, wenn man seine Jahreszeitenbilder betrachtet, die zum Ergreifendsten gehören, das man sozusagen dem Schicksal, dem Blühen und Vergehen der Erde selber abringen konnte.
Von all dem findet man Spuren in unserem Schlaraffenland, das zu den kleinen Bildern seiner Produktion gehört. Es verbindet einen beklommenen mit einem humorigen Ausdruck, Wirklichkeitsnähe mit phantastischer Erfindung, Schlagkraft des Ganzen mit miniaturartiger Durchführung, zeichnerischen mit malerischem Stil, Delikatesse mit Groteske, perspektivische Wirkung mit flächiger Darbietung und erhebt sich jenseits des bloßen Spaßes gelegentlich ins Menschheitskritische und Unheimliche. Brueghel wurde zu Lebzeiten sehr bewundert, wenn man auch sein Werk zu sehr von dem des Hieronymus Bosch ableitete, der ihm vorausging. Im folgenden Jahrhundert ist er von seinen Söhnen und anderen Malern variiert und nachgeahmt worden. Dem 18. Jahrhundert mit seinem verbindlich kräuselnden Rokoko mußte er linkisch erscheinen, bis man ihn seit der Romantik wieder hervorkehrte. Inzwischen war die Kunstforschung dabei, nicht nur seine seltsamen Inhalte auszudeuten und seine Sprichwortweisheit zu enträtseln, sondern auch seinen formalen Raffinements auf die Spur zu kommen, unter denen er spätmittelalterliche Drastik mit manieristisch-exzentrischen Wendungen und neuartigem Naturstudium verbindet, um das schlechthin Unerklärliche erklärlich zu machen, das Rätselhafte so vieler Lebenszüge aber niemals auszulöschen.

Franz Roh

Vorschlag: Schreiben Sie das Wesentliche dieser Bildinterpretation heraus!

Pieter Bruegel, Das Schlaraffenland

Die utopische Vorstellung von einem Land, in dem Arbeit bestraft, sorgenfreies Wohlleben belohnt und Faulheit als Tugend gewertet wird, läßt sich bis in die

Antike zurückverfolgen; im Mittelalter war sie weit verbreitet. In Deutschland scheint sich die Erzählung vom Schlaraffenland – ein „slur-affe" ist ein genießerischer, törichter Faulenzer – erst im 15. Jahrhundert von Frankreich her eingebürgert zu haben. 1536 ist sie in Nürnberg in einer gereimten Fassung von Hans Sachs gedruckt worden, die wohl für die 1546 in Antwerpen erschienene Prosa-Ausgabe vorbildlich war. Da hier vieles mit der Darstellung Brueghels übereinstimmt, darf vermutet werden, daß er dieses Buch gekannt und benützt hat.

In diesem Schlemmerland haben drei Glückliche alles genossen und im Übermaß verzehrt, was sich dort von selbst anbietet. Faul und behäbig sind sie, übersatt und voll des guten Weines, niedergesunken und liegen nun wie die Speichen eines Rades unter dem gastlich gedeckten Tisch, schnarchend oder mit offenen Augen träumend, ein Schulmeister oder Schreiber, ein Bauer und ein Soldat – Lehrstand, Nährstand und Wehrstand, denen allen die gleiche Parole gilt, vielleicht als moralische Ermahnung.

Und was es hier alles gibt! Da ist das Dach einer Bretterhütte, auf dem die Mus- und Eierfladen wachsen. Ein Ei läuft eilends herbei, schon geköpft, um gegessen zu werden. Im Hintergrund legt sich eine gebratene Gans in die Schüssel und bietet sich appetitlich an. Ein knuspriges Schwein wartet, das Messer in der Schwarte, damit man sich ohne Umstände bediene. Die Würste wachsen zwar nicht auf den Bäumen, dafür sind sie als Geflecht zu einem Zaun verschlungen. Eine kakteenähnliche Pflanze besteht aus Broten, und unter einem Schutzdach ist ein Mann dargestellt, dem die sprichwörtlich bekannte gebratene Taube ins Maul fliegt. Ganz im Hintergrund, angrenzend an das Meer, der Berg aus Brei, durch den sich eben einer durchgefressen hat und mit dem Löffel in der Hand im gesegneten Land ankommt.

So unwahrscheinlich das alles ist, so faßbar und selbstverständlich bleibt es dem Wirklichen verhaftet. Im Gegensatz zu den Romanisten und Manieristen unter seinen Zeitgenossen mit ihrem hohen und gekünstelten Stil bleibt Brueghel immer dem einfachen Menschen nahe und besonders dem Bauern, den er verstanden und geliebt hat und mit der umfassenden Kraft und der inneren Gewißheit seiner Kunst in einem völlig neuen Sinn darzustellen vermochte. Er zeigt das Volk in seinem alltäglichen Leben, in seiner bodenständigen Selbstverständlichkeit anschaulich und voller Wahrhaftigkeit, ohne sich in dieser neu entdeckten Welt im Individuellen zu verlieren. Die Unbefangenheit von Brueghels Schöpferkraft steht am Ende einer Epoche, die mit den Brüdern van Eyck beginnt und weiterweist hin zu Rubens und Rembrandt.

Kurt Martin

Pieter Bruegel d. Ä., Der Sturz der Blinden, 1568
Tempera auf Leinwand, 86 × 184 cm
Nationalmuseum Neapel

Mit ängstlich-unsicherem Gang tappen die Blinden einen steinernen Damm entlang, der über einen Fluß führt. Durch Stöcke und Handauflegen haben sie sich zu einer Kette verbunden. Noch ahnen die beiden letzten nichts von dem Schicksal, das ihrer wartet, die nächsten zwei aber erheben schon die furchtbaren Gesichter, als erwarteten sie Hilfe. Jetzt nimmt das Tempo des Unheils rapide zu: der Damm senkt sich, die Kette der Figuren erfährt eine heftige Zerrung, der nächste stürzt schon, in dem grauenhaft verzerrten Gesicht mit den leeren Augenhöhlen malt sich die ganze Furchtbarkeit des Ereignisses. Den blinden Führer aber hat der Untergang bereits ereilt. So wie das spröde Blaugrau der Gestalten vom warm-grünen Hintergrund absticht, so wirkungsvoll kontrastiert zum tragisch-dramatischen Geschehen der sommerliche Friede, in dem Dorf und Landschaft ruhen.
Dieses Kunstwerk ist zu allen Zeiten als Gleichnis gesehen worden, entsprechend dem biblischen Wort: „Wenn aber ein Blinder einen Blinden führt, so fallen beide in die Grube“ (Matth. 15, 14). Tatsächlich macht die packende Eindringlichkeit des Vorganges, die erschütternde Monumentalität der Gestaltung diese Erzählung vom Untergang einiger Blinden zu einem Symbol. Die Menschen schlechthin sind ewig Wandernde, ausgestoßen vom Frieden der Welt. Blind sind sie in jedem Sinn des Wortes: sie können ihren Weg nicht sehen und fallen; Irrende, Verblendete – ja, Verdammte sind sie, denen der sichere Untergang gewiß ist.
Kein Maler hat so tief wie Bruegel in diese Abgründe menschlichen Seins geblickt, keiner dieser apokalyptische Schau so furchtlos, so schlechthin gültig in ein überragendes Kunstwerk zu bannen vermocht.
H. Sedlmayr, der dem Bild eine eigene analytische Studie gewidmet hat, nennt es „eine der ganz großen Schöpfungen des europäischen Geistes . . ., die ergreifen wird, solange es Menschen gibt, die erschüttert ihrer Ausgesetztheit und Blindheit gewahr werden“.

Bernhard Rupprecht

Vorschlag: Führen Sie in einer Einleitung zum Thema, Maler – Werk – Bild und Bildthema.

Pieter Bruegels „Gleichnis von den Blinden“

Das Gleichnis von den Blinden hat Bruegel durch ein ganzes Jahrzehnt seines Schaffens begleitet. Wir begegneten ihm im Berliner Sprichwörterbild, finden es in einer Zeichnung aus dem Jahre 1562 und treffen es ein Jahr vor seinem Tode (1569) in dem Leinwandbild des Museums von Neapel (1568). Wir wissen nicht, ob es das letzte Bild des Künstlers ist, doch hat es den Charakter eines Vermächtnisses.
Sechs Blinde trotten im Gänsemarsch über den schmalen Steg, der über einen Bach in einer lieblichen Landschaft Brabants führt. Sie mögen das Dorf gemieden haben. Die Menschen waren grausam, und man trieb seinen Spott mit den armen Kreaturen. Der erste ist gestolpert und stürzt hinterrücks in den Bach. Schon torkelt der zweite, verliert den Halt und fällt vornüber. Der Stab, den er in der Linken hält und den der folgende – das dritte Glied in dieser Kette der Angst – anfaßt, wird angezogen, der nächste damit auch schon in den Sturz mithineingezogen. Nur die drei folgenden, die durch Handauflegen und Stabfassen das Ende des Zuges bilden, haben noch nichts gemerkt. Doch das Sichfortpflanzen der Bewegung ist unaufhaltsam wie der Gang des menschlichen Schicksals. Schon von der Anlage her ist dieses Stürzen vorbereitet. In einer fallenden Diagonale, die von links oben nach rechts unten führt, ist das emotionale Element lebendig, daß sich hier eine Katastrophe anbahnt. Ein „Genrebild“ – und doch ungleich mehr!
Fürchterliches ist da dem Lächerlichen benachbart. Natürlich ist auch hier ein Gleichnis der verkehrten Welt zur Hand: Ein Blinder, der Blinde führt. Die Erinnerung an Totentänze stellt sich ein und an das mittelalterliche Schicksalsrad. Aber Bruegel füllt die Allegorie mit der menschlichen Erfahrung. Doch nicht nur im übertragenen Sinne ist das Bild ein Gleichnis von der Blindheit der Welt. Erinnert man sich der früheren Farbskala, so fallen hier die gebrochenen, milchig-grauen Töne ins Auge, als sähe man diese Blinden wie durch einen Schleier. *Das Gleichnis von den Blinden* gehört zu den wenigen Bildern Bruegels, die mit Wasserfarben gemalt sind.

Die dörfliche Landschaft trägt das ihrige dazu bei, die „Bildwahrheit“ zu verdeutlichen. Nicht von ungefähr ist die in sich ruhende Festigkeit der Kirche dem Torkeln und Schwanken der Blinden gegenübergesetzt. Sie ist auch hier das Symbol des Heils in einer heillosen Welt. Im übertragenen Sinne sind die Geblendeten – und bei zweien handelt es sich um solche, die offenbar ihr Augenlicht um eines Verbrechens willen eingebüßt haben – Verblendete. Die

Instanz, auf die sich der Maler hier berufen kann, ist das Evangelium selbst. In ihm sind die Pharisäer gemeint, von denen Christus sagt: „Laßt sie! Sie sind blind und Führer von Blinden. Wenn aber der Blinde den Blinden führt, fallen beide in die Grube."

So mündet Bruegels Werk in höchste künstlerische Vollendung, die dazu dient, ein fast unerträgliches Maß an Trostlosigkeit und Ausweglosigkeit sichtbar zu machen. Aber indem das Bild zum Spiegel wird und zur Selbsterkenntnis herausfordert, umreißt es noch einmal die Aufgabe, die sich der Künstler in seinem ganzen Schaffen gestellt hat: Der blinden Torheit der Welt sehend zu begegnen.

Ernst Günther Grimme

Bruegels Blinde (1973)

Carlo Carduna

l
i
n
ks
liegen
läßt die kirche

augenlos, der sich
hält am stab von
augenlos, der sich
hält am leib von
augenlos, der sich
hält am leib von
augenlos, der sich
hält am stab von
augenlos, der sich
hält am leib von
augenlos, der
stürzt
boden-
los

Aus einer Bildinterpretation

[. . .]
Dieses Gleichnis von den Blinden ist nun in jeder Beziehung vollkommen gegliedert. Die sechs Blinden bilden einen Zug in der Richtung von links oben nach rechts unten, der ziemlich genau in der Diagonale liegt. Durch ihr verschiedenes Verhalten wird in der Auswirkung des Sturzes von vorn nach hinten ein rhythmischer Wechsel geschaffen, der sie zugleich trennt und verbindet. Die stürzende Bewegung, die im Vordergrund rechts am schärfsten ausgeprägt ist, pflanzt sich vom ersten Blinden aus durch die ganze Reihe bis zum hintersten fort. In dieser Bewegung, die nach der gleichen Richtung drängt, ist jede Monotonie vermieden. Die Art der Zusammenhänge ist über die Bildfläche hin einem Wechsel unterworfen, in dem sich zugleich ein unvergeßliches Staccato auswirkt. Es ist unheimlich, wie die Bewegung in den einzelnen Figuren so auseinandergelegt ist, daß sich darin die Unaufhaltbarkeit des Schicksals ausdrückt. Der erste Blinde ist gestürzt, der zweite stolpert schon, die beiden in der Mitte sind vom stürzenden Zug erfaßt, der unsichere Gang beginnt sich auch in ein Stolpern zu verwandeln: und auch der letzte Blinde wird diesem Schicksal nicht entgehen.
Die eigentliche *Bildidee* erkennen wir in der Tatsache der Anordnung der Figuren in einer Diagonale von links oben nach rechts unten. Und zwar aus dem folgenden Grund. Die natürliche Art der Bilderschließung, die der Betrachter erwartet, führt von links unten nach rechts oben. Die Richtung, in der sich der Zug entwickelt, steht also dazu in einem entschiedenen Gegensatz. Dadurch wird im Betrachter ein ähnliches Gefühl ausgelöst, wie es ihn hin und wieder vor Schriften packt, die nach rechts abfallen. Das wird ihm zuerst vielleicht nicht einmal bewußt. Und er stemmt sich aus seinem ganzen Gefühl dagegen an. Aber er wird, je mehr er in das Bild hineingeht, in diesem Zug, der nach unten führt, hineingezwungen, so daß er ihn zuletzt mitmacht. In dieser Gliederung, die zu jeder andern in Gegensatz steht, wirkt sich ein Wissen um die Bildgesetze aus, das jenem der besten Meister der Renaissance ebenbürtig ist. Es wirkt noch stärker auf uns, weil es unmöglich auf dem Weg über den Kunstverstand, sondern nur aus der Intuition gewonnen sein kann. Die künstlerische Struktur, die sich in der Gesetzmäßigkeit zeigt, die wir bereits nachgewiesen haben, kann selbstverständlich in den feinsten Stufungen aufgezeigt werden. Der Zug bricht an einer bestimmten Stelle; und es ist wieder kennzeichnend, wo das geschieht. Er ist in zwei Gruppen zusammengefaßt: zwei Stürzende sind vorn, vier Stolpernde sind hinten. Und nun gehe man dem hinteren Umriß des zweiten

Blinden und dem vorderen Umriß des dritten Blinden nach – es ist, als hätten diese beiden Körper, zwischen denen sich eine klaffende Lücke auftut, in Wirklichkeit zuerst einen einzigen Körper gebildet und seien nun in einer solchen Weise auseinandergerissen worden, daß man an ihnen gleichsam die Bruchflächen sieht. Die Gruppe der beiden vordersten Blinden füllt die rechte, die Gruppe der vier anderen Blinden durchzieht die linke Bildhälfte. In der Mitte der Bildfläche sind die Komponenten am entschiedensten auseinandergelegt; links und rechts davon treten sie wieder zusammen. Wenn man das eingesehen hat, erkennt man noch eine andere Gesetzmäßigkeit. In den aufeinanderfolgenden Figuren wirkt sich eine Steigerung der inneren Spannung aus, die mit der räumlichen Diagonale parallel geht.

Noch wichtiger ist etwas anderes. Die Bilddiagonalen treffen in der Figur des Blinden zusammen, der den Viererzug anführt. Und nun achte man einmal näher darauf! Der Kopf dieses Blinden wird durch die senkrechte Mittelachse, die man über die Bildfläche legen kann, genau halbiert. Er liegt im übrigen – und kann das Zufall sein? – genau in der Mitte der oberen Hälfte der senkrechten Mittelachse. Die gleiche Mittelachse durchschneidet seine Kniescheibe, die so ausdrücklich gemalt ist, als ob sie auch ein Gesicht sei. Die Figur ist also in einer reichen Form um den Mittelpunkt des Bildes, um den Schnittpunkt der Diagonalen und der senkrechten und waagrechten Achsen verteilt. Sie ist der Ausdruck eines genialen Gefühls für künstlerisches Gleichgewicht. Das läßt sich auf verschiedene Art beweisen. Die Figur ragt auf der einen Seite so viel nach rechts über die senkrechte Mittelachse heraus, als sie auf der andern wiederum davon zurückweicht [. . .]

Dieses Gesicht ist das eines Blinden, der an die ganze Gruppe, in der er geht, gebunden ist und ihr Schicksal teilt: es zeugt von einer ähnlichen Verbildung, wie sie in einem solchen Fall unfehlbar eintritt. Aber es drückt doch wieder eine wundervolle menschliche Mittelstellung aus, die es den andern gegenüber in einer besonderen Weise adelt. In einem latenten Zustand enthält es alles menschliche Leid, das durch die andern Gesichter ausgedrückt wird. Die Verlorenheit des blinden Menschen ist darauf in einer leise penetranten Art dargestellt. Der Betrachter kommt langsam in das Gesicht hinein. Und weil er nicht von vornherein zu einer bestimmten Haltung gezwungen ist, wie sie ihm die andern Gesichter aufnötigen, bleiben ihm alle Erlebnismöglichkeiten frei. Und nun wird er dazu geführt, das Gesicht zu durchwandern. Dieses eingefallene Gesicht ist schlecht rasiert. Man sieht die rauhen Stoppeln des Bartes und des Schnurrbarts. Das sichtbare Auge ist weit aufgerissen, als könne es, obgleich es blind ist, nie genug Licht und Luft fassen. Das Weiß des Augapfels ist von einem gespensterhaft erstorbenen Glanz. Die ganze Haut des Gesichtes, die eine fahlgraue Farbe hat, ist zu einer einzigen Grenze zwischen Innen und Außen geworden: ein Gesicht, das intensiv nach außen tastet und gespannt nach innen sieht; es scheint von innen her gleichmäßig sensibilisiert zu sein. So wirkt es durch seinen Gegensatz zu den andern Gesichtern. Von diesen andern, die auf einen ersten Blick sogar einprägsamer erscheinen, sieht man entweder weniger oder mehr; sie sind stärker verdeckt oder dem Blick des Betrachters brutaler dargeboten. In ihrem Ausdruck ist das Geschehen, das sich in ihnen und mit ihnen abspielt, entweder verschüttet oder übersteigert – und darum jedesmal von einer Menschlichkeit entfernt, die vor allem durch ihren seelischen Gehalt zur Geltung kommen soll. Der Ausdruck dieser andern Gesichter hat viel von einer Grimasse. Er spricht immer nur bestimmte seelische Bezirke, nur besondere seelische Komplexe an. Der Betrachter wird zur heftigen Anteilnahme oder zur leidenschaftlichen Ablehnung gezwungen, was durchaus auf die formalen Voraussetzungen zurückzuführen ist. Im Gesicht dieses Blinden aber zeigt sich der Schrecken nicht in der Verzerrung, sondern in der Traurigkeit. Die tastende Bewegung des ganzen Körpers wirkt sich auf dem Gesicht aus. Sie ist vor allem mit der Umgebung der Augen verbunden. Was mit dem leeren Blick nicht gesagt werden kann, das ist in die Augenlider und in die Brauen verlegt. Sie enthalten den gleichen Ausdruck, wie ihn sonst nur ein sehendes Auge bietet. Die Lider und Brauen gleichen verlängerten Nervenenden. Und auf den Lidern und über den Brauen liegt es wie ein ferner Widerschein des glücklicheren Lebens mit sehenden Augen. Nie sonst ist Tasten so sehr zum Sehen geworden wie hier.
[. . .] Bruegel hat das stillste Gesicht, das am differenziertesten gezeichnet und

gemalt ist (und das gerade darum, weil es am stillsten ist, am meisten Seele enthält), in den eigentlichen Mittelpunkt des Bildes gesetzt: wie er in seinen früheren Bildern die Haupthandlung als stillste und scheinbar nebensächlichste Handlung – und doch im Mittelpunkt des Bildes – dargestellt hat. [. . .]

Gotthard Jedlicka

Vorschlag: Da nur ein Ausschnitt der Bildinterpretation geboten werden kann, schlagen wir interessierten Lesern vor, das Buch von Gotthard Jedlicka „Pieter Bruegel – Der Maler seiner Zeit" zu lesen.

Das Bildgerüst der „Blinden" zeigt, daß Bruegel statische und labile Kräfte gegeneinander stellt. Den von links nach rechts kippenden Linien setzt er ein fest verankertes Gefüge vertikaler und horizontaler Linien entgegen, die von Architektur- und Naturformen gebildet werden.

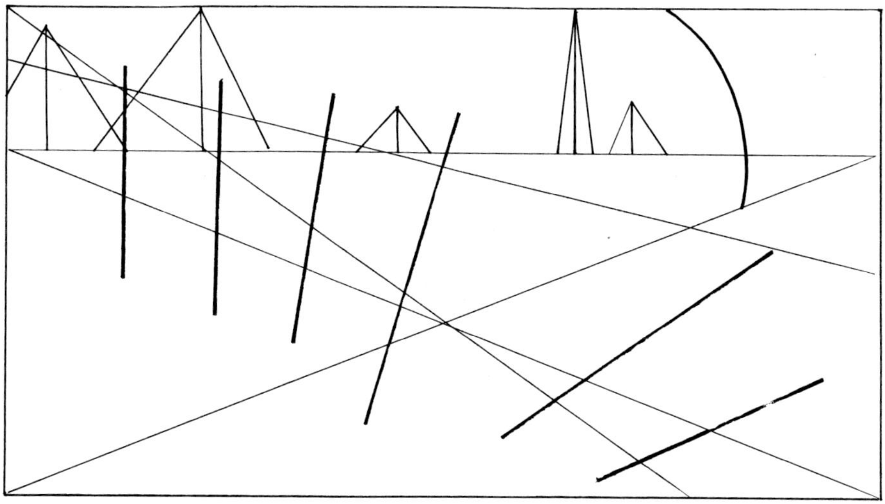

Walter Bauer (geb. 1904)
Bruegel: Die Blinden (1972)

Der Zug sechs blinder Bettler quer durch's Bild
Nach unten fallend; Fall ist nicht zu ändern,
Der Blinde, Blindem folgend, stürzt unweigerlich.
Ein schöner Tag; doch was man sieht, ist Fall.
Soweit das Bild. Ein Testament. So letzte Worte werden
Am Ende, nicht am Anfang, aufgezeichnet und signiert.
Bald danach stirbt er. 1569. Genosse in der Zeit
Von Rabelais, Montaigne, Shakespeare: Sehenden. So er.
Die Zeit knirscht zwischen Alt und Neu unübersichtlich
Und will, in Furcht und Hunger, Unbekanntes. –
Doch vor dem Bettlerbild ist anderes:
Der ganze Bruegel und sein Inventar in Flandern:
In der Welt.

Ikarus ist gestürzt, und keiner hat's gesehn,
Der helle Tag wird nicht von einem Fleck getrübt.
Der Turm von Babel wächst, wie Bäume in den
Himmel wachsen: doch ist dafür gesorgt, daß sie's nicht tun.
Die Kreuzigung sieht wie ein Volksfest aus, nicht irgendwo:
In Flandern; doch wer stirbt, wird kaum bemerkt.
So auch der Kindermord, die Zählung zu Augustus' Zeit,
Alles auf satter, voller Erde: Bruegels Grund: in Flandern,
Auch wenn da Hügel oder Berge sind, der Maler
Hat sie versetzt und spielt den Schöpfer à la mode.
Die Jahreszeiten gehen durch die Zeit des Jahres hier,
Frucht wird geborgen, goldne Haut des Korns geschnitten,
Zu Mittag strecken sich die Mäher unterm Baume aus.
November sieht die Trift der Kühe heim: Jäger und Hunde
Freun sich auf Wärme: Kindern wird Wintertag
Zu eisigem Frühling, Fluß zu knirschend kalter Bahn.
Die Bauern tanzen dröhnend, Bänke biegen sich, das
Füllt sich, schmatzt, stößt auf, schnallt sich den Gürtel los.

Das ist die Welt. Gut, daß sie ist und so ist. Heutger Tag
Liegt zwischen gestern und dem kommenden, auch wenn
Der Himmel schwarz und spanisch ist und Köpfe rollen
(Egmont, Horn). Alles ist Narrheit, alles eitel, weil
Alles Leben ist, Spiel wie von Kindern, ernsthaft, ohne Lachen,
Sprichwörter, denen jeder folgt, obgleich er sie durchschaut;
Durchschauen hilft nicht, mitgefangen, mitgehangen.
Die Vollgefressenen liegen faul im Überfluß: Schlaraffenland.
Die „Tolle Grete“ und ihr Fraunsvolk zögern nicht,
Die Hölle selbst zu plündern; arme Teufel, durchgewalkt;
Besessene Gier kennt nur das Unmaß. Dann kommt Tod,
Scharen von Toden, Abfall, Aas, Verwesung, schwarzer Triumph,
Der alles gleich macht. Nenn das Ernte. –
Dies alles Bruegels Inventar in Flandern in der Welt.

Und dann, an einem schönen Tag im schönen Flandern,
Der Himmel ganz leicht blau von sanftem Licht, die Erde ruht,
So still, der Aufschlag einer Frucht, die fällt, würde gehört,
Da kommen sie, sechs Bettler, blind, ein Augenloser führt sie.
So jeden Tag; so diesen. Ihm vertraun sie blindlings;
So auch vertrauen sie einander, und die Hand,
Die sie auf Vordermannes ungesehne Schulter legen,
Gefühlt, doch nie erblickt, bindet zu Sicherheit und Wärme.
Sie vertraun dem Ersten. Seine Dunkelheit kennt noch Entfernung.
Wärme ist: Dorf. Wind heißt: das Freie. Regen ist:
Schutzlosigkeit, Schnee: alles kalt und still. Doch ihm vertraun sie,
Als sähe er, was er nicht sieht. Er sieht nicht. Plötzlich stürzt er.
Nässe heißt: Bach; doch fällt er tiefer. Hier beginnt es.
Der Sog beginnt. Der zweite hat den Halt am Stock verloren,
Stürzt über ihn und zieht an seinem Stab den Dritten nach,
Der weiß noch nicht, er strengt sich an zu wissen:
Da ist was – was? – wie leicht es Sehende haben . . .
Der ihm die Hand auf nur gefühlte Schulter legt, verhält,
Zögert und denkt: da ist Bewegung, die zieht mich – o, er möchte sich
Die leeren Augen aus dem Kopfe sehen – könnte er!
Dann wäre alles gut. So ist's noch für die letzten fünft- und sechsten,
In guter Hut noch, unbesorgt (beinah), die Botschaft hat sie
Noch nicht erreicht: auch ihnen ist Fallen zugedacht.

Vom ersten bis zum letzten fließt die Woge aus,
Vom letzten bis zum ersten wächst sie in der Finsternis.
Alles in großer Stille und an einem schönen Tag, die Erde ruht,
Und wer im Licht geht und im Licht sieht, hat es gut
(Jedoch man möchte wissen, ob die Sehenden mehr sehn).
So still. Der Aufschlag einer Frucht, die fällt, würde gehört,
Doch hat der Fall der blinden Bettler nichts am Tag verstört.
Die Erde hört und sieht nicht. Oder doch? Dann sieht sie ungerührt,
Wie Blinde fallen müssen, die ein Blinder führt.
Geduld: sie werden von dem Sturz, den sie getan, schon wieder aufstehn,
Sich sammeln, Staub abstreifen und im Dunkeln weitergehn.

Welche Werke Bruegels werden im 2. Abschnitt des Gedichts angeführt?

Walter Bauer, geb. 1904 in Merseburg an der Saale. Sohn eines Arbeiters. 1929–39 Volksschullehrer. Im Krieg Soldat. Wanderte 1952 nach Kanada aus. Dort Gelegenheitsarbeiter, dann Student und schließlich Dozent an der Universität Toronto. Veröffentlichte Lyrik, Romane (u. a. über Vincent van Gogh), Erzählungen (u. a. über Giorgione, Michelangelo und Rembrandt), Biographien (u. a. über Michelangelo), Autobiographien, Essays (u. a. über C. D. Friedrich und Goya), Kinderbücher und Hörspiele. *Bruegel: Die Blinden* (101). Erstveröffentlichung. Der 2. Abschnitt läßt die Hauptwerke des Malers vorüberziehen. Brieflich teilt der Autor mit: „Seit meiner Kindheit gehört meine Liebe der Malerei und den Malern fast in gleicher Stärke wie der Literatur ... Zu Bruegels ‚Blinden': Ich sah es als junger Mensch 1925 im Museo Nazionale in Neapel unter eigentümlichen Umständen; ich lebte damals als Tramp; ich habe den Eindruck nie vergessen: im Süden dieses Bild des Nordens." –

Gisbert Kranz

Dem geheimnisreichen Spätwerk mit den sechs Blinden liegt die Matthäus-Stelle zugrunde von dem einen Blinden, der einen anderen führt. Die Zahl ist bei Brueghel auf sechs erweitert, aber die ganze Menschheit ist gemeint. Blind eilt sie vorbei an ihrem Heil, das durch das ruhige Dorf und die Kirche in seiner Mitte versinnbildlicht wird, und stürzt in den Sumpf. Nicht Mitleid soll dieses Bild in dem Beschauer wachrufen. Auch der Kritik an einem sozialen Notstand wird nicht Raum gegeben. Der gewagte Realismus dient einer allegorischen Aussage. Der Zustand der Menschheit ist mit dem schwankenden, sich unsicher schräg über die ganze Bildebene tastenden Zug gekennzeichnet, die ihr irdisches und ihr ewiges Heil verkannt hat.

Wolfgang Braunfels

Erich Lotz (1896–1973)
Breughel: Die Parabel von den Blinden (1956)

Es gellt die Glocke durch das Haus –
Die Nacht erschrickt beim Eingriff in die Stille.
Nur mühsam weicht der Schlaf von meinen Lidern.
Im Traume sah ich Pieter Breughels letztes Bild:
Sechs Männer stolpern in den sichern Tod.
Die Bälle in den Augenhöhlen
sind ohne Iris, ohne Glanz:
der Liebe Strahlkraft scheint zugleich erloschen.
An langer Stange suchen tastend sie die Richtung –
Dem Schicksal gramverfallen treiben sie ins Dunkel.

Tomi Ungerer: Die Blinden

Karikatur ist ein Zerrbild, das übertreibend auf eine Wahrheit zielt. Welche Wahrheit meint der Karikaturist Tomi Ungerer? Die Karikatur wird meist als Kritik an bestehenden Verhältnissen gedacht. Welche Kritik wird in dieser Zeichnung geübt? Welcher Unterschied in der Grundauffassung besteht zu Bruegels Gleichnis von den Blinden? Beschreiben und deuten Sie diese Zeichnung!

Blindlings

siegreich sein
wird die sache der sehenden
die einäugigen
haben sie in die hand genommen
die macht ergriffen
und den blinden zum könig gemacht

an der abgeriegelten grenze stehn
blindekuhspielende polizisten
zuweilen erhaschen sie einen augenarzt
nach dem gefahndet wird
wegen staatsgefährdender umtriebe

sämtliche leitende herren tragen
ein schwarzes pflästerchen
über dem rechten aug
auf den fundämtern schimmeln
abgeliefert von blindenhunden
herrenlose lupen und brillen

strebsame junge astronomen
lassen sich glasaugen einsetzen
weitblickende eltern
unterrichten ihre kinder beizeiten
in der fortschrittlichen kunst des schielens

der feind schwärzt borwasser ein
für die bindehaut seiner agenten
anständige bürger aber trauen
mit rücksicht auf die verhältnisse
ihren augen nicht
streuen sich pfeffer und salz ins gesicht
betasten weinend die sehenswürdigkeiten
und erlernen die blindenschrift

der könig soll kürzlich erklärt haben
er blicke voll zuversicht in die zukunft

Hans Magnus Enzensberger

Blinde des Jahres 1980

Mehrere hundert Blinde marschierten 1980 von ihrer Unterkunft am Stadtrand von Delhi in einem Schweigemarsch in das Zentrum der indischen Hauptstadt, um auf ihre Notlage aufmerksam zu machen. Bei dem Marsch hielten sie sich aneinander fest, um die Orientierung nicht zu verlieren. Sie versammelten sich vor der zuständigen Behörde, die sie ihrem Schicksal überlassen hatte, und schlugen dort in einem Akt der Verzweiflung Stunden hindurch auf ihr Eßgeschirr.

Peter Rindl, Protestmarsch der Blinden von Delhi.
Der Wiener Fotograf Peter Rindl verunglückte 1982 tödlich auf einer Motorradfahrt in Indien.

Die blinden Frauen

Die Blinden gehn mit ihren Wärterinnen,
Schwarze Kolosse, Moloche aus Ton,
Die Sklaven vorwärts ziehn. Und sie beginnen
Ein Blindenlied mit lang gezogenem Ton.

Sie ziehn wie Chöre auf mit starkem Schritte
Im Eisenhimmel, der sie kalt umspannt.
Der Wind türmt auf der großen Schädel Mitte
Ihr graues Haar wie einen Aschenbrand.

Sie tasten sich an ihrem großen Stabe
Die lange Straße auf zu ihrem Kamm.
Auf ihrer ungeheuren Stirnen Grabe
Brennt eines dunklen Gottes Pentagramm.

Der Abend hängt wie eine Feuertonne
Am Horizont auf einem Pappelbaum.
Der Blinden Arme stechen in die Sonne,
Wie Kreuze schwarz am frohen Himmelssaum.

Georg Heym

Caspar David Friedrich, Zwei Männer den Mond betrachtend, 1819
Öl auf Leinwand, 35 × 44 cm
Dresden, Staatliche Kunstsammlungen, Gemäldegalerie

Bis 1840 in Dahls Besitz, der es der Dresdner Gemäldegalerie verkaufte. „Die machen demagogische Umtriebe" – äußerte Friedrich humorvoll-ironisch zu Cornelius, als er jenem bei einem Besuch in seinem Atelier 1820 das Bild vorstellte, und spielte dabei auf die Verfolgung liberaler und demokratischer Kräfte in der Metternichschen Ära an.
Nach F. W. Wegener sind die beiden Gestalten der Künstler selbst mit seinem Lieblingsschüler August Heinrich, der sich an den Älteren anlehnt.
Die aufgelockerte Komposition weist auf Bildstrukturen des 18. Jahrhunderts zurück. Jedoch ist auch hier das Prinzip der Raumschranke in Gestalt der silhouettenhaften Vordergrundfigur dominierendes Prinzip der Bildordnung.
Der steinige Pfad ist als Lebensweg zu verstehen, die kahle, abgestorbene Eiche als Symbol des Todes. Jenseits dessen die Lichterscheinung des Mondes, imaginäres Ziel romantischer Sehnsucht. Friedrich hat weitere Fassungen des Bildes auf Bestellung angefertigt. Am bekanntesten ist die der Nationalgalerie Westberlin „Mann und Frau in Betrachtung des Mondes" (um 1824).

Katalogtext

An den Mond

Füllest wieder Busch und Tal
Still mit Nebelglanz,
Lösest endlich auch einmal
Meine Seele ganz;

Breitest über mein Gefild
Lindernd deinen Blick,
Wie des Freundes Auge mild
Über mein Geschick.

Jeden Nachklang fühlt mein Herz
Froh- und trüber Zeit,
Wandle zwischen Freud und Schmerz
In der Einsamkeit.
. . .

Johann Wolfgang v. Goethe

Mondandacht

Es war, als hätt der Himmel
Die Erde still geküßt,
Daß sie im Blütenschimmer
Von ihm nun träumen müßt.

Die Luft ging durch die Felder,
Die Ähren wogten sacht,
Es rauschten leis die Wälder,
So sternklar war die Nacht.

Und meine Seele spannte
Weit ihre Flügel aus,
Flog durch die stillen Lande,
Als flöge sie nach Haus.

Joseph von Eichendorff

Zwei Männer in Betrachtung des Mondes

Das Bild wird in dem um 1830 verfaßten Verzeichnis der Gemäldesammlung Dahls (Oslo, Universitätsbibliothek) beschrieben als „Mondscheinlandschaft. Zwei männliche Figuren betrachten den aufgehenden Halbmond". Im Einnahmebuch von Dahl (Oslo, Universitätsbibliothek) ist unter dem 26. 9. 1840 der Verkauf des Bildes an die Königliche Galerie in Dresden für einen Preis von 80 Talern notiert. In einem Brief von Dahl vom 26. 9. 1840 an die Dresdener Gemäldegalerie wird das nach seinen Notizen 1819 geschaffene Bild als Darstellung von Friedrichs Schwager Christian Wilhelm Bommer (der seit 1816 bei Friedrich lernte) und August Heinrich (Friedrichs Schüler von 1818 bis 1820) geschildert. W. Wegener (1859, S. 71/77) berichtet später, daß nicht Bommer, sondern Friedrich selbst zusammen mit August Heinrich dargestellt sei. H. Börsch-Supan (BS. 261) neigt dieser Version zu, da sich auf dem Bild offenbar ein junger Mann an einen wesentlich älteren anlehnt, Bommer 1819 aber nur 18 Jahre zählte und Heinrich damals erst 25 Jahre alt war.

Nach einem Bericht von L. Förster (1846, S. 157) besuchten K. Förster und P. Cornelius am 18. April 1820 Friedrich in seinem Atelier und besichtigten dort unter den jüngst vollendeten Werken ein Gemälde: „Zwei in Mäntel gehüllte Jünglinge, sehen begeistert, sich umschlungen haltend, hinaus in die Mondscheinlandschaft". Förster übermittelt die „ironisch, wie zur Erklärung" gemachte Bemerkung Friedrichs: „Die machen demagogische Umtriebe". Diese überlieferte Äußerung des Malers macht deutlich, daß Friedrich in diesem Bild (wie in anderen Werken) nicht mit jenem geradezu fanatischen Eifer, den Börsch-Supans Deutungen suggerieren, die durch das Christentum überwundene heidnische Auffassung und den vom Mond (gleich Christus) beleuchteten Lebensweg hat sichtbar machen wollen.

Das in der Forschung breit behandelte Bild, über dessen Datierung um 1819/20 jedoch praktisch keine Meinungsverschiedenheiten auftauchen, galt hinsichtlich des dargestellten Ortes.

Für K. Lankheit (1952, S. 105) ist es im Grunde unerheblich, wer hier dargestellt erscheint: „Nicht die Freundschaft auf Grund individueller Eigenschaften und Erlebnisse, sondern die Verbundenheit zwischen Geschöpf und Geschöpf angesichts der gleichen Vergänglichkeit findet hier ihre Gestaltung". I. Emmrich (1964, S. 37) glaubt: „Die beginnende Isolierung des bürgerlichen Menschen ist die eine Erfahrung, die Friedrich wörtlich und in symbolischem Bezug ausdrückt, Gemeinsamkeit als Erlebnis die andere" und sie weist darauf hin, daß Friedrich in seinen Aufzeichnungen kaum „vom Erlebnis der Freundschaft" gesprochen, nichtsdestoweniger jedoch in Carus, Dahl und Kühn echte Freunde besessen habe. Auch W. Geismeier (1973, S. 41) findet hier die „Sehnsucht des emanzipierten bürgerlichen Menschen nach Übereinstimmung mit der Natur und ihrem göttlichen Wesensgrund“ verkörpert. Nur S. Hinz (1966, S. 15) sieht in den Gestalten in altdeutscher Tracht (merkwürdigerweise ohne auf Friedrichs eigene Äußerung Bezug zu nehmen) den Typ der „Anti-Reaktionäre“ verkörpert und glaubt, dem Werk „Mahn- und Protestcharakter“ beimessen zu können.

Katalogtext

Mann und Frau den Mond betrachtend (um 1830–35)
Öl auf Leinwand, 34 × 44 cm
Berlin, Nationalgalerie

Das Bild ist die Variante eines 1819 gemalten Werkes in der Dresdner Galerie, das statt der Frau einen Jüngling zeigt. Nach einer Mitteilung von Friedrichs Freund Wilhelm Wegener hat der Maler in dem Dresdner Bild sich selbst und seinen 1822 gestorbenen Schüler August Heinrich dargestellt, nach einer weniger glaubhaften Überlieferung Dahls seine beiden Schüler Heinrich und Bommer. Der Tod von August Heinrich könnte die Ursache dafür gewesen sein, daß Friedrich in der späteren Fassung an dessen Stelle eine Frau, vermutlich Caroline Friedrich, dargestellt hat, die ihren Arm, Schutz suchend, auf die Schulter des Mannes legt. Das Paar steht unter einer mächtigen Fichte, dem Sinnbild des Christen. Der ansteigende steinige Weg ist der Lebensweg. Er führt an einem Abgrund entlang, der der Abgrund des Todes ist, aber die Betrachtung des Paares gilt dem Vollmond, dem Symbol für Christus. Der Stumpf einer abgebrochenen Fichte im Rücken der Wanderer ist ein Hinweis auf ihren Tod. In merkwürdigem Gegensatz zu dem ruhigen Umriß der Figurengruppe und den hängenden Zweigen der Fichte steht die bizarre Silhouette der abgestorbenen Eiche, die in den Abgrund zu stürzen droht. Zwei ihrer Wurzeln sind bereits aus dem Erdboden gerissen und stehen gespenstisch vor dem Himmel. Hier wird die Bedeutung der Eiche als Sinnbild des Heidentums, dem angesichts des Todes nur die Verzweiflung bleibt, besonders deutlich. Der Felsblock unterhalb der Eiche ist die Hälfte eines (spiegelbildlich wiedergegebenen) Hünengrabes, das Friedrich am 27. Mai 1806 gezeichnet hat. Dem unbefangenen Betrachter wird die Bedeutung des Steines in seiner Verbindung mit dem Heidentum kaum deutlich. Die Verwendung solcher verschleierter Symbole vermag zu zeigen, wie sehr Friedrichs Bilder bisweilen den Charakter eines Monologes haben. Hinter den Umrissen des Felsblockes ragen im Mittelgrund die Spitzen von Fichten empor zum Zeichen einer geschichtlichen Entwicklung vom Heidentum zum Christentum.

Helmut Börsch-Supan

Nachts

Ich wandre durch die stille Nacht,
Da schleicht der Mond so heimlich sacht
Oft aus der dunklen Wolkenhülle,
Und hin und her im Tal
Erwacht die Nachtigall,
Dann wieder alles grau und stille.

O wunderbarer Nachtgesang:
Von fern im Land der Ströme Gang,
Leis Schauern in den dunklen Bäumen –
Wirrst die Gedanken mir,
Mein irres Singen hier
Ist wie ein Rufen nur aus Träumen.

Joseph von Eichendorff (1788–1857)

„Ich muß allein bleiben und wissen, daß ich allein bin, um die Natur vollständig zu schauen und zu fühlen, ich muß mich dem hingeben, was mich umgibt, mich vereinigen mit meinen Wolken und Felsen, um das zu sein, was ich bin. Die Einsamkeit brauche ich für das Gespräch mit der Natur."

Der Maler soll nicht bloß malen, was er vor sich sieht, sondern auch, was er in sich sieht. Sieht er aber nichts in sich, so unterlasse er auch zu malen, was er vor sich sieht . . .

Caspar David Friedrich

Die Beispiele dieses Kapitels „Bild und Dichtung" zielen auf verschiedene Beziehungen zwischen Bild und Dichtung:

1. Daumier stellt den Begriff „Drama" in verschiedener Bedeutung dar, als literarische Form „Drama" und als übertragene Bedeutung des Begriffs, als ein aufregendes Geschehen.

2. Bruegel gestaltet im „Schlaraffenland" den alten Schwank- und Märchenstoff, aber nicht als Illustration zum Text, sondern als Kunstwerk mit eigener Aussage.

3. Bei Bruegels „Sturz der Blinden" werden dem Bild und den Interpretationen dichterische Deutungen des Bildes gegenübergestellt.

4. Beim Betrachten des Bildes von Caspar David Friedrich werden wir an Gedichte über die Nacht und den Mond erinnert.

Vorschlag:
Suchen Sie weitere Beispiele für die Beziehungen zwischen Bild und Dichtung.

Bildgattungen

Andachtsbild

Bezeichnung für Bildwerke religiösen Inhalts, die vor allem das Marienleben und die Passion zum Inhalt haben. Sie dienen der Andacht, religiöser Versenkung der Gläubigen.

Genremalerei

Wie das französische Wort genre die Art und Weise bedeutet, so geben die Genrebilder oft die Sitten und Gebräuche bestimmter Schichten wieder. Hauptgruppen: bäuerliches, bürgerliches, höfisches Genrebild, typische Szenen aus dem Leben der betreffenden Schicht.

Gnadenbild

Meist werden Darstellungen der Mutter Gottes als Gnadenbilder in Wallfahrtskirchen verehrt. Oft wird ihnen wundertätige Kraft zugesprochen. Sie sind mit Legenden verbunden.

Historienmalerei

Geschichtliche Ereignisse werden dargestellt, oft mit glorifizierender Tendenz, nach dem Auftraggeber. Im Absolutismus dient die Historienmalerei der Verherrlichung des Fürsten und seiner Taten, ohne die geschichtliche Wahrheit zu berücksichtigen.

Intérieur

Die Darstellung von Innenräumen, die auf sorgfältiger Beobachtung beruhen (Gotik), das Repräsentative von Räumen herausstellen (Renaissance) oder die Stimmung eines lichtdurchfluteten Raumes schildern (Barock). In der Romantik dient das Intérieur zur symbolhaften Darstellung von Menschen und ihrer

Beziehung zur Ferne und zum Unendlichen (Raum – Fenster). Später kann der dargestellte Raum auch seelische Spannungen ausdrücken, die dem dort lebenden Menschen eigen sind (Van Gogh).

Landschaft

Künstlerische Wiedergabe der natürlichen Umwelt des Menschen. Dazu gehören auch Darstellungen von imaginären Landschaften, Städteansichten (Veduten), Seestücke (Marinen) und Parklandschaften. Die Landschaftsmalerei schildert vor allem Raum, Licht und Luft und beschreibt das Verhältnis des Menschen zur Natur. Landschaftsmalerei entsteht in Europa im 14. Jahrhundert mit der Entdeckung des Gartens. Erst im 15. Jahrhundert beginnen die Maler, Landschaften in topographisch genauer Sicht darzustellen (Konrad Witz, Albrecht Dürer). Die jahreszeitliche Verschiedenheit hat als erster Pieter Bruegel d. Ä. geschildert. Im 17. Jahrhundert entsteht die ideale oder heroische Landschaft (Claude Lorrain). Sachlich gemalte (Jan van Goyen) und dramatisch geschilderte Landschaften (Rembrandt) legen die holländischen Maler des 17. Jahrhunderts vor. Die Romantiker erschließen neue Motive (Einsamkeit, Nebelstimmung). Die Impressionisten wenden sich der Darstellung der sich in Licht und Sonne verändernden Landschaft zu.

Porträt

Darstellung eines bestimmten Menschen, die seine körperliche Erscheinung vergegenwärtigt und seine charakterlichen Eigenschaften andeutet. Meist beschränkt sich das Porträt auf die Darstellung des Kopfes und des oberen Teils der Brust (Brustbildnis). Daneben finden sich Halb- und seltener Ganzfiguren. Der Kopf kann in Vorderansicht (en face), Seitenansicht oder im Profil bzw. Halbprofil wiedergegeben sein. Besonders wichtig ist der Blick des Porträtierten. Berühmte Porträtisten: Jan van Eyck, Anthonis van Dyck, Frans Hals, Tizian.

Stilleben

Nature morte. Darstellung mehrerer Gegenstände, deren Auswahl und Zusammenstellung häufig aufgrund ästhetischer oder symbolischer Überlegungen erfolgt. Der Übergang zum Tierbild und Genrebild ist fließend.

Besonders bekannt sind die Vanitas-Darstellungen des 17. Jahrhunderts, die mit Sinnbildern (Seifenblase, Blume, Kerze, Spiegel, Spielkarte, Musikinstrumente) auf die Vergänglichkeit des Lebens hinweisen.
Maler: F. Snyders, Jan Bruegel d. Ä., Chardin.

Votivbild

Votivbilder sind Bildtafeln, die aus einem Gelübde (lat. votum = Gelübde) heraus gestiftet werden als Bitte oder Dank in menschlicher Not.

Kunststile

Unter Stil versteht man die Art und Weise, wie ein Künstler in einer bestimmten gleichen Grundeinstellung und mit gleichen oder ähnlichen Gestaltungsmitteln produziert (Individualstil). Die künstlerischen Merkmale, die in einer bestimmten Zeit bei vielen Künstlern erscheinen, werden als Zeitstil bezeichnet.

Romanik

11.–13. Jahrhundert. Die romanische Malerei will eine möglichst eindringliche Darstellung religiöser Inhalte. Sie erscheint als Freskomalerei in den romanischen Kirchen, als Buchmalerei und seltener als Tafelmalerei. Sie verzichtet auf die Darstellung des Raums, die genaue Wiedergabe des Körpers und der richtigen Größenverhältnisse.
Die Größe der Dinge ist von ihrer Bedeutung abhängig. Strenge, linear betonte Formen und die Darstellung des Menschen in überlanger Gestalt ist charakteristisch für sie.

Gotik

13.–15. Jahrhundert. Glasmalerei, Freskomalerei, Buchmalerei, Tafelmalerei. Idealismus und Naturalismus bestimmen gleichzeitig die gotische Malerei:

einerseits stellt sie den schönen Menschen dar, andererseits orientiert sie sich am Naturvorbild. Sie erschließt neue Bereiche des Gefühls, ermöglicht das Mit-Leiden und schafft krasse Passionsdarstellungen.

Renaissance

1410–1530. Die Malerei knüpft wieder an die Tradition der Antike an und ist um genaue Wiedergabe der Realität bemüht. Heiligendarstellungen werden nun zu Porträts, Attribute der Heiligen zu Stilleben. Im Norden Europas konzentrieren sich die Anstrengungen der Malerei auf eine genaue Darstellung der Natur, im Süden auf die Darstellung des Raums mit Hilfe der Linearperspektive und des Menschen in seiner idealen Schönheit.
Maler: P. Bruegel d. Ä., Konrad Witz, Giotto, Fra Angelico, Masaccio, Raffael.

Manierismus

1530–1580. Malerei zwischen Renaissance und Barock. In Abwendung von den Idealen der Renaissance stellt die Malerei nunmehr langgestreckte Menschen in Bewegung dar, zerlegt den einheitlichen Bildraum in Räume unklarer Größe und sucht größere Menschengruppen bildnerisch zu erfassen. Durch heftigen Hell-Dunkel-Kontrast und unruhig glühende gebrochene Farben entsteht der Eindruck seelischer Spannung und religiöser Erregung.
Maler: Tintoretto, Greco.

Barock

1580–1750. Die Malerei spiegelt die intensive Frömmigkeit des Zeitalters wider: religiöse Erlebnisse, ekstatische Visionen werden mit starken Lichtkontrasten in bewegten, rhythmisierten, spannungsvollen Kompositionen (Diagonale, Ellipse) geschildert (Tiepolo). Für den Adel entstanden dramatisch aufgebaute Darstellungen mythologischer Szenen (Rubens). Van Dyck und Rigaud erfassen Herrscherpersönlichkeiten in großformatigen Darstellungen. Außerdem entstehen Landschaften, die mit mythologischen Figuren ausgestattet werden (Lorrain), und Städteansichten (Belloto). Neben der dramatischen Hell-Dunkel-Malerei Rembrandts findet sich in Holland und Spanien auch eine mehr realistische Richtung der Barockmalerei (van Goyen, Velasquez).

Klassizismus

1760–1830. Die Malerei des Klassizismus, die die Linie betont, ordnet die Farbe der strengen Zeichnung der Figuren und Gegenstände unter. Die Bildthemen stammen aus der griechischen und römischen Antike und der Mythologie (David). Eigenständige Lösungen erreichte insbesondere die Landschaftsmalerei (Kobell, Koch) und die Darstellung von Einzel- und Gruppenporträts.

Romantik

1800–1830. Romantische Malerei will nicht mehr die Wirklichkeit abbilden, sondern auf Kräfte hinweisen, die Geist und Seele des Menschen beeinflussen. Symbol, Allegorie und Metapher gewinnen deshalb besondere Bedeutung. Menschen und Gegenstände sind Ausdruck gedanklicher Inhalte. Dargestellt werden jetzt die Beziehung des Menschen zur Natur, Menschen in krisenhaften Situationen, der Freiheitskampf in Europa, Inhalte der Geschichte sowie von Sagen, Legenden und Märchen.
Maler: Eugène Delacroix, Caspar David Friedrich, Moritz von Schwind, Ludwig Richter, Carl Spitzweg.

Realismus

1830–1870. Im Gegensatz zum Idealismus, der die Wirklichkeit verklärt, will der Realismus die Kennzeichen der sichtbaren und psychischen Wirklichkeit im Bild erhalten, gleichzeitig aber auch die dargestellte Realität deuten. Die Malerei schildert vor allem die Erscheinung der Natur (Landschaftsbild) und das Leben der Menschen (Genrebild). Der Betrachter soll an dem Geschick der im Bild dargestellten Menschen Anteil nehmen und dabei zu einem Urteil über sie gelangen.
Maler: Daumier, Meunier, Courbet, Millet, Leibl.
Wenn die Malerei bemüht ist, Wirklichkeit in „fotografischer“ Treue so exakt wie möglich wiederzugeben, spricht man von Naturalismus.

Impressionismus

1860–1890. Die Impressionisten wenden sich vor allem der Darstellung der Landschaft in ihrer Veränderung unter dem Einfluß von Sonne, Licht und Wind zu. In unmittelbarer Arbeit vor dem Motiv hellt sich ihre Farbpalette auf. Um die sich verändernde Natur (Meer, Himmel, Schatten) angemessen wiederzugeben, entwickeln sie eine Punkt- bzw. Kommatechnik, mit der sie die Lichtwirkung der Oberfläche der Dinge darstellen, einen einheitlichen Bildraum schaffen und so zu einer besonders harmonischen Bildgestaltung gelangen.
Maler: Monet, Pissarro, Renoir, Sisley.

Expressionismus

1905–1925. Der Expressionismus will durch Vereinfachung der Formen, reine ungebrochene Farben in großen Flächen und eine kontrastreiche, deformierende Formensprache zu einer intensiven Aussage gelangen. Sie soll den Betrachter aufrütteln und schockieren, negative gesellschaftliche Entwicklungen anprangern und auf neue menschliche Werte hinführen.
Maler: van Gogh, Munch, Gauguin, Hodler, Macke, Marc, Kirchner, Beckmann.

Kubismus

Der analytische Kubismus (1909–1914) zerlegt den Raum und die Gegenstände in facettenartige Elemente und stellt mehrere Ansichten eines Objektes gleichzeitig dar (Picasso, Braque). Der synthetische Kubismus (1914–1927) strebt eine harmonische Gegenstandsdarstellung durch die Verschmelzung hell-dunkel gestufter Flächen an; eingefügte Tapeten und Zeitungsstücke geben dem Bild einen höheren Wirklichkeitsgrad (Gris).

Konstruktivismus

1913–1925. Der Konstruktivismus gestaltet das Bild aus geometrischen Grundelementen. Die ursprünglich auf Fläche, Horizontale und Vertikale beschränkte Darstellungsform Mondrians wird durch die Verwendung der

Diagonale (Doesburg) und räumlich-körperhafte Systeme (Malewitsch, Lissitzky) bereichert.
Op-art (Analyse von Licht und Farbe bei Reihungen und Bewegungen) und die Minimal Art setzen heute diese Tendenzen fort.

Tachismus

1950–1965. Aus dem amerikanischen Action-Painting (Pollock) und der automatischen Malerei des Surrealismus entwickelt sich die spontane Malweise des Tachismus (franz. tache = Fleck). Die Tachisten gehen davon aus, daß der impulsive Malakt eine unverfälschte Selbstaussage ermöglicht.

Pop Art

1952–1970. Die Pop Art, die an die Realität der modernen Alltagswelt (Werbung, Comics, Konsumgüter) anknüpft, verfremdet die dargestellten Gegenstände durch Vergrößerung, Übermalung und Reproduktion.

Surrealismus

1919 – heute. Der Surrealismus ist bestrebt, die im Unterbewußtsein verborgenen Bilder einer „Über-Wirklichkeit“ freizusetzen. Dazu versuchen die Surrealisten, die hemmende Kontrolle des Verstandes auszuschalten, das Verborgene durch Assoziationen, Traum, Trance oder durch die „automatische Zeichnung“, d. h. spontanes künstlerisches Tun, zu enthüllen. Die Malerei des Surrealismus enthält Anregungen durch die Kunst der Naiven, die Kinderzeichnung und die bildnerische Arbeit der Geisteskranken. Dargestellt werden das Alogische, das Groteske, das Widersprüchliche und Sonderbare. Die Kunst des Surrealismus liebt die spontane Handschrift, die naturalistische Darstellung von Einzelheiten und die geheimnisvolle Farbigkeit.
Maler: R. Magritte, M. Ernst, de Chirico, S. Dali.

Bildnachweis

Wir danken allen Museen, Sammlungen und Verlagen für die freundliche Genehmigung zum Abdruck der Bilder

S. 13 In einer Bildergalerie
S. 14 Plakatwände
S. 14 Zeitungen, Illustrierte, Zeitschriften
S. 15 Wohnräume
S. 15 Fernsehen — Fotos: Alex Winter
S. 16 Bildbände
S. 16 Schulausstellungen — Fotos: Ciro Capellarie
S. 17 In Kirchen
S. 17 In Schlössern
S. 18 In Schaufenstern
S. 18 In Bildergalerien — Fotos: Ossi Eggerer

S. 19 Lehrer mit Schülern beim Unterricht – Foto: Alex Winter
S. 24 Frans Snyders, Zwei Hunde, 1650
Akademie Venedig
S. 26 Vincent van Gogh, Gauguins Sessel
Sammlung V. W. Hahnloser, Bern – Foto: Martin Hesse, Bern
S. 28 Abschied des Kriegers, um 440 v. Chr. – Attische Amphore
Staatliche Antikensammlungen München – Foto: Max Hirmer
S. 41 Caspar David Friedrich, Riesengebirgslandschaft, 1820/21
Neue Pinakothek München
S. 43 René Magritte, Der Schlüssel der Felder, 1933
Sammlung Claude Spaak, Choisel/Frankreich
Copyright by ADAGP, Paris, & Cosmopress, Genf
S. 47 Marc Chagall in Orgeval bei Paris
Felix H. Man, Photographien aus 70 Jahren, S. 229
Schirmer/Mosel Verlag München 1983
S. 66 Friedrich Georg Kersting, Caspar David Friedrich im Atelier, 1819
Nationalgalerie, Berlin-West
S. 70 Hans Holbein d. J., Kaufmann Gisze, 1532
Berlin, Staatliche Museen, Preußischer Kulturbesitz, Gemäldegalerie
S. 76 Albrecht Dürer, Selbstbildnis im Pelzrock, 1500
Bayerische Staatsgemäldesammlungen, Alte Pinakothek, München
S. 80 Vincent van Gogh, La Berceuse, 1889
Kunstmuseum Basel

S. 83 Paul Gauguin, Ta Matete, 1892
Kunstmuseum Basel
S. 88 Pieter Bruegel d. Ä., Der Winter, 1565
Kunsthistorisches Museum Wien
S. 94 Franz Marc, Reh im Walde II, 1912
Städtische Galerie im Lenbachhaus, München
S. 100 Paul Klee, Der Vollmond, 1919
Galerie Otto Stangl, München
S. 104 Vincent van Gogh, Nachtcafé, 1888
Sammlung C. Clark, New York
S. 108 Pablo Picasso, Akrobatenfamilie mit einem Affen, 1905
Göteborgs Konstmuseum, Göteborg
SPADEM, Paris / VG Bild-Kunst, Bonn 1984
S. 109 Raffael, Heilige Familie mit dem bartlosen Josef, 1506
Eremitage, Leningrad
S. 122 Fernand Léger, Die Bauarbeiter, 1950
Musée Fernand Léger, Biot
SPADEM, Paris / VG Bild-Kunst, Bonn 1984
S. 117 Bücher für den Geschichtsunterricht – Foto: Alex Winter
S. 119 Tizian, Kaiser Karl V., 1548
Alte Pinakothek München
S. 124 Hyacinthé Rigaud, Ludwig XIV., um 1701/02
Musée National du Louvre, Paris
S. 128 John Tenniel, Dropping the Pilot
„Punch“, 1890
S. 132 Le Nain, Bauernfamilie, um 1642
Louvre, Paris
S. 136 Rembrandt van Rijn, Die Nachtwache, 1642
Rijksmuseum, Amsterdam
S. 140 Politisches Plakat vom Ende des Ersten Weltkriegs Anarchie ist Helfer der Reaktion . . ., 1918
Nr. 17 in „Anschläge. Politische Plakate in Deutschland 1900–1970
Hrsg. Friedrich Arnold
Verlag Langewiesche-Brandt, Ebenhausen bei München 1972
S. 142 Plakat „Brot für die Welt“
Nr. 166 in „Anschläge . . .“, s. o.
S. 144 Albrecht Altdorfer, Die Alexanderschlacht, 1529
Alte Pinakothek, München
S. 156 Velasquez, Die Übergabe von Breda, 1639/41
Prado, Madrid
S. 162 Delacroix, Freiheit auf den Barrikaden, 1830
Louvre, Paris

Quellenverzeichnis

S. 20 f. Heinrich Wölfflin, Das Erklären von Kunstwerken, Leipzig 1940², S. 7, 8, 9, 27, 29–81, 37. Die Zusammenstellung ist entnommen: Klaus Kowalski, Methoden der Bildanalyse, Arbeitsheft, Ernst Klett Verlag, Stuttgart 1982, S. 1

S. 24 f. Tankred Winter, Manuskript

S. 26 f. Fritz Brinckmann, Manuskript

S. 29 Roger Winter, Manuskript

S. 32 Lehrpläne der vierjährigen Realschulen in Bayern, KMBl I, So.-Nr. 1/1982

S. 36 ff. Curricularer Lehrplan für Kunsterziehung in der Kollegstufe an den Gymnasien in Bayern
Grundkurs KMBl I, So.-Nr. 22/1976
Leistungskurs KMBl I, So.-Nr. 16/1976

S. 44 f. René Magritte, Sämtliche Schriften, Hanser Verlag München–Wien 1981, S. 343/344

S. 48 Felix H. Man, Photographien aus 70 Jahren, Schirmer/Mosel Verlag München 1983, S. 229, 221

S. 49 ff. Kompositionsskizzen aus: Harald Mante, Bildaufbau – Gestaltung in der Fotografie –, Otto Maier Verlag Ravensburg 1974³, S. 18, 20, 36, 54, 65

S. 55 Johannes Kratz / Karl Wörle, Geometrie II, Bayer. Schulbuch Verlag München 1936³, S. 69

S. 62 f. Herbert Read, Erziehung durch Kunst, dt. von Alfred P. Zeller, Droemersche Verlagsanstalt Th. Knaur Nachf. München 1962, S. 35

S. 68 f. Prof. Dr. Leopold Reidemeister, Die Goldene Palette, Tausend Jahre Malerei in Deutschland, Österreich und der Schweiz, Deutscher Bücherbund KG Stuttgart, Hamburg 1968, S. 318

S. 70 f. Gemäldegalerie Berlin, Staatliche Museen – Preußischer Kulturbesitz, Berlin-Dahlem 1975, Katalog, S. 204

S. 72 Benno Reifenberg, Hundert Betrachtungen zu Bildern europäischer Maler, Verlag Karl Thiemig AG München 1974, S. 46

S. 73 ff. Heinrich Waldmann, Bildbetrachtung, Analysen und Interpretationen, Alois Henn Verlag Ratingen–Wuppertal–Kastellaun–Düsseldorf 1972, 1. Band, S. 106 ff.

S. 77 Gisela Goldberg, Katalog Alte Pinakothek Bayerische Staatsgemäldesammlungen, München 1983, S. 166/167

S. 78 f. Kurt Martin, Alte Pinakothek München, 3. Auflage, Knorr & Hirt Verlag GmbH Ahrbeck/Hannover 1982, S. 24

S. 79 Benno Reifenberg, s. o., S. 26

S. 80 ff. Georg Schmidt, Kleine Geschichte der Modernen Malerei von Daumier bis Chagall, 7. Auflage, Friedrich Reinhardt Verlag 1967, S. 36/37
S. 84 J. Bazin, Gauguin . . . in Kindlers Malerei Lexikon, dtv, Bd. 4, S. 304
S. 85 f. Vergleich van Gogh – Gauguin nach Georg Schmidt, s. o., S. 31/37
S. 87 Bernhard Rupprecht, Die Kunstreihe in Farbe: Bruegel, Deutsche Buchgemeinschaft, Berlin und Darmstadt, © A. Kochs Verlag Nachf. Darmstadt 1958, S. 20
S. 87 Horst Gerson, Bruegel . . . in Kindlers Malerei Lexikon, dtv, Bd. 2, S. 175
S. 90 ff. Heinrich Waldmann, 1. Band, S. 127 ff., s. o.
S. 92 Richard Billinger, Gedichte, Insel Verlag Leipzig 1922, S. 108 ff. (Auszug)
S. 93 Benno Reifenberg, s. o., S. 108
S. 97 W. Kandinsky, Über Franc Marc, Wie sie einander sahen, hrsg. und eingeleitet von H. M. Wingler, Paul List Verlag München, © Albert Langen – Georg Müller, München 1961
S. 98 Klaus Lankheit, Franz Marc – Sein Leben und seine Kunst, DuMont Buchverlag Köln 1976, S. 86
S. 99 Alois J. Schardt, Franz Marc, Berlin 1936, S. 90/92
S. 101 f. Will Grohmann, Der Maler Paul Klee, DuMont Verlag Köln 1966, S. 78
S. 102 Herbert Read, Paul Klee in Kindlers Malerei Lexikon Bd. 7, S. 208 u. S. 212
S. 103 f. Vincent van Gogh, Sämtliche Briefe, Bd. 4, Kindler Verlag Zürich 1965, S. 142 ff.
S. 106 Frank Elgar, Van Gogh, Leben und Werk, Droemersche Verlagsanstalt Th. Knaurs Nachf. München–Zürich 1959, S. 138
S. 106 f. Horst Gerson, Van Gogh, in Kindlers Malerei Lexikon Bd. 5, S. 106
S. 110 f. Eo Plunien, DIE WELT vom 26. 12. 83, Nr. 276
S. 113 Jean Cassou / Jean Leymarie, Fernand Léger, Das graphische Werk, Verlag Ernst Wasmuth, Tübingen 1973, S. 180 f.
S. 114 f. Fernand Léger, Mensch, Maschine, Malerei, Bentelli Verlag Bern o. J., S. 145 ff.
Felix H. Man, s. o., S. 220
S. 116 Herbert Read, Léger in Kindlers Malerei Lexikon Bd. 8, S. 111
S. 118 R. Kultzen, Katalog Alte Pinakothek, s. o., S. 533/534
S. 120 f. Kurt Martin, Alte Pinakothek München, s. o., S. 56
S. 121 Marcel Brion, dt. von Peter Kamnitzer, Editions Aimery Somogy, Paris, Lizenz Bertelsmann, Reinhard Mohn oHG, Gütersloh o. J., S. 76
S. 122 f. Robert Oertel, Kunstwerke der Welt. 1. Jg., Lambert Müller Verlag München 1965, S. 4
S. 130 Bismarck, Gedanken und Erinnerungen, J. G. Cotta'sche Buchhandlung Nachfolger, Stuttgart, Berlin 18989, 1919, S. 650/654
S. 131 Bruno Garlepp, Bismarck-Denkmal für das Deutsche Volk, Vaterländischer Verlag Weller, Berlin 1915, S. 146 f.
S. 135 Jean-Claude Lemagny, Le Nain, Kindlers Malerei Lexikon Bd. 8, S. 131

S. 137 ff.	R. van Luttervelt, Holländische Museen, dt. von Alfred P. Zeller, Droemersche Verlagsanstalt Knaurs Nachf. 1961, S. 184 f. und S. 9 ff.
S. 145 ff.	Oskar Kokoschka, Kunstwerke der Welt, Lambert Müller Verlag 1965, S. 215 f.
S. 149	Ernst Buchner, Albrecht Altdorfer, Die Alexanderschlacht, Reclam Verlag Stuttgart 1956, S. 3 ff. (Ausschnitt)
S. 150 ff.	Franz Winzinger, Albrecht Altdorfer, Die Gemälde, München–Zürich 1975, S. 40 ff.
S. 154 ff.	Kurt Martin, Alte Pinakothek München, s. o., S. 35/36
S. 158 ff.	Werner Hager, Diego Velasquez, Die Übergabe von Breda, Stuttgart 1856 (Reclam)
S. 163 ff.	René Huyghe, Delacroix, Verlag C. H. Beck München, S. 197/199
S. 166 f.	Heinrich Heine, Werke und Briefe in 10 Bänden, Band 4, Berlin 1961
S. 169 ff.	Fee Zschocke, art, Das Kunstmagazin 1/82, Verlag Gruner + Jahr, S. 52/53
S. 174 ff.	Guernica, Picasso und der Spanische Bürgerkrieg, Neue Gesellschaft für Bildende Kunst, Berlin 1980, S. 43 ff., Ausschnitte: S. 58, 59, 63, 45
S. 178 ff.	René Berger, Die Sprache der Bilder, Verlag DuMont Schauburg Köln
S. 181	Paul Eluard, La victoire de Guernica, 1937. Der Sieg von Guernica, aus dem Französischen von St. Hermlin, Schwiftingen 1979
S. 186 ff.	Johann Wolfgang Goethe, Sämtliche Werke, Artemis Verlag Zürich, Band 13, S. 748 ff.
190 ff.	Ingrid Riedel, Bildinterpretationen, Christian Kaiser Verlag München 1969, S. 138/139
S. 193 f.	Werner Haftmann, Emil Nolde, Verlag DuMont Schauberg, Köln 1966^{5}, S. 50
S. 195	Gisela Barche, Studien zur religiösen Malerei Emil Noldes, Magisterarbeit Universität München 1977, S. 17/18
S. 198 f.	Michael Meurer, Passion und Auferstehung – Bildsprache um 1500 –, MPZ-Begleitheft (Auszug), München, S. 7.
S. 199 ff.	Ingrid Riedel, Bildinterpretationen, s. o., S. 99 ff.
S. 203	Fedja Anzelewsky, Dürer, Werk und Wirkung, Electa/Klett/Cotta Stuttgart 1980, S. 94
S. 203 f.	Wilhelm Waetzold, Dürer und seine Zeit, Phaedon Verlag Dr. Horowitz, Wien 1935, S. 57
S. 204 f.	Fritz Stahl, Wege zur Kunst, Einführung in Kunst und Kunstgeschichte, Axel Juncker Verlag Berlin o. J., S. 64
S. 205	Franz Stadler, Dürers Apokalypse und ihr Umkreis, München 1929, S. 33/34
S. 207 f.	Franz Meyer, Marc Chagall, Leben und Werk, DuMont Verlag Köln 1968, S. 507/508
S. 208	Herbert Read, Chagall in Kindlers Malerei Lexikon Bd. 2, S. 333/334

S. 210 f. Gotthard Jedlicka, Kunstwerke der Welt, 2. Jg. 41–80, Lambert Müller Verlag München 1982, S. 42

S. 212 Gotthard Jedlicka, s. o., S. 41

S. 213 J. Bazin, Daumier in Kindlers Malerei Lexikon Bd. 3, S. 160

S. 215 ff. Franz Roh, Kunstwerke der Welt, Jg. 1, Lambert Müller Verlag 1962, S. 3/4

S. 218 f. Kurt Martin, Alte Pinakothek München, s. o., S. 64

S. 221 Bernhard Rupprecht, Bruegel, s. o., S. 26

S. 222 f. Ernst Günther Grimme, Pieter Bruegel d. Ä., Leben und Werk Köln 1973, entnommen: Broer/Schulze-Weslarn, Kunst in der Gesellschaft, Materialien für die Sekundarstufe II, Arbeitstexte für den Kunstunterricht, Hermann Schroedel Verlag Hannover 1979, S. 43

S. 223 Carlo Carduna, aus: Gisbert Kranz (Hrsg.), Gedichte auf Bilder-Anthologie und Galerie, Deutscher Taschenbuchverlag München 1976, S. 103 (Erstveröffentlichung)

S. 226 ff. Gotthard Jedlicka, Pieter Bruegel – Der Maler seiner Zeit, Erlenbach–Zürich–Leipzig 1938, Auszüge S. 375 ff., S. 384 f.

S. 228 ff. Walter Bauer, Die Blinden, aus: Gisbert Kranz, Gedichte auf Bilder, s. o., S. 101 ff. (Erstveröffentlichung)

S. 230 Gisbert Kranz, s. o., S. 263

S. 231 Erich Lotz, Breughel: Die Parabel von den Blinden, aus: Und die Nacht leuchtet wie der Tag, © Heliopolis Verlag Tübingen 1957 (entnommen: Gisbert Kranz, Gedichte auf Bilder, S. 100)

S. 231 Wolfgang Braunfels, Meisterwerke der Weltmalerei, Deutsche Buchgemeinschaft Berlin und Darmstadt 1957, S. 32

S. 233 Hans Magnus Enzensberger, Blindlings, aus: landessprache, Suhrkamp Verlag Frankfurt/M.

S. 235 Georg Heym, Die blinden Frauen. Hrsg. Stephan Hermlin, Suhrkamp Verlag 1966, S. 87

S. 237 f. Katalog, Hrsg. Werner Hofmann, C. D. Friedrich, Hamburger Kunsthalle, München 1974, S. 226

S. 239 f. Helmut Börsch-Supan, Caspar David Friedrich, München 1973, S. 164